王云五回忆录

王云五◎著

九州出版社
JIUZHOUPRESS
全国百佳图书出版单位

出版前言

王云五（1888-1979）广东香山人。

王云五是中国现代著名出版家和学者，曾任商务印书馆编译所所长、总经理。在他的主持下，商务印书馆大量印行我国古籍、中外名著、教科书和辞典，对我国近代图书出版、文化教育事业作出了不可磨灭的贡献。

王云五受到蒋介石的特别器重，曾被任命为国民政府经济部长、行政院政务委员兼财政部部长。1948年，他在蒋介石的授意下，提出新币制方案，以金圆券代替法币，引发严重通货膨胀，经济崩溃，民怨沸腾，直至国民党政权倒台，他本人因此成为众矢之的，被迫引咎辞职。1948年新华社发布43名“国民党战犯”名单，王云五是其中之一。

在这部回忆录的从政篇里，王云五回顾了他参与国民参政大会、政治协商会议；入主经济部、财政部；全面推行金圆券币制等重要政治事件的详细过程，展现那个风云变幻的时代动荡不安的政治经济局势，以及他个人从政历程上的挣扎心路。生活篇里则主要讲述了他早年的求学、自学生活及在商务印书馆从事的主要出版活动。

本书对研究中国现代史和出版史具有一定的参考价值，为此我们从台湾商务印书馆引进了该书版权，以简体字版出版。

九州出版社

自 序

我生六十有五,一事无成。在一个生日中反省一下，自认我的大半生不能不算努力，但努力与成功毕竟是两件事。

许多我所不认识的人，特别是失学而有志的青年，却以为像我的出身，像我所受的教育，仍能使我厕身于事业与著作之林，在他们不免视同一种希望，因而纷纷要求我写自传，以资观摩；随着还有不少的朋友，同样以此相劝。

但我自计，立德、立言、立功，既无一可记；即对于泰半落空的努力，也不知从何写起。同时顽躯尚健，自计假我二十年，得专事于学问，彼时或尚有立言之可能。逡巡未敢执笔，至少亦有所期待。

最近的情形却不同了。好几个刊物简直为我定下题目，有要我写学校生活的，有要我写怎样自修的，有要我写从事出版事业的，也有要我写参政经过的。在这样逼迫之下，我便一连写了几篇不太长，也不算短的文字。其中记述有远在五十多年前的回忆，本来自己已模糊不清；可是执起笔来，好几个陈旧而几至泯灭的影子有如浸入显影的药液中，渐渐便显现出来。特别是在我的学校生活一篇中，在执笔之初，自己也不信能产生这样一幅不浓不淡的影像。因此，我便获得了一些鼓励；在两三个月内，断断续续为四个刊物写了四篇的回忆，更从旧刊物中检出目前已不易见到的其他两篇文字。综合起来，对于我从启蒙以来五十六年间的读书治事，各方面都有一些记述，借此或可揭露我的生活一斑。

为着供应无数青年的需求，我便以此六篇文字刊行单册，定名为“我的生活片段”；若云自传，则吾岂敢。

一九五二七月二十二日王云五识于台北

◀ 王云五

▲ 1938 年 7 月 6 日，第一届国民参政大会在汉口举行，图为全体代表合影。

▲ 五千元面值金圆券的正反面。

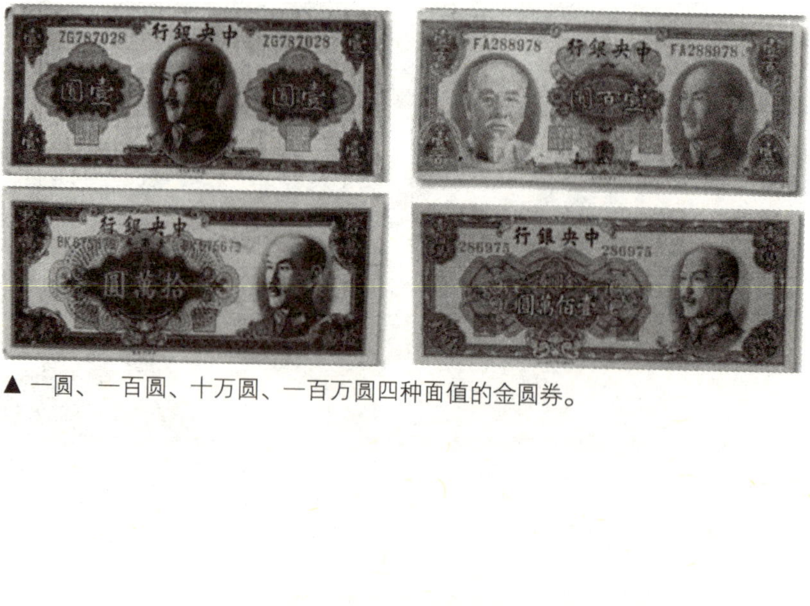

▲ 一圆、一百圆、十万圆、一百万圆四种面值的金圆券。

◀ 翁文灏（1889–1971），1948年6月任国民政府行政院长期间发行了金圆券。

▲ 金圆券发行之初，南京银行内市民持黄金美钞兑换金圆券的情景。

▶1948 年秋，为推行金圆券，蒋经国挑选一万多名青年，组成大上海青年服务队。蒋经国鼓动队员们，对付那些抵制新币制的巨商、富户、官僚，要拿出武松打虎的勇气，所以金圆券币制的推行又称“打老虎”。图为青年服务队在上海街头做宣传。

◀1948 年 8 月金圆券刚发行时，2 元金圆券能换 1 块银元；到 1949 年 1 月已经变成 1000:1；到 1949 年 6 月，银元价格更是达到了 5 亿金圆券一枚。金圆券流通不到一年，形同废纸。

◀“钞票满天飞，人人活不了”，当时报纸上讽刺通货恶性膨胀的漫画。

▲1948 年 12 月初，蒋介石将原本用于金圆券发行准备的巨额国库黄金悉数南运，民众的焦灼顿时变成了绝望的疯狂。1948 年 12 月 24 日，等待兑换黄金的人们情绪失控，为挤进银行不顾一切争抢、冲撞、踩踏，酿成 7 死 50 伤，是为“黄金挤兑惨案”。

▲ 东方图书馆是从商务印书馆编译所资料室发展、演变而成的民营公共图书馆。曾享有“东亚闻名文化宝库”、“亚洲第一图书馆”之美誉。创办之初，王云五任馆长。1932 年一二八事变中被焚毁。

▲《万有文库》共 1721 种、4000 册，由王云五策划主编，1929 年至 1937 年商务印书馆排印、影印本，总共俩集。目的是“使得任何一个个人或者家庭乃至新建的图书馆，都可以通过最经济、最系统的方式，方便地建立其基本收藏”。图为 1937 年初版万有文库本《唐明律合编》。

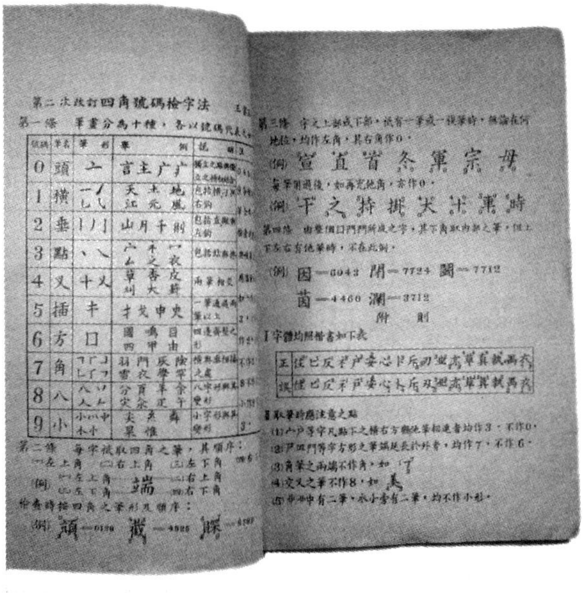

◀ 1928 年版王云五著《第二次改订四角号码检字法附检字表》。

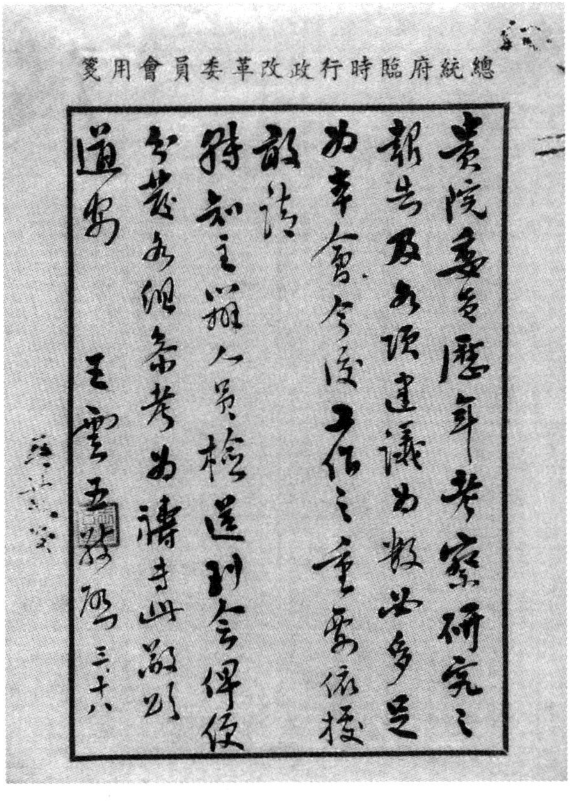

總統府臨時行政改革委員會用箋

貴院委員歷年考察研究之
報告及各項建議為數必多足
為本會今後工作之重要依據
敬請
轉知主辦人員檢送到會俾便
分發各組參考為禱耑此敬頌
道安
王雲五拜啟 三十八

◀ 王云五致于右任书札。

▲王云五与胡适有着不一般的交情，胡适曾经把将王云五介绍进商务印书馆作为自己人生的得意之笔，图为王云五（右）与胡适（中）张大千（左）在一起喝茶聊天。

◀1963年12月17日为胡适冥诞，王云五在胡适铜像揭幕典礼上讲话。

目录

从政篇 两年半的从政

生活篇 我的生活片段

从政篇

两年半的从政

我之从政，始于民国三十五年五月，而终于三十七年十一月，恰好两年有半。两年半的时间，不能算长；但适在多事之秋，而我所处的地位，愈变动愈复杂，尤以最后半年间之所遭遇，简直是许多老政治家毕生所未经见。事后回忆，不无可记的价值。但在记述我之从政以前，有略述其前期，就是我的参政阶段的必要。

一 ➢ 国民参政会

民国二十六年七月七日我国开始对日抗战。政府为团结全国力量起见，于二十七年四月组织国民参政会，遴选参政员二百人，或代表省市，或代表特区，或代表海外侨民，或代表政团及文化经济团体。由于遴选的来源不同，参政员便分为甲乙丙丁四种，我是以代表文化界的资格而膺选的，故属于丁种。第一届国民参政员丁种中，除括有中国共产党领袖七人，青年党民社党领袖各若干人外，皆为文化工商界的知名人士，其中并有不少无党无派者。

国民参政会既以集思广益，团结全国力量，以利抗战建国为目的，其人选自与有关抗战的前期会议有深切联系。所谓前期会议，计有两次，一是一二八沪战发生后在洛阳举行的国难会议，一是七七卢沟桥战事发生后在牯岭举行的庐山谈话会。这两次会议我都被邀参加。对于国难会议，我因忙于收拾商务书馆被毁的余烬，不克出席；对于庐山谈话会，我曾应邀与议。谈话会的主席是汪精卫氏，而蒋介石先生当时系以军事委员会委员长的地位担任副主席。出席这次谈话会的人，后来便构成国民参政会的中坚，但是国民参政会的中共参政员却没有参加这次谈话会，原因是国共合作抗日系在八一三全面抗战以后，不过国共合作抗日的原则，在这次谈话会中当有所决定，而我在当时发表的意见也是强调此项主张的。

谈话虽然不采决议的形式，可是政府既极端重视此会，而与会者无一不主张抗战；于是抗战的大计无异在此会中定夺。会后，并由七七局部的抗战，进至八一三全面的抗战；而固定性的国民参政会也就应运而生。

国民参政会第一届第一次大会于民国二十七年七月六日在汉口举行。那时候议长是汪精卫氏，副议长是张伯苓氏。参政员凡能够出席的无不出席。会场中充满了团结抗战的气氛，大家知无不言，言无不尽。党派的成见和宿恨，至少在表面上都为国家观念所掩盖。我素性非必要不发言，言之必有物；加以向无党派，当此国难关头，国家既然给我一个建言的机会，自不敢轻率发言，而对于应说的话，却也毫不顾忌，以尽言责。又因事关国家大计，会议虽忙，事前对于所有议案，无不一一阅过，预为考虑；所以在这次大会中，我的发言次数虽不多，以有上述的立场和准备，更因声音洪亮而清晰，发言亦适可而止，颇能博得同人的好感。后来我在参政会中渐露头角，和被迫从政，也就种因于此。

这一次参政会召开后，不久武汉便沦陷，政府西迁重庆，建立陪都。从此时起，直至抗战胜利，首都迁回南京为止，历届参政会都在重庆举行。参政员任期为一年，但国民政府认为必要时得延长一年。参政会前后分为四届，每届组织和选任方法续有变更；大抵人数渐有增加，而代表省市的参政员也由中央遴选渐改由地方议会选举。惟丁种参政员仍由中央遴选，始终未改。我由第一届起，接连四届均被选为参政员。自第四届起，并膺选为主席团之一。依参政会的规定，参政员改任公务员后，应即辞职，但主席团之选任既不以参政员为限，故仍可于改任公务员后继续担任。因此，我于三十五年五月出长经济部后，当然辞掉了参政员；却仍兼任参政会主席团主席之一，直至三十六年下半年，才与王世杰氏同时自动辞此兼职，腾出两缺，使实际上能负参政会职责之参政员可以膺选。

我的工作

在我列名于国民参政会的时期中，前后计达九年，总括一下我的工作，计出席大会约十次；任驻会委员三年余；任主席团主席约两年；被选代表参政会赴英国访问往返约四个月；宪政实施协进会成立，我被选代表参政会参加；参政会经济建设策进会成立，我也被指定为常务委员。现就各项工作分别略述如下。

对于出席大会，按照规定每年虽有两次，然由于交通不便，后来事实上每年才召开一次，或者两年召开三次。每次会期，初为十日，后改为十四日，而提案往往多至三四百件。可是我的提案特别少，恐怕在参政员中我要算提案最少之一人。以对于大会发言而论，我也不能算多。但在重要的讨论中，我往往不肯放过，结果也往往按我的主张而获得通过。

驻会委员会

关于驻会委员会，因为两星期召开一次，故除能留居会所所在地者外不克担任。在太平洋战事发生以前，我因商务书馆的生产重心在香港，不得不长留该地主控；因此，除于参政会举行大会时我才由港飞渝出席外，平时都不在渝。及太平洋战事发生后，我改为常川留渝，便被推为驻会委员，直至当选主席团为止，因主席团照章主持驻会委员会，无需选充驻会委员，自可同样参加也。驻会委员会的任务，主要是听取政府各部会的施政报告，并提出质询，当然也得建议于政府，后来职权扩大一点，还加上调查及受委托调查之一项任务。因此，我在常川居留重庆的时期，便先后以驻会委员及主席团主席之一的地位，不断和政府接触，正式的或非正式的有所建白。

主席团

关于主席团，则依国民参政会组织条例的规定“国民参政会置主席团，由国民参政会选举主席五人（后来改为五人至七人）组织之，其人选不以参政员为限。国民参政会及其驻会委员会开会时，由主席团互推一人为主席。”因系轮流主席之故，我在每一次大会中轮任主席不过两次左右，可是对于最后一二次的会议，大家总要我担任，甚至加任一次主席。原因是我已获得“开快车”的绰号，换句话说，就是在我担任主席时，议程之进行特别迅速。本来议案处理的快慢，与主席确有颇大的关系。我的头脑还算清楚，对于讨论时发生的波折，尚能随机应付；因此，许多不必要的争执，在我主席时总可避免，会议的时间也就常省了不少。参政同人对于我之担任主席，总算都很满意。可是在某一次会议中，因我坚持会议规则，违反了少数人的要求，遂遭遇绰号“大炮”的某参政员反对，高呼“主席专制”及“更换主席”，而随声附和的也有些人，议场秩序一时颇骚乱。我一点不为所动，镇静主持，结果还是我胜利了。经过这一事件后，这位参政员对我倒特别客气。

访英团

关于访英团的参加，系因民国三十一年间，英国国会为中英比肩作战，对我国表示好感，特别组织国会访华团，以上下议院各二人，其中保守党二人，自由党及劳工党各一人，访问我国。我政府为报聘故，于三十二年冬由国民参政会及立法院组织一访英团，以参政员四人及立法委员一人构成之。遴选的结果，参政会方面以主席团主席王世杰氏和我与胡霖杭立武四参政员担任，立法院方面以温源宁氏担任。我们于三十二年十一月十八日由重庆启行，三十三年一月二十八日离英；归途我和温杭两氏折往近东，访问伊朗、土耳其及伊拉克三国，于三月十八日返抵陪都。在英国时，我们备受政府国会和社会的热烈欢迎，并招待分赴各地参观。我于英国上下两院联合欢迎会中，代表访英团致词，并曾出席各地民众欢迎大会讲演。在伊朗土耳其和伊拉克的访问中，招待亦极热烈，为时虽短，所得印象颇深。归国后，我以见闻所及，著作访英日记及战时英国两书，合计不下廿万言，均由商务书馆出版，流行颇广。此处可勿庸复述，仅将三十三年四月我对国民参政会驻会委员会的口头报告，录出于后：

“英国系爱好和平之国家，战前军备远不如积极准备侵略之德国；于战争初期情势至为危险，结果卒转败为胜，国力大增，民生安定。实由人尽其力，物尽其用，地尽其利之故。而其克收速效与大效，则不得不归功于英人遇事所采公平的原则，科学的方法，与守法的精神三者。

所谓公平的原则，即对于人民所负担租税兵役工役一律平等，而其生活所受管制，亦一律平等。因负担公平，则人人乐于效力，不敢规避；因管制公平，则人民虽不无患寡之处，而无不均之感。结果人力动员至为彻底，物力节约亦得切实执行。

所谓科学的方法，则一方面政府措施均能于事前作通盘之筹划，任何决定悉本于客观的条件，故政策得收联贯之效，而无前后或彼此冲突之弊；他方面则人民致力，尤其是对于生产之工作，无不事事依据科学的方法，故能尽量增进其效率，并减少其耗废。

所谓守法的精神，则英国人夙以守法著称于世，事前对于立法不肯苟且放过，事后对于法律规定，无不极力奉行。违者纵幸免于法律之制裁，亦不能逃社会的制裁。因此，战时种种动员人力及管制物资之法律，无不切实执行，与许多国家之一法立即有许多人希图规避，因而良好的法律执行时效力不彰者，迥不相同。且不仅人民能守法而已，政府及公务员亦极度守法，正所谓法律之前人人平等，因此人民更乐于守法。所有战时法律之实施皆能收最大之效，即由于此。

本人留英两月，观感所及，窃认为英国之实况与背景，虽有与我国不同之处，英国行之而收大效之具体办法，在我国固未必可以完全仿行；然其收效之主要条件，即上所谓公平的原则，科学的方法与法治的精神，则中英原无异致，深望我政府国民均能特别注意也。”

宪政实施协进会

宪政实施协进会系根据国民参政会第三届第二次大会，对于提前实施宪政之决议，于民国三十二年冬由国防最高委员会所设置。依该会组织规则的规定，其任务在推进宪政实施工作，其会员除以国民参政会主席团为当然会员外，由国防最高委员会就国民党中央委员国民参政员及其他富有政治学识经验或对宪政有特殊研究之人士，指定三十五人至四十九人充任，并置常务委员九人至十一人，并以国防最高委员会委员长为本会会长。我那时候系以参政员之资格被指定为会员，并经指定为常务会员，该会于三十二年十一月召开第一次大会。我首先提出“提前实行提审制度并调整图书杂志审查办法案”，其原文如下：

“世界上立宪国家，其人民权利之最基本者，莫如身体之自由与言论著作出版之自由。所谓身体自由，即非依法律不得逮捕拘禁或处罚，其因犯罪嫌疑而被逮捕拘禁者，本人或他人得声请法院于若干时期内提审。我国五五宪草亦有此规定，其提审期即为逮捕拘禁后之二十四小时内；此与一般立宪国之原则正同。惟查各地方警察或其他机关滥用职权，无期拘禁人民者时有所闻，为奠立宪政基础计，提审制度自有早日实行之必要。至于言论著作出版之自由，任何国家在战时固不能不酌予限制，即以言论最自由之英国而论，战时亦施行检查新闻刊物办法。此与我国战时之审查图书杂志报纸办法，原则本无不同。不过英国所检查者以有关军事及国际消息为限，其他皆不在检查之列。我国审查范围至为广泛，除新法报纸全部须经审查外，图书则除应用科学之无关国防者外一律须经审查……窃以为言论著作出版之自由既为立宪国不易之原则，而在战时为国家安全计始对此项自由加以限制，虽亦有其必要，惟既以战时国家之安全为目的，似宜酌仿英国办法，将审查范围缩小，并将审查手续改善……，以上两事，拟请本会常务委员会详拟办法建议于政府。”

此一提案，在蒋介石先生以本会会长资格主持之下，即日通过，交常务委员会讨论具体办法。想不到人身自由和言论自由这两项立宪国的基本条件，迄于抗战结束后，仍未能真正实现。在我访英回国以后，于三十三年三月二十七日，应宪政实施协进会之邀，对全国广播，我又以实施宪政的先决条件为题，针对在英国的观感，谓英国宪政之如此巩固与完善，自有其道，而其所以致此之道，似可视为任何国家实施宪政之先决条件。此种先决条件约有三项，第一是地方自治，这实在是宪政的基础。第二是法律主治，就是法律高于一切，其意义有二,一则武断的权力绝对不许存在，二则不但无一人在法律之上，而且全国人民，不论为贵为贱，为富为贫，一律受治于普通法，并受同样的普通法院所管辖。第三是人民的基本自由备受尊重，英国人的一般见解，以为民治的宪政能否达到目的，在于人民之是否有权选举其所欲选之人以组织政府，并得依和平的手段变更其所反对的政府，然欲达上述之目的，则人民须能自由批评政府，能自由集会讨论政治，并能避免政府违法的逮捕与拘禁。盖我始终认为宪政虽千言万语不易说明，而一言以蔽之，只是“法治”一语，而法治之前提，便是人民必须具有基本自由也。我这次广播词发表后，昆明出版的自由论坛第三期，有读“王云五氏实施宪政的先决条件”的社评，认为“语重心长，发人深省，确能针对时弊，提出办法，发时人之所未发。”其结论并称：“王氏处今日中国，当为敢于陈述平易道理，说老实话之第一人，其字句之诚挚朴直，殊为可喜”云云。

经济建设策进会

经济建设策进会系根据国民参政会第三届第一次大会的决议而设置。初名为经济动员策进会，以辅助国家总动员法令及战时经济法令之实施，并协助推动其各级业务，以期切实管制物价，巩固经济基础为宗旨；全体参政员皆为会员，设会长一人，由国民参政会主席团推定，设常务委员二十五人至四十一人，由会长就会员中指定之；又为工作便利起见，得设分区办事处，每处设主任一人，并得酌设副主任，均由会长就常务委员中指定担任。嗣改称经济建设策进会，组织任务仍旧，并决定将后方分为川西、川东、西北、川粤赣及滇黔五区，每区设一办事处。三十二年一月各区办事处同时成立，滇黔区办事处主任原已由该会蒋兼会长指定褚参政员辅成担任。褚氏因事一时不克前往昆明，遂由蒋兼会长邀我暂行代理。那时候滇省情形颇为特殊，许多人都认为中央的措施不易在该省推行。我因为不获推辞，也就不自揣度，受命前往，但声明代理时期以一个月为限，经蒋同意。我留昆明的一个月中，对于中央政策与地方情感，总算维持得很好，而于该省经济管制，也奠立了一个颇为满意的基础，尤其是开始管制之第一个月内，狂涨一时的物价平抑了不少，而对于粮价之平抑，收效更著。一时颇为西南联大的许多朋友所称许，并以我能持不卑不亢之手腕，执行中央政策为奇迹。褚辅成氏于是年一月十七日致我一函，中有“阅报知台端已于二日抵昆，限价工作，进行顺利，足见大无畏之精神可以克服一切困难也”。我经过这一个月协助滇省府实施限价的尝试，因于二月间返抵陪都后，据经验与研究所得，以“从限价到平价”为题，写了一文，在《东方杂志》发表，强调下列各点:（一）限价固须因地制宜，却万万不可各自为政，致发生邻地物价冲突之弊;（二）限价须注意连系性物品的关系，勿因一物之限价致妨碍他物的生产;（三）管制物品的种类不可过于繁琐:（四）立法要宽，行法要严，一改我国流行“立法严行法宽”之习惯;（五）限价之物必须同时限量发售，以免因供求不相配合，而破坏限价的防线;（六）惟有增产与节约并行，始能使限价的功效维持较久。文中对每一要点，均就观察所得举证实例。

我自昆明回渝，迄于抗战结束，对于经济建设策进会的工作，仍然不断努力。在三十三年八月二十八日该会经济建设组常务会员曾向蒋兼会长提出经济建设原则建议书，便是由我主稿，计列原则十八项，分别详加说明，兹将原则列后:（一）经济建设宜由国家计划，而尽可能容许人民经营，俾配合国策迅速发展；（二）工农并重，收取相辅并行之效；（三）重工业宜早日建设，以植工业建国之本；（四）工业上各主要部门务宜配合，俾可顺遂进行；（五）工业主要原料宜预筹供应之充分，以固基础；（六）水陆运输宜加速建设，并自筹交通工具之供应，以利交通；（七）铁路建设宜与经济配合，以收相互为用之效；（八）航空事业宜积极发展，以谋交通之迅捷；（九）农业特重防洪灌溉并及机械之利用，以增进农产；（十）厉行科学管理，以增效率；（十一）预谋劳资调协，以减工业上之损失；（十二）技术人员宜注重深造与实用，俾资应付经济建设之需要；（十三）制定奖励国民储蓄之有效办法，以利自筹资金，发展工业；（十四）积极增进外销物产，以期发展对外贸易；（十五）对外贸易宜划分国营民营之界限，而对民营所得之外汇仍继续管制；（十六）与盟邦技术合作，利用其资本与战时过剩之设备，为我国奠立工业之基础；（十七）确立健全之金融制度，俾工业建设不致受阻；（十八）租税宜简单化，俾政府有实际之收入，而人民不致受扰。基于上面各种原则，并建议我国第一次五年经济计划之目标六项，即：（一）食粮自给；（二）衣料自给；（三）八种基本工业，即动力、金属矿（铁铜铝锌等）之开发与冶炼，机器、基本化学、电工器材、石油采炼、燃料及炼焦、水泥等各有相当规模，并能彼此配合；（四）主要消费工业（特指造纸及制革）充分改良，并能作适当之供应；（五）改善主要输出品，如丝茶磁等之质与量，及桐油猪鬃锑钨汞等可供输出者，充分输出之；（六）完成与经济有关之主要铁路至少三万七千五百公里，并改良内河航运，完成公路网，自行供应交通工具。

国共问题

我是一个无党派之人，而且不以参政为目的而参政；因此，我的立场向来是不偏不倚的。可是在某一次的发言后，一方面因为我获得不少的好感和赞扬，他方面却为我惹起很大的误会，竟有说我是国民党的“自家人”

的。其后，外间盛传国民党想把中委的头衔拉拢四个党外人士入党，而我也就是其中之一个。其实前者的误会正如后者的误会一般，丝毫不是事实。只因我一本良心的主张，不知顾忌，而所主张或与国民党的主张大致相同，因此便发生这种误会。事情是这样的。当参政会第二届第一次大会开会之前几日，就是在三十年二月底我刚从香港飞到重庆与会时，便听见中共方面对于新四军事件，向政府提出办法若干条请求采纳，在政府未予采纳以前，中共参政员将不出席。政府正派出代表和中共驻在陪都的代表交涉，并有居留陪都的若干参政员从中斡旋，闻可有妥协之望。为了和谐起见，曾把原定召集预备会议选举主席团的日期，延迟了一二日；因为在本届大会中，参政会的议长制要改为主席团制，主席团定为五人，大家曾在会外商量，除原任正议长蒋介石先生属于国民党籍及原任副议长张伯苓先生那时还没有党籍，同人拟一致推选为主席外，还有三席拟即推选中国共产党青年党、及民社党参政员各一人充任。后来接到通知，决于三月二日上午八时开预备会，选举主席团，九时接着开第一次大会；因此我认为国共间的问题或者已经妥协了。可是到了二日上午，我如时到会，候了许久，还未摇铃开会。原来是期待着从事斡旋的几位参政员的最后努力。约莫八时半，他们来了，才知道问题还没有解决，中共参政员仍然拒绝出席，于是又等了些时，才举行预备会议。选举主席团的结果，除蒋张两前任议长及民社党的张君劢氏、青年党的左舜生氏照原议当选外，本来想以中共参政员担任的一席却换了女参政员吴贻芳氏，大约因中共参政员拒绝出席，致临时由当局改定的。选举举行后，接着召开第一次大会，对于中共问题并没有提出报告，并闻会后从事斡旋的各位仍然继续努力。

次日上午举行第二次大会，一开始当然是照例的报告事项，而在这个程序下，便发表了毛参政员泽东等七人二日删电和董参政员必武、邓参政员颖超三月二日函称未能出席大会。随后即由秘书长详细报告接到毛参政员等删电后的交涉与斡旋经过。报告毕，由担任斡旋之褚辅成、黄炎培和参政员发表意见，均谓毛参政员等之不出席，有失团结原旨，故希望设法消弭，仍拟继续劝诸出席。随着另有两位参政员发言，对于中共颇多指责；其中一位措词尤严厉，至责中共为不顾信义，不顾国家民族利益，并有希望政府严申纲纪，统一军令，全国同胞一致起而制裁等语。词毕，主席蒋介石先生正起立宣布开始次一程序的教育报告。我那时候忍耐不住，立时起来请求发言。我在事前绝未准备发言，可是听了某某参政员等倾向一面的言论，深恐使人误会参政会的立场，而且怕要影响继续寻求妥协的工作。于是本着良心的主张，发表我的意见如后。

“刚才看到董邓两参政员提出的临时解决办法十二条，在精诚团结的原则下，我相信这些办法至少有许多条是同人所赞成，尤其是我以无党派的立场，更为赞同。不过要使这些办法得到采纳，如果中共和政府直接商谈不能收效，最好是提交本会讨论。本会纵然不是立宪国家的国会，至少也是全国人民和我们自己所期望成为战时的国会。因此，任何不易解决的政治问题，都不难在本会中谋致合理的解决。至于中共参政员主张先行解决，再出席会议，我想在目前的实际情形下，不仅无法解决问题，而且还要在国民参政会中开了一个特例。因为参政员出席与否，除病假事假外，恐不应有其他理由，或以解决条件为出席的条件。本席现在建议对于本案应采这几项的措置:（一）中共参政员的来函不宜对外公开，以免增加误会；（二）希望中共参政员重加考虑，仍能出席；（三）中共参政员如能出席，可将所提临时解决办法作成提案方式，提付本会讨论；（四）中共参政员出席后关于本问题的提案，本会同人应本诸良心，秉公讨论，应通过者予以通过，不应通过者予以修正或作其他合理的决定；（五）希望政府宽大为怀，勿执成见，如果中共参政员能出席，其提经本会通过之案，务望政府尽量采纳。”

上开的一席话，完全出自良心与诚意，绝不左右袒。从不断的掌声中，可证明当时已获得大多数同人的赞成。但事后闻中共参政员对我的发言，认为袒护政府；而国民党中有若干人因我对中共参政员之拒绝出席虽持异议，而对其提出的解决办法，却表示大都赞同，也对我不很满意。后来听说蒋介石先生对我的主张认为很公允，因此原来对我不很满意的若干国民党籍参政员才改变其态度。过了几日，中共参政员还没有出席，于是许多参政员都劝我把那天的临时发言，作成提案，以动议提付大会通过。因即写成提案如下：

“兹谨请大会对于毛参政员泽东、董参政员必武等未能出席本届大会事为如下之决议：

（一）本会于阅悉毛参政员等七人致秘书处删电，董参政员必武等二人本月二日致秘书处函件，暨聆悉秘书处关于此事经过之报告，对于毛董诸参政员未能接受本会若干参政员与本会原任议长之劝告，出席本届大会，引为深憾，本会为国民参政机关，于法于理，自不能对任何参政员接受出席条件，或要求政府接受其出席条件，以为本会造成不良之先例。

（二）本会连日聆悉政府各种报告之后，深觉政府维护全国团结之意，至为恳切。一切问题，除有关军令军纪者外，在遵守抗战建国纲领之原则下，当无不可提付本会讨论，并依本会之决议，以促政府之实行。因是，本会仍切盼共产党参政员深体本会团结全国抗战之使命，并坚守共产党民国二十六年九月拥护统一之宣言，出席本会，俾一切政治问题悉循正常途辙，获得完善之解决。抗战前途，实深利赖。”

此一动议案拟就后，同人连署极为热烈。即日提出大会讨论，经全体一致之决议通过。到了闭会前半天，照例须选举驻会委员，我极力主张把中共的董参政员必武选为驻会委员，希望借此联系，继续保持团结。我的主张结果给采纳了；董参政员便当选为驻会委员。大会闭会后，董氏经各方调人的劝告，总算肯出席驻会委员会；其后几次大会中，中共参政员虽没有全体出席，但董氏和其他一二人却仍继续出席，直至抗战胜利之日国共关系还能维系。

拟由参政会设法解决国共问题，原是我一贯的主张。因为参政会的目标就是精诚团结四字。如果国共分裂，哪里还有精诚团结；如果参政会不能达成精诚团结，又何尝有参政会？因此，当中共参政员坚持先接受条件再行出席之时，我鉴于政府既然同样坚持，不肯应允，彼此陷于僵局，故力主中共参政员应先出席，以有关问题提付讨论，期借缓冲而获解决。我认为参政员中国民党员虽占大多数，惟国民党不乏开明之士，愿置国家利益于政党之上；同时还有不少非国民党员可以居间斡旋。在大敌当前的时候，为着民族的存亡利害，大家能聚首一堂，把问题的症结坦白揭开，总可有助于解决。这或者是我个人书生之见，可是同此主张者也不乏人。在上述出席问题未能解决的一个大会期内，我们固然无能为力。但其后毕竟有一个机会，就是在三十三年九月召开之一个大会内，我在开会前写信给主席团，请求转商政府把和中共商谈的经过和结果向大会报告。主席团和政府都接受了我的请求，定于九月十五日在大会中，政府方面由张治中部长报告，中共方面由林参政员祖涵报告。两方报告后，我即发言，贡献解决的意见。兹就速记录中把我的发言抄附于下：

“本席以参政员资格，在开会前一天，写了一封信给主席团请求转请政府把和中共商谈的经过和结果向大会报告。我的请求动机有三点。第一，本会以团结全国力量为最大任务，对于任何阻碍团结的因素都不能不想办法去消灭。第二，现在已经接近抗战最紧张的关头，当然需要集中全国力量，尤其是兵力，来抗战。我们知道中共方面是拥有相当的军队，同时政府在防护地区也保留有相当的部队；假如团结问题能够早日解决，这两部分力量都可以用在抗战和反攻上面。第三，本会同人都是人民代表，我们对于执政的国民党和中国共产党，一个很有力量的政党，不能携手合作，是不能不关怀的。

由于上述三个动机，所以我才有上述这一个建议。现在很高兴，我的建议被主席团接受了，也被政府接受了。对于今天的情形，本人特别感动。因为我本想不到这个会可以公开，这种公开的精神，就足以象征这个问题可以得到解决。向来像这一类问题，解决的进行都是秘密的；而现在居然能够公开，这可以使我们钦佩政府的坦白。同时上午听了林参政员的报告，和现在听到政府代表张部长的报告，都是充分表现其诚恳及政治家的风度。他们把内容坦坦白白地说出来：在这种情形下，尤其使我们感觉到问题实在有解决的希望。现在说到个人的意见。我是没有党没有派的一个人。我的意见，是纯粹站在国民一份子和国民代表的地位，本着良心而发表的意见。

刚才听了林参政员和张部长的报告，我把它们归纳起来。虽然说问题很不少；但是最重要的问题，也是问题症结所在的地方，却只有两个，一个是政权公开，一个是军令统一，政权公开是中共所提的，其实不但是中共所主张，我想全国人民也同样的主张，而国民党政府也是一再宣布他们还政于民的决心。军令统一是政府所提出的。当然，这不但是政府的主张，也是全国人民的主张，就是中共也赞成的，因为中共四项诺言中的第四项也曾明白申言，十八集团军愿意在军委会管辖之下接受军委会指挥。在林师长彪的四个条件中，也有服从中央的字样。在西安中共代表所提的意见书，也有这一条。今天还听到林参政员口中恳切坦白的申言中共决心实践四项诺言。这就是说，军令统一也不成问题；而且今天也由林参政员口中恳切地表现出来了。在这两大原则之下，一个政权公开，一个军令统一，双方都同意，都没有异议。从这两个原则上去求解决，哪有不能解决的问题?

现在再引申说明一下：

就政权公开来说，已经由国民党，由政府，由领袖再三声明，在抗战完结后实行宪政。对于这点，我们很钦佩国民党和政府大公无私的精神。不过问题在这里，就是时间问题。大家都盼望它很快实现，本席当然也同样盼望它很快可以实现。但有一个事实问题，就是实行宪政必须宣布宪法；宣布宪法，得先召集国民大会。现在要召集国民大会，当然有困难。但是我想所谓宪法有两种，一是形式的，就是召集国民大会所制定颁布的宪法；一种是无形式的，不待颁布宪法，自然慢慢走上宪政的路。后者现在很可以实行。假使政府真正能把训政时期约法切实执行，假使政府能够扩大各级民意机构的职权；那么，即使是不具形式的宪法，也可以走上真正宪政的轨道；而我们的政权公开也就更进一步了。

其次，就军令统一来说。刚才说过，中共承认军令应该统一；而政府和全国人民也是同样的看法。刚才听到两方面报告关于相差多少军多少师的话，我想在军令统一的大原则下，这是很简单的，没有问题的。现在对敌反攻正要用兵的时候，双方一两师的差别，完全是枝节的问题。大问题在军令统一。假使军令真能统一，所有军队都是国家的军队，没有彼此之分，界线之别。为了反攻，我们当然需要大量的军队，我想这问题应该不成问题。希望在不久的将来，当可得到解决。

此外，我对于整个问题，还有两点意见。

第一，我希望政府和中共能够继续地加速地商讨。我们在会场上可以看见两个标语："国家至上，民族至上。"我们希望政府和中共都要把这八个字时刻放在心上。本着这八个字的精神去谋解决，相信没有不可解决的问题。更希望政府和中共都本着互让的精神，加速地求得问题的解决。

第二，我们希望过去的事实不必谈，谈起旧事，纠纷愈多，感情愈坏。我们必须忘掉过去，赶快准备将来的工作。

对于政府方面，我还要提出下列两点：

第一，刚才听张部长的报告，政府对这个问题的解决，确是采取宽大的政策。我个人很希望政府在宽大之中，更能宽大一点。

第二，现在即使不能实行真正的宪政，但是希望能够更进一步，向宪政的路上走。

对于中共方面，我也有两点意见：

第一，中共所提出的各项意见，有许多在原则上我都赞成。但是我很希望中共能有事实上的表现。刚才张部长的报告说，军令统一是一个大问题。照我在上面的申述，这个问题实在不成问题，不过我希望多多在事实上表现出来。

第二，我希望双方商谈之后，能够把一个个结子解开，不要一个没解开又增加一个，关于条件问题，我还没有把这些资料一一看过。不过总希望结子不再增加。

以上是个人良心上的主张。最后要说一说对于本会同人的期望，今天听了双方坦白诚恳的报告，希望大家本着精诚团结的精神，多用点脑筋，想想办法，对本问题的解决贡献其意见。当然，这些问题不是很短时间可以解决，尤其不会在此次会期中间解决，不过我总希望大家能够提出意见，贡献于政府和中共朋友。我个人本来就有些意见。不过刚才我说过不愿意增加结子。自己既不能相信这些意见可使双方同意，所以暂时不便提出来。如果大家有意见贡献给政府和中共朋友，使这些问题得到解决，使全国精诚团结；那么，不但是国家之福，也是国共两党之福。”

二 ➤ 政治协商会议

这次参政会闭会后，国共两方便继续寻求解决问题的途径，而以参政会为基础，组织一个特别委员会，开诚讨论为原则。这个特别委员会，经过相当时期的酝酿，卒形成所谓政治协商会议。该会议经由五方面代表所组成，就是（一）国民党，（二）中国共产党，（三）民主同盟，（四）青年党，（五）社会贤达。各方面人数不同，计国民党八人，中国共产党七人，民主同盟九人，青年党五人，社会贤达九人，共三十八人。一至四方面的代表由各方面自行推出；惟社会贤达的人选，则由四方面会同推举，仿佛是公断人之第三方面，须由二一两方面共同推举一般。第五方面被推定的人，为邵从恩、莫德惠、傅斯年、胡霖、钱永铭、郭沫若、李烛尘、缪嘉铭及我。至其他四方面的代表，则第一方面为孙科、张群、吴铁城、王世杰、邵力子、陈立夫、张厉生、陈布雷八人，第二方面为周恩来、董必武、吴玉章、叶剑英、邓颖超、王若飞、陆定一七人，第三方面为张澜、张君劢、张东荪、沈钧儒、黄炎培、梁漱溟、张申府、章伯钧、罗隆基九人，第四方面为曾琦陈启天、余家菊、常乃德、杨永浚等五人。会期规定为三星期，由三十五年一月十日开始，原定是月廿二日闭会，于必要时并得再度召开。后来延至一月三十一日才闭会。关于讨论范围，事前煞费商量，规定为两项，一是和平建国方案，一是国民大会召集有关事项。会议中除开全体大会十次外，所有讨论问题都是分组举行，计分为政府组织、施政纲领、国民大会、宪法草案及军事问题五组，由各代表自行认定；后来并增设一综合组，由五方面各推举代表加入。我除认定参加政府组织组外，并由第五方面推举参加综合组。

政府组织

政府组织组所讨论者，系关于行宪前联合政府的组织方案。大家对于这个过渡时期的政府应采取委员制，那是一致的。但关于各方面所占国民政府委员的人数，和少数党的否决权，却为中共所极重视，而民主同盟对于中共的主张也极力拥护。国民党则倾向于维持国府主席的相当权力，对各方面委员人数的分配，自然有它的主张。青年党和第五方面参加该组的代表，为求会议之妥协，故以调停双方的意见为主旨；但青年党除调停国共双方意见外，对于民盟也持有一种特殊的意见，就是认为青年党以党员人数及成立先后而言，均应视为第三大党，民盟虽由若干党派联合而成，但其实有盟员人数及成立年龄均逊于青年党；因此，极力主张该党在未来的国民政府中所占委员名额应多于民盟，至少也应与民盟同数。反之，民盟所持的意见却与青年党正相反，而认为民盟所占府委名额，无论如何，必须超过青年党。在此情形之下，不仅国共互异其立场，民青也意见相左。因此，我以第五方面的立场，极力调停于四者之间。经过了许多的折冲，总算解决了两个原则。其一，规定国民政府委员名额为四十人，国民党以第一大党占其半数，即二十名，其余四方面合占二十名。其二，规定国民政府委员会会议，对通常事项，仍照通例以过半数表决，但涉及共同施政纲领之变更，则须有三分之二委员赞同，始得通过，换句话说，对于此类重大事件之决议，少数党派得联合三分之一之委员行使其否决权。讨论至此，已届闭会时日，各代表亦皆神疲力竭，对于四方面合占之府委名额二十名如何分配，咸主张俟闭会后再由四方面自行协商。我独认为“打铁趁热”，不宜搁置。因为国共之能否合作，视乎联合政府之能否成立；好容易才把联合政府的原则商定，倘四方面所占府委名额未能分别确定，则联合政府仍无法成立。趁此各方面情结尚热之时，把所有的问题一起解决了，则联合政府之成立指日可待；否则一经搁置，问题转多，或者会因此一问题而影响全局。可惜同组各人均不赞同，总以为稍缓无妨；而不料后来果因此小节而使包括中共在内之联合政府终不克成立，洵至局势愈演愈恶，不可收拾也，我对于此事，总觉心以为危，虽经政府组织组同人所拒绝，后来在综合组中，我仍将此意见提出。我并提供具体的解决方式，就是把二十名之府委名额，先就四方面平均分配，每方面各占五名，但因尊重中共为第二大党，由其他三方面各让出一名，加入中共应得之五名内，结果中共实占八名，其他三方面各占四名。我认为这是极公允的分配办法；可是中共坚持该党与民盟必须合占十四名，俾足三分之一以上，可以行使否决权，民盟除与中共同一主张外，并强调该盟系由许多党派组成，不当与青年党占相同之数额。青年党则认为民盟所占名额断不能超过该党。我虽力劝中共与民盟不必坚持该两方所占名额足以构成三分之一以上，盖参加协商会议之四方面既经共同制定施政纲领，倘国民党一方面欲有所变更，其他各方面自必与中共民盟同一立场；如此则三分之一之否决票数不患不能达到。青年党代表赞同我的主张，力言如国民党想变更协商决定的施政纲领，该党可保证与中共民盟一致加以否决。按照这几个星期内各方互让的实例，假使此项会议能照我所主张，续延数日闭会，对此问题谋致各方妥协解决，深信不难达到。可惜我的主张，初既不克通过于政府组织组，及在综合组提出，则大会闭幕已确定于一小时后举行，对此非片言所能解决的问题，也只好搁置。想不到联合政府本可立即成立的，后来竟因此一未决问题而受阻，而国共两方的隔阂，不能于联合政府一堂聚首中设法消泯，其后双方意见距离愈远，愈无法妥协，望今思之，我犹深感万分之惋惜也。

国大问题

协商会议中，还有一个问题为各方所热烈争持。这就是关于国民大会旧代表的有效问题。在某次大会中，中共民盟及青年党都主张国民大会代表应重新选举；国民党则主张维持原有代表。第五方面有一二发言者，也倾向重新选举。我独持异议，认为原有代表固然选出了多年，似乎不能代表新的民意；但国民大会之不能如期召集，其责任不在各代表，因处此抗战之非常时期，甚至重视选政如英国者，其现有国会议员之任期，亦因战事而特别延长。查我国国民大会代表选举法明定，各代表之职责应于第一届国民大会召集后解除。国大一日不召集，则其职责一日不能解除。第一届国大之主要职责在制宪，制宪为法治之本，倘以政治方式变更制宪代表之法律地位，不仅此例不可开，且原有代表倘以护法之名，自行集会，岂不是徒滋纠纷。至谓多年前所举的代表不能代表新的民意，固系事实；但我有一折衷办法，可以解决此困难，即仍能维持原有代表的地位，查国民大会代表组织法规定有由政府遴选之代表二百四十名，又规定国民党中委均为国大代表，此项中委计有四百六十名，两者合计七百名，皆无需选举，而为政府与国民党所支配。此次政治协商会议之目的，系因国民党还政于民，并容纳各党与社会贤达于联合政府，自可本此原则，将政府与国民党所能支配之代表名额七百名公平分配于各方面，同意以各地方尚未选出之代表，与原有代表身故或附逆者若干名，合计当不下九百名，与现存之旧代表为数大致相等。依此办法分别遴选与选举，则代表新的民意者在未来之国民大会中，至少可占半数。这实在是对于法律事实均能兼顾的办法。当我提出此意见时，中共、民盟、青年党初时固均不赞成，即国民党方面，因须取消其全部中委为当然代表的资格，也未必赞同。可是经过国民大会组多日的讨论，竟然脱不了我的建议。除各方面已根据我的建议为协商的基础外，原来主张全部代表改选最烈的中共，也表示倘一切问题皆获得满意的解决，则对于承认原有代表一问题将不坚持。其后协商的结果，拟将这七百名的代表分配为国民党二百三十名．中共二百名，民盟及青年党各一百名，社会贤达七十名。国民、中共及社会贤达均已同意；惟民盟及青年党则由于前述的理由，仍在争执。民盟坚持必须超过青年党之数，青年党则认为至少须与民盟同数。在已定期闭会之日，上午十时召开最后一次的综合组会议，拟对此事作最后决定。又因闭会前政府和国民党均须以协商结果分别提交国民政府会议及国民党中常会通过；所以整日的会议程序故已排定，记得约十二时召开国民政府会议，下午二时召开国民党中常会，下午三时举行协商会议最后一次的大会，随着便举行闭会式。但在上午召开的综合组会议中，对于民盟与青年党所占的代表名额，讨论很久，仍未协议。综合组主席孙科氏因时届正午，须出席原定之国民政府会议，乃推我代主席，继续协商。最后由国共两党自动表示，各就分配所得的名额让出若干，以增加民盟分配之数。于是暂行休会午膳，会外协商，决定国共两党各让出十名，故表面上民盟与青年党虽各占一百名，实际上民盟所得一百廿名。此问题才告解决。我从这一事件观察，深觉国共两党彼时确有妥协之可能，假使府委名额能酌延时日，以我建议的分配办法为基础，酌为增减，互作让步，在彼此均有诚意的那时，其解决不是不可能的。

宪草修正

协商会议的中心问题，本当是中华民国的宪法草案。五五宪草固然不是国民党所坚持不变，但国民党毕竟对于孙中山先生的建国大纲不便变更过甚。其他各方面终觉民主宪政，不能不取法于世界先例，即孙先生之所谓五权，亦脱胎于三权之制衡，仅将我国古代之考试、监察两权加重，实则此两权在三权宪法之国家亦未尝不存在，特分别容纳于立法、行政两部门而已。于是多数主张将监察院形成一般立宪国的上议院，并将考试院之权限酌为减缩，且取消其对于立法院之提案权。又为惩前毖后，过分防止行政院之专擅，特将立法院对行政院之控制权加重，同时又迁就五五宪草原案，未照立宪国通例将解散立法院之权加入。此外变更最大的，便是关于国民大会的构成与其职权。五五宪草赋予国民大会的职权很大，但在以三权宪法为实际基础的宪草中，立法院既成为监督政府的常设机构，自不宜再有一最高立法机构置于立法院之上，于是宪草组便决定将国民大会变成无形的机构，就是把各省县市的民意机构的代表合并起来，成为国民大会，而以行使选举总统、副总统为其主要职权，仅因敷衍建国大纲关于国民大会行使四权的规定，在宪草修改原则内，加入“全国选民行使四权，名之曰国民大会”一条。后来因匆匆闭会，这些修改原则也就匆匆通过综合组，更通过了最后一次的国民大会，但是大家都知道宪法具有整体性与专门性，仅仅在短期的协商会议中决定若干修改原则，还不能据以提交将来召集的制宪国民大会，因即决定于协商会议闭会后，组织一个宪草审议委员会，委员名额二十五名，由协商会议五方面各推五人，另公推会外专家十人参加审议，其职权即根据协商会议决定之宪草修改原则，并参酌宪政期成会修正案，宪政实施协进会研讨结果及各方面所提意见，汇综整理，制成五五宪草修正案，提供国民大会采纳。并规定如有必要，得将修正案提出协商会议协商。后来决定于协商会议闭会后，以五方面合组之综合组代行协商会议之职权，主持宪草审议之重要原则。

协商会议五组中，关于施政纲领和军事问题两组的工作，一则因纲领中列举各项目，都是人人所赞同的原则，所以没有经过什么争议，便一致通过；一则因为整军问题，复杂而专门，非由专家主持不可，除商定几项原则外，决议成立军事三人小组，把那些复杂而专门的问题移付该小组研讨，因此在协商会议中也就很顺利地通过了。

小组续商

一月三十一日协商会议闭幕后，国民党内部对于宪草修改原则与国民大会的构成和职权颇多不满，后来便归纳为几个要点，对于会后继续存在的综合组及新组织的宪草审议委员会提出讨论。我对于综合组及宪草审议委员会均继续参加。因此，在协商会议开会期内，我虽忙于政府组织及国民大会两项问题，对宪草修改未暇参加研讨，在会后，却得以从容参加。由于继续讨论之宪草问题，多与原则攸关，故以综合组为研讨之中心，审议会则侧重于技术与形式方面，而遇有关系原则之处仍须提请综合组决定也。会期内之综合组人选因有暂离陪都者，故重行推定，每方面仍为两人，并加推第一方面之孙科氏为召集人，共十一人。记得第一方面为王宠惠、王世杰，第二方面为周恩来、秦邦宪，第三方面为张君劢、张申府，第四方面为余家菊、陈启天，第五方面为我与傅斯年。同时又由综合组推定五人，每方面一人，构成宪草小组，其人选为王宠惠、秦邦宪、张申府、陈启天和我，但宪草小组讨论时，综合组之其他代表亦得参加，并得带同顾问人员出席，因此中共之王若飞、陆定一都常列席，而王世杰、章伯钧、余家菊诸氏也往往参加，只有第五方面其他各人都因事极难出席，所以始终乃每会必到者只有我一人。宪草小组议有结果，再召开综合组，作最后决定。该小组开会十余次，均在重庆美专校街王宠惠氏所主持的国防最高委员会秘书处举行。我们讨论的范围颇广，凡对政协决议之原则认为窒碍难行者，都加以研讨。其获得结论，并提付综合组获得协议者，为将无形之国民大会，修改为有形的国民大会，并将其职权作具体的规定。这一问题，先后经过宪草审议委员会、宪草小组及综合组的热烈讨论，我对于上述三种会议无一不参加，现在把我在综合小组对此问题之一次发言纪录列后，以见当时各方的意见一斑：

“我是主张有形的国民大会的。我对于国大的组织意见与青年党的主张相同。国大组织分为职业与区域两种代表，但两种代表的名额应予限制。宪政实施协进会主张职业代表的名额，须与区域代表的名额定一比例。我以为职业代表总数应不超过区域代表总数三分之一。职业代表由各省农工商及自由职业团体与人口在百万以上之市工商自由职业团体选举之。

关于国大职权，我在提出的书面意见中共分六项，前四项与青年党意见相同，寅卯外二项与民主同盟意见大体相同。我愿照民主同盟意见，将此两项加以修正。我在职权中的辰项主张，如国大行使四权，则创制权应限于创制立法原则，而且创制的范围不妨限制严些；因为将来国大代表总数达二千余人，如创制法律，人数太多，实不相宜；且创制限于原则，外国亦多有此例。立法院如同意此项立法原则，即可完成立法程序；如不同意，可另行起草法案，提付复决。我主张立法院不作为国大的构成分子；这与哲生先生意见．把立法委员、监察委员兼充国大代表的不同。

国大代表任期虽定为六年，但会议不宜召集太多。我主张两年一次，如两年还嫌太多，不妨改为三年一次。至临时大会的召集，共分三种，一由总统召集，二由监察院召集，三由国大代表五分之一以上之请求而召集。”

后来大家的协议，和我的主张无大出入；只有职权一项采取了我所提议的前四项，而后两项即关于法律原则之创制，与法律之复决，经协议修正为“关于创制复决两权，除前项第三第四两款规定外，俟全国有半数之县市曾经行使创制复决两项政权时，由国民大会制定办法并行使之。”

此外，在宪草小组已大致获得结论，而在综合组尚未正式协议者，为行政立法两院的制衡关系。此一问题，在宪草小组中讨论最多。对于行政院不愿执行立法院之决议时，可交一次之复议，而对于复议所需之表决人数，中共、民盟初时坚持仍为过半数，其他各方面，则主张应为较高之人数。我们原主张为三分之二，后来中共愿让步至五分之三，可惜到了综合组未能获致协议。又立法院既可使行政院辞职，而依照立宪国的制衡通例，政府自应有解散立法院之权，我和若干代表都有此种主张，但国民党却不赞成，因此制衡的关系不免成为单方面的，此则不无缺憾也。

在宪草小组讨论各问题时，大家皆能平心静气，只有一项例外。就是中共的秦邦宪氏对于青年党的陈启天氏，曾因某问题而破口大骂，致陈氏忿而退席。后来由我和国民党与民盟两方各推代表一人，分头劝说调解，经过了几日，陈氏才恢复出席。秦邦宪氏虽有上述的事件，但他对于宪草的讨论，往往都很合理。某次讨论某一问题，我的主张为另一中共列席者所反对，经我讲述理由后，秦氏竟表赞同。过了两日，秦氏因对于小组大致已作结论的若干问题，须回延安向中共总部请示，与王若飞氏同乘专机飞行，不幸失事，秦、王两氏均遇难，我当时着实地惋惜，认为此与宪草继续协商若干问题之获致协议殊有影响也。

继续协商期内，如能本着大会召开时各方的妥协精神，益以充分的研讨时间，其成就当然很大。可惜自大会闭会以后，接连发生一串的不幸事件，如校场口事件，新华日报捣毁事件等，以致国共两方感情日趋恶化。我虽极力主张不论实际负责者系何人，然此类事件发生于陪都所在，政府保护不力，责无旁贷，至少对于新华日报应从速予以赔偿。我的主张，政府中表示赞同者虽不乏人，然不能当机立断，中共遂得借口政府之缺乏诚意，于是本可解决的许多续行协商问题，却因此等枝节事件而延搁或僵持。我那时候又力主从速组成联合政府，则中共前此所处在野地位，对政府措施不免多所怀疑者，既经加入政府，便可协同主持，如不幸事件果系国民党人所主动，则可运用各党派之合作，加以制裁，如事出误会，亦可冰释。无如府委名额未能于大会中各方热诚合作之时商定，此时彼此疑忌渐深，协议更难，直至政府迁返南京，尚无成议。那时候，大家急于东下，对于继续协商未决的许多问题，也只好期待返抵南京再谈了。

三 ➤ 复员东下

思前想后

我于三十五年四月中旬，由重庆飞返隔别了九年的第二故乡上海。那时候，我对于政治仍怀着继续协商，务达于妥协的愿望；但是当我到了上海之初，我应先解决一个先决问题，这就是对于商务书馆所负的责任，我在“两年中的苦斗”一文中，已经明白表示我的决心，就是等到恢复了商务书馆在一二八所受的损失，我便辞去商务的职责。到了二十六年五月商务书馆的股东会，在结算盈亏和资产以后，经即通过把该馆因一二八毁损而减少的资本全部恢复；那时候我本拟立即辞职，只因一念的游移，不忍把一手恢复的事业骤然摆脱，打算再费半年工夫，替它准备了将来的计划，再行脱离。不料七七战事起，继以八一三的全面抗战，临难不苟免之义为我平素所服膺，故第二度的决心，便是苦撑战时的危局，至抗战结束时为止。因此，在抗战期内，无论局势怎样艰难，无论各方面对我怎样的需求，我总是守着岗位，锲而不舍。纵因鉴于天下兴亡匹夫有责，故在留后方的时候，从旁参政，备极热心；但对于商务书馆的责任，不肯须臾放下。最高当局虽迭经示意，想把我罗致于政府之中，但经我剀切陈明，终予谅解。然常常想起由于二十六年一念的游移，我便继续捱了七八年的艰苦；于是立下最大决心，就是等到抗战胜利，把商务书馆的责任交还董事会，我断断不再留恋。我不仅因为十余年间，两度支撑商务的危局，一度完全复兴，一度维持不坠，以致神疲力竭，需要休息；而且我还有一种见解，就是鉴于人生上寿不过八十，我已把约莫三分之一的生命供献于一种事业，那就是从民国十年在商务书馆任职至三十五年，今后假使我还有二十年的余生，似乎应该另作一种尝试。人生斯世，仿佛是在游历，我既来此世界一次，不应专在一地游览。在重庆时期，我就无时不想得偿摆脱商务，并希望这时期能在我六十岁以前，俾从六十岁起，另向一方面活动。我所预期的活动，不外从政和研究学术两途。许多人心里想从政，却讳言从政。我则不然。我在重庆时曾对许多朋友说过，一个人假使自信能替国家负一点责任，不必自鸣清高。在二十年来，我已经把国家和个人或私人事业的密切关系看得太清楚了；譬如一棵大树动摇，断不容小鸟安居于其上之巢内。我一方面感于蒋介石先生公开政权的诚意，他方面也觉得我在未来的联合政府中或者还能尽一点力；因此，对于复员后政府，假使有需要我的地方，当不致如战时之固拒。不过我之从政，却有两个先决条件，一是完全摆脱工商业的关系，二是经济能够自立，不必倚赖俸给。对于第一条件，就是我在战时拒绝从政的理由，也就是我回到上海后立即先把商务书馆职务完全摆脱的理由。对于第二条件，我认为政务官和事务官截然不同；事务官视官职为终身事业，自当倚俸给为生；政务官则视政策为进退，如果也倚赖俸给为生，势必不能进退自主。我虽没有什么资产，但是历年所写的书籍，按期所收版税，还勉可自给，但为着更可靠起见，我打算于复员后以一年工夫继续完成一种未完的著作，则其收入的版税，当使我自给裕如。

一念之误

根据了上述的定见，我在到达了上海的第二日，便向商务书馆董事会主席张菊生先生提出辞职。我打算辞职后，便依照离开重庆时政协综合组各方面所约定，大家在南京集合起来，继续协商解决各种问题。同时，我得以自由之身，在南京从事写作。商务董事会虽对我之辞职极力挽留，但费了一星期的唇舌，结果我总算如愿以偿。我自摆脱商务的职责，便赶紧前往南京，经参政会秘书处访问政治协商会议雷秘书长，以履行我们在重庆时的诺言，想不到晤见雷秘书长后，获悉政协综合组之重开遥遥无期，我只得在京住下暂候。由于我与商务书馆多年的关系，我虽已辞职，仍承商务南京分馆经理招待，在馆屋内特辟一室供我住宿，取阅图书，从事写作，也还方便。过了几日，给蒋主席知道我已来京，某日招我晚餐，在座只有蒋主席夫妇。饭前饭后，蒋先生均重申在重庆时的旧约，坚邀我出长经济部。他说，他具有公开政权的最大决心，并随时实行全面改组政府；无如中共还未肯加入，致迟迟不克实现。他认为继续协商目前尚难进行，在全面扩大政府基础以前，此时至少须有若干党外人士加入政府，以资提倡。他强调我是最适于首先加入之人。我虽极力推辞，愿留以有待；但他以万分诚恳的态度劝我接受。饭后蒋夫人退席，我们还继续谈了一小时以上。最后我为蒋主席的至诚所感动，仅应允加以考虑。辞出后，我终夜思考，几乎不能成寐。忽然想起一事，就是战时在旧金山举行的联合国会议。那时候我国为表示全国各党派团结起见，代表团中拟加入中共、民盟与青年党人士。中共初时不允参加。青年党亦在犹豫不决。独民盟之张君劢氏适在国外，深知为增进国家地位，有由各党派人士合组代表团之必要；因此，他便率先应允加入。青年党之李璜氏，大约因见民盟之张君劢氏已加入，不久亦接受使命。于是中共方面，也就由延安派董必武氏来渝洽商，初时似尚有条件，那时候我正发动许多参政员力劝他参加，但他抵渝后不久便也接受，致我国在那次国际会议中产生很好的印象。事后，我常常对人说，这一回的会议，幸亏张氏率先加入，其他各党也就陆续参加。张氏返国后，我也曾对他表示过这种见解，现在到了国内各方面参加政府的关头。本来在政协政府组织组及大会中都已商定原则，问题只在一些枝节，以致实现无期。假使此时有人步旧金山会议中张君劢氏的后尘，是否能得同样的效果固不能必，但果能因此而促联合政府之成立，则个人牺牲亦甚值得。我想到这里，心里不免有些活动。次日，我的至友某君又奉蒋先生命，继续相劝，其理由和我昨夜所想象者相同。经过这一番的磋商，我才决定参加政府。

加入政府

在我决定参加政府以前，我的全副精神集中在我之参加是否对政治发生影响，却没有丝毫想到行政方面。等到决定了，才开始就行政方面略事考虑。我认为经济部演变到了那时候，其范围已缩小了许多，和抗战初期的经济部，包括农林水利劳工各种行政者，大不相同。实际上那时候的经济部，除了附属的资源委员会还有些实际事业可办外，只剩下工矿电商的行政与其监督权而已。我自知对于经济行政毫无经验，惟对于资源委员会所辖的各单位国营事业，或者还可利用平素对工商管理的研讨与经验，为多少的改进。但在我的任命发表之前一日，行政院决议资源委员会改隶行政院；这在蒋主席坚邀我出长经济部和后来行政院宋院长和我晤谈的时候，都没有提及，或者是因为蒋宋两先生和我个人都过分注重政治方面，而没有顾到行政方面之故。我既然经过坚辞和熟虑之后，业允参加政府，对此一事当然不甚萦怀。我认为既已决定为党外人士参加政府的前锋，譬如只当一个不管部阁员，也无不可。后来有些人颇以为资委会独立后的经济部职权太小，不足以供我的发展，我却不作如是想，只望能因我之率先参加政府，而促使联合政府之早日成立，并且自愿作一时的过渡，至将来联合政府成立，我之加入与否也毫不在意。

但是我此次之参加政府，至少在两方面变更了我的原计划。其一是公的方面，就是原想在各方面一起加入才参加的，却因一时的情感所动，而妄自比拟旧金山会议的先例，以致提前单独参加。事后思之，这却是一种不自量力的错误。其二是私的方面，就是原拟以半年或一年时间，完成未了的写作，以加强个人的经济基础，俾从政后不致有内顾之忧；此时既提早加入，亦使原计划变更，惟常有出乎意料之一事，可抵补此项经济上的损失。原来我在战前，曾以多年积蓄在上海北四川路底建有房屋一所。一二八战事的前夕，在我家人临时迁居租界中区几日以后，我还独自回家住宿，与藏书为伴，仅于战火爆发之前半小时获得消息，仓促离开，幸免于次晨日本便衣队之搜捕残杀者，间不容发。停战后，我家便留居租界，而以该房屋租给他人。八一三战事起，该房屋复为双方炮火的集中线。不久，我到了香港，接到该房产通契注册的瑞士籍某洋行函告，谓房屋尚完好，查明为日本商人所占住，彼以中立国洋商的资格，可与商定租约，征收房租。我的回信是“不愿与敌人作商行为”，换句话说，就是给敌人强占固无办法抵抗，但如与订租约，便是与敌人妥协，那是万万不可的。后来太平洋战事起，我长留重庆，听说美国飞机不时轰炸日本司令部一带，我的房屋就在那里，能否幸存，早已置之度外。不料复员后，发现该房屋并无毁损，只给强占的日人把内部完全改装为日本式。在我收回该房屋后，一来没有这么多余款可将内部的日本式恢复原状，二来因被迫提早从政，为着加强经济自给的基础，便把该房屋出售了。所得的售价，便足供若干年生活费的贴补；因此，我所预期的写作收入，也就获得补偿，而短时期内不致有内顾之忧。

四 ➢ 经济部

我在就职以前，因上海是工商业的中心，须先往该地访问许多工商界领袖，征求对于经济行政，实际上只是工商行政的意见。那时候，上海工商界以我在战前久居上海，而且办过工商事业，以为我之出长经济，自然对于上海的工商界有所协助，因此备极欢迎。但是听了许多意见以后，我曾经对几个朋友发表感想，认为上海工商界今日对我的莫大期望，不久或会失望，甚至或会因失望而作热烈的反对。想不到我这一项预言，后来竟应验了。这是我的错误，或是故意开罪上海的工商界吗？且待下文分解。

我担任部会长官最大缺点之一，就是没有班底。我不是没有自知之明。在重庆的时候，我常常这般想，如果将来联合政府成立，我是不能不参加的话，与其任部会长官，无宁任国府委员或不管部的政务委员，就是这个缘故。但是蒋主席和我的有些朋友，或者因过分重视我复兴商务书馆的成绩，却希望我担任实际的政务。记得在政治协商会议闭会后不久，蒋先生曾对我表示，在联合政府成立时，拟以我为国府委员并兼任行政院一个部的长官。我那时候曾经表示，如果国家需要我的话，我因为没有行政经验和工作班底，宁愿专任国府委员，而不兼长部会。此次骤长经济，虽然我平素主张事务官应久于其职，不当随政务官为进退，但无论如何，政务次长和几位重要秘书总应该是部长所素识，办事才能便利。经济部原任政务次长业已改任交通部政务次长；而原任常务次长何君是一位经济专家，为我所素识，我极想把他留住，或改任政务次长。可是何君去志甚坚，久未到部，前任翁部长亦力言无法挽留。于是我竭力物色，过了几日，才找到潘序伦氏当常务次长。此次仅找到三位高级助理人员。一位是庄某，民国初年曾和我共事，他一向担任行政工作，是一位老资格的事务官，隔别了十多年，特来造访，便把他留下，充任秘书之一。一位是原任国防最高委员会秘书处参事龙某，自愿来部相助，故把他调补经济部参事之一缺。又一位是后来因泄漏机密为世人所熟闻的徐百齐氏。徐氏先后追随我工作十几年，但初时和我并无半点关系。他大约在民国十八年毕业于东吴大学法学院。那时候东吴法学院的程度在国内可算特出。我的老友吴经熊氏执教于该院，于前二三年介绍给我一位新毕业的梁君，我把他任用在商务书馆编译所，成绩极好，后来改入外交界，又在国外留学，成为法学大家，蜚声于国际。民国十八年我一度离开商务书馆编译所，改任中央研究院研究员兼社会科学研究所法制组主任，因为需要几个助理研究员，便请吴君再介绍优秀毕业生一人。那时候徐氏刚以该年级成绩最优而毕业。吴君以之推介，入所后助我研究，甚为得力。一年后我复回商务书馆任总经理兼编译所所长，以徐氏过去的成绩，特把他任用在编译所内，数年之间，忠实任职，著译颇多。后来再把他升任人事科科长，亦能称职。直至八一三全面抗战后，我离开上海，他还在商务书馆服务，嗣因上海商务书馆紧缩，他才自动辞职，改任律师，相隔七八年，我从重庆返沪，才复晤见。在我受任经济部部长之时，他表示仍愿追随，我想他虽然没有行政经验，但以其所学及平时办事的条理，充任秘书之一，当然无问题。以上所说的潘庄龙徐四人，便是我随带来部工作的仅有人员。此外全部人员，我一律挽留，甚至在我发表后，照例应行辞职的总务司司长吴君，业由翁前任改派他职，我为着熟手起见，且听说吴君人甚正派，故一再挽留，仍任总务司司长原职。

我以三十五年五月二十四日就经济部部长之职。政治上之开展既尚有待，实际上的工业建设又已脱离主管；只有就工矿电商之行政从事整顿。同时，因接收敌伪工矿事业为经济部彼时主要的特殊任务；此举关系重大，我亦特别重视。现在把我接任后，部中各项主要措施，分别作简要的说明。

接收与清理

胜利以后，所有敌伪资产和事业都由政府各部会按其主管，分别派员接收。经济部所接收者为工矿事业，由我的前任将从前敌人控制的地方划分为七区，每区派一高级人员为特派员，组织特派员办公处。这七区所辖范围，计开：一为苏浙皖三省，特派员为张兹闿氏，办公处设于上海；二为湘鄂赣三省，特派员为李景潞氏，办公处设于汉口；三为河北省及平津两特别市，特派员为王翼臣氏，办公处设于天津；四为东北九省，特派员为孙越崎氏，办公处设于沈阳；五为鲁豫晋三省，特派员为杨公兆氏，办公处设于青岛；六为粤桂闽三省，特派员为林继庸氏，办公处设于广州；七为台湾省，特派员为鲍国宝氏，办公处设于台北市。因为接收的单位多至数千接收人员，除特派员均为经济部或资源委员会重要人员外，多由公私事业技术人员中临时动员。我到部之初，查悉此项接收及处理工作，往往未能如期报部；部中对此临时发生的重大事件，亦未组织任何管理机关。所有到部的报告，均按其性质分配于各司，纵有完整的报告亦被分散；其尚未报告者，亦因乏人专管，无从催问。我认为此事有集中处理，俾便考核的必要；于是在不增加人员的原则下，于部中组织一接收工矿事业管理委员会，以常务次长潘序伦氏为主任委员，各有关单位首长为委员，下设秘书处，向各有关单位移调干员常川驻会办事。并规定在接收处理工作尚未完成以前，所有各区特派员之报告均集中该会，俾有专管。于是对于各区之工作，始能悉其概要；凡已报告者编为统计，未报告者即予催办。一月以后，全国接收情形，部中始能掌握；乃进一步研究加速及妥慎处理之办法。查处理敌伪工矿事业之原则，早经规定为下开各项，就是（一）确系敌伪资产，应归国家经营者，即移交主管机关经营；（二）确系敌伪资产，无归国家经营之必要者，售为民营；（三）确由敌伪强占之民有资产，应发还人民者，查明原主发还之；（四）有问题之资产分别处理。其中第一项处理最为简单，所有接收之工矿事业，应归国家经营者，多数移交资源委员会接管，而接收人员本来多从资委会调用，故此项移交实至便利。第三项确由敌伪强占之民有资产，应予发还，本来亦不成问题，不过由于办理手续上往往拖延时日，我接任后经即通令赶速发还，显然也有进步。问题较多的，只是（二）（四）两项，尤以第二项最为工业界所不满。政府对于所有应行接收之资产，认为系国家所有，除由国营外，其决定出售者，自应按照实值发售，以免国库损失。此一原则本甚正当。惟工矿界方面，尤其曾经追随政府内迁者，因战时及复员均受有损失，认为政府应对彼等特别体恤，凡愿承购敌伪工矿资产者应予优待。此一问题，僵持颇久，致有许多本可售出之工矿资产因而搁置。同时政府为维持此项接收工矿事业原有工人之生计，在售出以前暂行复工，由于永久计划之未能决定，此类暂行复工之事业，表面上纵有盈有亏，平均似当不至赔本，实际上则原有材料多于暂行复工时期消耗殆尽，无异已有重大损失。我认为与其受此无形之损失，无宁对正当工业界作有形之补助。因即草拟对内迁工厂承购接收工矿事业之优待办法，分为（一）一次缴价特给折扣，（二）分期缴价，及（三）租赁经营三种办法，而特别注重第一种，盖鉴于币值之日渐低落，分期缴付将使国家损失更大，且一次缴价特给折扣之办法，可鼓励承购者张罗资金，对于游资之利用亦颇有效也。此案提交行政院，经我极力主张，总算照案通过，但执行上仍不无问题，则因既属优待，争取者必多，如何审定应受优待之资格，亦应慎之于始。于是利用工业协会及内迁工厂联合会做初步的审查，再由经济部特派员办公处会同行政院敌伪产业处理局据以核定，最后仍分别报由行政院及经济部作最后决定。施行以后，尚觉顺利。结果大多数仍采取第一种办法，盖于承购者及政府双方皆较便利也。

经济部之接收及处理敌伪资产，完全系经手性质，与其他机关之接收后可供本机关利用者不同。只有一个例外，就是行政院就接收敌人之各种纺织厂，组织中国纺织建设公司，拨归经济部主管。而其他接收单位，除东北九省及台湾两区几全部拨归资源委员会，或地方政府办理，或由资委会与地方政府合办外，都依照上开（二）（三）各项办法分别处理。我所抱定的处理方针，一是愈速愈好，二是力戒舞弊。关于第一方针，我严定限期，期满务须一律处理完毕，并如期将接收人员遣散，办公处结束。关于第二方针，本来经济部人员多能洁身自好，但临时自各方调用之人员，为数既多，流派亦不免稍杂，偶有不慎，流弊自难避免。经我严令各区特派员严格督率，偶有违法失职之事，即予检举，或送法院，绝不稍予姑息，到了最后结束时期，接收处理无不清楚。一般舆论，对于经济部主管接收工作尚无何不满；这不能不算是可以自慰之事。

行政改进

除了接收处理敌伪资产的特殊事项外，经济部所主管的只是例行的工矿电商行政和有名无实的管制事项。除管制工作另当别论外，工矿电商的行政工作，相沿已久，当然有可改进，但皆不易求近功而收速效。我认为这些工作首当改进者，厥为效率。在官厅方面，对于处理人民之呈请事项，往往以为稍加延搁无关重要，而不知在人民方面，对于呈请事项处理之迟速，动辄利害攸关，尤以在工矿电商等事业中，时间即是金钱，非必要的拖延人民之时间，无异非必要的损失人民之金钱。而且时间既与金钱攸关，人民为着争取时间，以免损失大量的金钱，往往不免被迫而牺牲小量的金钱，以从事贿赂。在我从政以前，常常听说商民因向官厅呈请特许，为避免拖延时间，致不惜以酒食馈赠甚至金钱为运动的工具；于是公务员之狡黠者，不作积极上的索贿，而只拖延时间，消极上诱致人民自动行贿。这是否事实或究有多少成分为事实，姑不置论；但非必要的耗费人民的时间，在公德上与职守上都说不过去。因此，当我就任经济部部长之第一日，在新旧交替的仪式中，我对经济部同人，一开首便强调处务的效率，并说明凡人皆当存与他人易地而处之心，做公务员的应时时设想本身与对官厅声请人易地而处，果能如此，必不致无故拖延时间。这就是孔子所倡导“己所不欲，勿施诸人”的主义；也就是耶稣所倡导“己所欲则施诸人”的主义。这种主义为我生平所服膺，处世接物无不以此为本；今对于行政方面也就首先提倡。

经济行政，在复员初期，特别繁重的是公司与工厂的重行登记。关于公司方面，因有敌伪时期增减资本及附加敌伪股本的关系，除极少数的，无不需要重新登记，而且为着确定资本和清理股权起见，此项重新登记又属亟不容缓，但是许多公司虽已遵照规定申请登记，而按照行政系统，却非经过地方政府的转呈，不能径达中央的主管部会，而中央主管部会核定后，又须经由地方政府转发。本来官厅核定公事的手续既已迟缓不堪，再加往返的承转，遂益迟缓。因此特为规定，凡无需地方政府承转之必要者，皆准人民径行呈部，以省周折；其必须承转者，并严定承转限期，通令遵办。又以中央部会应先示范，故于经济部之处理公文，严定程限，按期清查，而首先清理积案。行之未几，部中已颇著效。于是进一步向各大都市的社会局查催，其有案件过繁，熟手较少者，并由部委派熟练人员，前往协助指导，期达早日清理之目的。

关于公司重新登记，因国币与伪币之转出转入，与夫国币不断的贬值，往往使工商业名义上的股本，不能代表其实际上的股本，故对于所利得税之缴纳，因盈利与股本攸关，工商界往往认为负担过重。财政部虽定有酌按资本实值估计利润之办法，仍与实际相距太远。因此，我便订定一种工矿交通事业资产估值增资办法，准许重新登记之各公司，按其实有资产估计实值，将资本额提高，俾可表明实际的资本，并于计算所利得税时不使商民吃亏。同时，为吸收游资，并继续增加工商业资本起见，又规定估值增资之公司必得以现款加入若干成。此举较诸便利所利得税之计算尤关重大；盖战后各种工业均有加招资本，扩展生产之必要，只以原资本额未能按实值重估，于是旧股东皆不愿以股份廉值让售于新股东，致新股之发行不克实现，游资遂无法涌入工业方面。但是经过了实际的估值，将资本额比例升高，然后按照升高的资本总额，加招若干成新股；如此则旧股东不致吃亏，新股东之投资亦不患无标准，而旧股东之有力者当然可以优先加入新股本。

关于工厂之登记，向来并非强制，且系委托地方官厅办理，再行汇报经济部；因此，声请登记者远不及实有之工厂数目。我认为在此注重工业化之时代，对于国内实有工厂的数目与其种类尚不能详悉，遑论其他。因即令主管司切实研究简化并改善工厂登记的办法，除免收登记费，并准许径行邮呈经济部登记外，特别注重劝导及重点调查，而此种工作即以后来新设的工商辅导处担任，当于下文申述。

我平素认为工商事业之是否稳健，视其有无会计制度，及会计制度之良否。在我主持商务书馆的时候，一方面深佩我的前任能注意及此，他方面则对原有会计制度益加改进。商务书馆的事业经过了多次的困厄，卒能维持不坠；我认为与其会计制度不无关系。当我主持经济行政以后，遂决计将此旨推及于全国工商业。我这种主张固然受我前此主持事业的经验所支持，但我还觉得国家征收营利事业的所利得税，因为多数工商业或者缺乏健全的会计制度，或者简直没有建立会计制度，于是不得不专为纳税而作临时结算，此在官厅及工商业均有困难，甚至有杜撰假账者，则不仅与国家的税收攸关，且与工商道德有损。经过详加考虑后，我决意制定一种商业会计法，俾工商业有所遵守，于私于公均属有利。此事即交与常务次长潘序伦氏主办，潘氏原系名会计师，对于本法之主稿实最适当也。稿成后，因须与有关部会协商，经过颇长之时期，始提请行政院通过，再行移送立法院，故移送时虽在我的任内，而完成立法程序却在我辞职以后也。

工商辅导

我对于设立工商辅导处之动机，远在我从政以前。我鉴于国内工商业，尤其是工业，在举办以前多未作周密的计划，平时亦缺乏广泛的比较；因此，在小规模的时候，完全靠着个人或极少数人的经验和忠勤，勉强维持或进展，但将来局面稍大，或者在开始时局面已不小，那就成功的机会较微。这大概都由于缺乏专门人才，为作周密的计划；或者由于缺乏专门的机构，提供改进的资料。在外国，尤其是在美国，随处都有顾问工程师和工业研究机构，前者可于工厂开办之时，或于其遭遇困难之时，代为设计和解决困难；后者则应工业界的需求，随时供给可资改进的参考资料。在我国的目前，私人的顾问工程师尚缺乏，公共的工业研究机关也不多。为协助幼稚的工业界，我常常认为政府应于各工业重点设立辅导处，以技术和有关工商业的种种资料，无条件供应于工商界。当政府决定尽量以接收敌伪工矿租售于人民时，此种辅导机构尤有设立之必要。因此，我便于经济部各区接收特派员办公处将要结束之际，向行政院提议在上海、广州、汉口、天津及重庆五地各设工商辅导处一所，每所人员不过三十人，而以高级技术人员占半数以上，即此一点，已可见该机构性质与一般官厅不同。本案提出后，行政院总算照案通过；但移送立法院审议时，审查会中认为工商行政机构，在省已有建设厅，在直辖市已有社会局，无重复设置此机构之必要，决议不予成立。后经我亲自出席，详为说明，结果当将原案修正通过。于是各辅导处即自三十六年终先后成立。为时不久，各该地工商界已渐知辅导处之性质与一般官厅迥异，尤以上海、天津两处成绩较著，其对于工商界各种问题及困难，确曾协助解决不少。三十六年五月我解除经济部职务后，各地工商辅导处长，除上海外均已易人，易人后工作情形我不得其详。惟上海方面因仍由原处长主持，极得工商界信仰。三十七年下半年度立法院审查国家预算时，决议将工商辅导处裁撤，而上海工业协会于请求维持该处未能照准后，竟以该会经费留聘该处全体人员，俾维持其原有工作。此种不常见之事，实是证明该处之存在确有利于工商界也，该处于其存在期间，对工商界贡献颇多，只就其对上海工厂之详确调查，已可概见。在我脱离经济部以前，曾经发动工业调查，而以各地工商辅导处，主持重点调查之工作。后任陈启天部长仍照原计划进行。上海工商辅导处调查最彻底，所得资料最丰富；闻初拟印刷成书，以资观摩，嗣因经费无着，致不果行，殊可惜也。

经济管制

经济部那时候有一种名存实亡的职掌，就是所谓管制，本来在抗战时期，经济部颇着重管制工作，故设有管制司主持之。但自复员以后，一切管制即告松懈；经济部也不例外。在我接任时，经济部表面上还管制着两种物资，一是棉纱，一是烟煤。且把它们分别说明如下。

关于棉纱的管制，经济部于复员后设纺织事业管理委员会主持之。该会以部辖之中国纺织建设公司总经理束云章氏兼主任委员，其他委员则为该公司两副总理及中国银行主管人与若干对纱厂有经验者兼任之。实际上无异以国营之纺建公司兼负管制棉纱价格之责。这机构正如束云章氏常言，以一个国营公司管制一切民营公司，其不能收效，自在意中。因此，除中纺售纱牌价恒较民营纱厂低百分之二三乃至百分之五六，借以牵制民营厂出品不使过多抬价外，该会成立以来向未发生何种作用。我就任后，最初几个月仍维持此现象，则因纱价尚无大变动，暂无更张之必要。及至同年九、十月间，由于外汇价格一度作重大的调整，深恐纱价将由此而过分高涨。我认为向来名存实亡之管制政策，此时已有根本考虑的必要；而摆在面前的却有自治的合作与官治的管制两途。所谓自治的合作就是避免管制，而改由国营民营各纱厂，在政府决定的原则下，对于分配与售价均衷诚合作，一方面期望合理的分配，他方面避免过分的涨价。所谓官治的管制，就是由政府按照国家总动员法，对于棉纱的分配与售价，均严加管制，务使国营民营各厂一律遵守，而对于违反管制者严予制裁。我详加考虑之后，认为最好能采第一方法，即所谓自治的合作。于是召集中纺公司及上海各大民营纱厂之主持人，告以政府不得已调整汇价，各种货物皆乘机涨价，纱业恐亦有此趋势，实则确有涨价之必要者，政府当可考虑核准，其尚无涨价之必要者，倘亦乘机涨价，则一方面影响人民的生计，他方面由于一般物价高涨，势必影响工业界自身之工料成本，如此循环往复，结果实无一人真正获利。以纱业而论，此时外汇之调整，所影响者仅为利用新进口原料之制品，其过去输入之原料，业按旧汇率结清货价者，既不受此影响，即无遽行涨价之必要。政府兹愿与民营各纱厂竭诚合作，借合理分配，以平抑纱价。至政府原设之纺织事业管理委员会尚无民营纱厂主持人担任委员，以言管制，固未充分强化，以言合作，距离犹远。兹特变更该会组织，酌增委员名额，连同原有金额，尽量加聘民营纱厂主持人为委员，今后关于出品之配售和其售价，均由委员会协商决之，以收合作之效。深望各民营纱厂予以赞助，则纺管会既有民营厂代表参加，所有议定之管制办法，实亦等于自治，希望此种自治精神充分发展，则今后无取乎官治的管制云云。以上原则，出席各民厂代表均甚赞成；因即决定加聘民营纱厂代表四人为委员。随后召集扩大组织之纺管会，商定由国营民营各厂联合配售，并议定公允之售价。第一次联合配售之棉纱二万包，因各方面皆能衷诚合作，分配既甚公平，纱价亦得平抑，一时收效颇著。可是到了第二次联合配售时，因有少数民营纱厂侧重私利，不能如前之遵守协议；于是暗中抬价交易，黑市也随而产生。我一再吁请纺管会各民厂委员协助劝导，均鲜效果。最后，我并切实忠告，如果自治的合作失其效力，则政府将被迫而采取严格的管制。同时束云章氏以在自治的合作中，彼以国营纱厂的主持人，尚能发挥作用；今此着既已失效，政府不得不另采管制政策，彼实不克续负纺管会主委之责。在此情势之下，我与宋院长熟商后，只得准许束氏辞去主委，而以上海市市长吴国桢氏兼任该会主委，俾借地方政府的机构与其权力，实施严格管制。纺管会改组后，其政策由自治的合作，渐转变于收购民厂出品半数，以供配售而达平价目的。初时由于地方长官兼任该会主委的压力，收购民厂出品，进行尚属顺利。越时不久，收购价格便起问题。及我交卸经济部后，政府又将原有纺织事业管理委员会改组为纺织事业调节委员会，其规格之大数十倍于纺管会；而其所宣示之“代纺代织统购统销”政策，系由全国经济委员会决议通过，可是执行起来问题更多。官商争持，至再至三，大有后者不如前者之概。某次全国经济委员会指定小组研讨此政策与其执行之得失，我被推为召集人。民营纱厂推举代表来会陈述意见，坦白对我表示，深悔前此未接受我所强调主张之自治的合作原则，以致政府的政策一变再变，官商受困。这究竟是由衷之心，或一时愤慨之语，那就非我所能断定。不过管制政策在我国之不易实行，于此可见一斑；而我最初所强调主张自治的合作，倘能实现，则于国家人民均最有利，固可断言。

烟煤的管制，在复员伊始，因各矿生产停顿，供求失其平衡，实有其必要。行政院宋院长因此在上海设置燃料管理委员会，一面由政府协助北方的开滦煤矿，苏皖之华来、华南煤矿逐渐恢复生产；一面由该会控制各该矿的煤产，购运来南京上海，以供两地的需要，其办法为对于公用及交通事业所需之煤，酌予赔本或按原价配售，对于民营工厂所需之煤，则按成本酌增少许价格，以贴补对公用事业配煤之损失。办理以来，尚称顺利。自我接长经济部后，该会始正式拨归经济部管辖。同时并在天津增设平津区燃料管理委员会；而上海区之燃管会更扩大其供应范围，南至广州，西至武汉，东至青岛，均归其分配。但平津区燃管会与上海区不同之点，即上海区燃管会系收购各矿煤产，自行配售，而平津区燃管会则仅主持分配，并核定合理的售价。上海区燃管会当我就职时，已具规模，主持者也还得力；我所注意改进的，只是对于各矿要求加价时，作严格而合理的考核。我的原则是一方面不许各矿过分提高煤价，以致增加人民非必要的负担，他方面也顾虑各矿的实际成本，不使因亏耗而减产。因此，在我任内的一年间，煤价并没有过分的增加，而各矿的产量也有增无减。不过开采煤产虽增，其运输却成为严重的问题，因为由矿区经北宁铁路运至秦皇岛，再行向南航运，而唐山与秦皇岛间之铁路不时为共党所破坏，以致运输时断时续，故积存于矿山之煤量往往多至六七十万吨，而上海方面的存煤有时竟低至十万吨以内。我为着维持上海的工业动力，除与交通部切取联络，对于破坏路轨赶速修复，并加强南运外，一面协助淮南煤矿增产，一面疏通台湾煤产之供应，务使京沪方面常有三个月以上之存煤。这项工作，确使经济部和上海区燃料管理委员会费了很大的气力，和遭遇不少的困难；犹幸结果尚能如愿。

关于上海区烟煤的分配，对公用交通等事业尚无问题。问题往往发生于民营工厂和一般市民的供应。因为烟煤的官价和黑市价相差很巨，凡获得官价配煤者均有莫大利益，遂至报告不实，及以其他方法争取配额，成为常见之事。我为着力求公平并慎重处理起见，对于此项民营工厂及民用烟煤之配额，特组织一委员会，以各方面有关人士担任委员，用会议方式决定配额。照此办理以来，尚鲜流弊。虽其间有挟嫌诬控该会主持人情事，然经司法机关彻底侦查，卒证明所控失实。一般舆论对该会处理业务，至少在我长经济部时的管辖下，还算满意。但在我离部后，该会易人主持，竟有许多高级人员因案被处徒刑，可见管制工作，尤其是此种有利可图与具有营业性的管制工作，更易发生弊端，主管者与监督者无时不当兢兢业业以应付之。三十七年秋，立法院决议裁撤该会；主管的工商部认为当此时令，如完全不管，将致供应中断，因提议缩小范围，别立机构继续供应。我在政府会议中，力主新设机构之任务应略仿前此平津区之燃管会，仅司调节核价，不必仿照上海区燃管会之兼办营业，盖不仅鉴于此种工作之不易讨好，实亦认为此时已无此必要也。

中纺公司

在结束我在经济部任内的工作时，不可不略述中国纺织建设公司。该公司拥有一百七十万纱锭，在我国国营事业中，不能不说是数一数二的规模。它是就接收敌人在我国境内所设纱厂而成立的。在它组织伊始，政府曾受许多人的攻击，认为此种轻工业当拨归民营，不应由国家经营。记得在重庆召开最后一次的参政会大会时，便有许多质询和提案，要求把它改为民营。那时候主持中纺国营政策的宋院长，亲自答复，谓此项接收敌人纱厂规模极大，为求迅速复工，维持生产，以我国目前工业界资力之薄弱，势非暂由国家经营不可；但国营并非永久，该公司规定两年以后售归民营，至多只再展期一年云。我当时对于宋氏的答复颇觉满意，只望其在国营时期内认真办理，不致沾染官厅习气，并望时期届满，确能售归民营，以符工业建设的原则。该公司表面上归经济部主管，但因组织之初系由宋院长主持，故公司人选与一切章则多由宋氏亲自决定。经济部部长虽兼任该公司董事长，实际上很少过问。我到职以后，因平素不愿挂名而不做事，遂较前任过问稍多。但该公司业已组织完成，总经理束云章氏办事认真，助理人员亦多系专家，故我对于人事绝未更动，亦未加入一人。我之管理该公司，仅就政策上注重若干事。一为遵照国营原意，务于最短时期使全部纱锭复工；故于董事会中迭次督促公司当局，将尚未修复之纱锭厂屋提前修复，尚未接收之纱锭和其他设备赶速接收；其有需要政府协助者，并尽力协助之。因此，半年之间，复工纱锭增加百分之四十左右。二为严守国营立场，对于市场纱价波动时，遵照国家平价政策配售，以为民厂树模范，而不随民厂之惟利是图，在公司主持人方面，鉴于民厂出品之提高售价，对于该公司出品之平价发售，不无吝惜，不免有追随民厂涨价的倾向，其爱护事业本身之意，原未可厚非；但我认为国家当从远大着想，国营事业在物价飞涨之时，除因维持成本不得不加价至相当程度外，不宜与民营事业相竞图利。况有关民生之制品，政府对于民营工厂尚须抑制其过分之涨价，国营工厂更不应随波逐流。且此类国营事业过分涨价之结果，势必影响一般生活指数，如此则不仅整个政府之支出加大，即各该事业之开支亦随而加大，出入相抵，亦未必于各该事业为有利也。三为恪守国家法令。向来国营事业多各自为政，对于政府规定往往不愿遵行。例如审计一项，主持国营事业者嫌其过分干涉，多不遵办。实则审计制度对于国营事业果有窒碍难行，自不妨提请政府修改，在未经修改以前，不容违反法令。中纺公司自开办以来，迄未执行审计；我到任以后，即开始实施，该公司主持人虽每以不便为言，我认为既经法律明定，必须遵守，然自实施以来，实亦无何困难。及三十七年下半年，政府因出售国营事业股份，改组该公司为官商合办性质；于是该公司当局与同样关系之国营事业当局，咸借此理由，不复接受审计，致为监察院所纠举，又如待遇一项，在重庆时期，许多国营事业之员工待遇超过其他公务员甚多，政府不得已规定国营事业人员得比照其他同级公务员之待遇，增加百分之三十，顾施行以来，仍多阳奉阴违，致往往引起一般公务员之不平，与参政会等之抗议。复员以后，上海民营工厂员工，采取生活指数薪给制者渐多，中纺开办伊始，以其大部分工厂设在上海，其董事会遂决议仿照民营工厂办法，将员工底薪按照生活指数发给，但规定底薪较大者酌予折扣。彼时规定为底薪八十元以下不折，八十一元以上一律四五折。此外更依照国营事业员工年终给奖办法，每人每年最高之奖金可达五个月薪给之数。此项待遇办法，由董事会决议后，并呈经行政院核准备案，后来因为生活指数升高甚速，一般公务员之待遇不能随而增加，以致中纺公司员工之实得待遇，较同级公务员多至数倍，各方面咸抱不平。国防最高委员会亦曾决议，严格执行国营事业人员待遇办法，换言之，即除年终给奖外，平时待遇只许照同级公务员待遇增三成。行政院根据此项决议，经迭令主管部会照办。在我接任中纺董事长之初，已获悉政府此项决议，一方面固不能不执行政府的政策，他方面也不能不顾虑已成之事实。由于政府多年放纵而造成之事实，自不能一旦尽行推翻。我虽很赞成同工同酬之原则，与执行功令之必要，然对于此事，只能逐渐矫正。第一步将中纺薪给之计算标准酌为降低；第二步于一般公务员增加待遇时，由于中纺员工实际所得仍超过国营事业员工待遇标准，则其所增比率应较一般公务员略低，如此经过若干时期，两方面之实得待遇，将愈接近，直至符合国营事业员工待遇办法，再行同等增加。我抱定这种主张，详加计算后，决将中纺员工薪给，除八十元以下仍照前不折外，八十二元至一百五十元仍为四五折，其由一百五十一元至三百元之部分，仅由原规定四五折减为三五折，其超过三百零一元之部分，由原规定之四五折减为二五折。如此，则薪给较低者并不减少其待遇，而薪给较高者逐级递减，俾与一般公务员之待遇较接近。我在第一次主持该公司董事会议时，即以此方案提出讨论，详加说明，并对列席会议之公司高级人员晓以大义。本来减薪之举，在近年绝无可能；但经我一番的申说，居然通过董事会，并得列席人员之谅解，转向公司各职员开导。这件事看似很小，却费了我不少的力量。依我的意见，这只是遵守同工同酬功令的初步办法。但对于政府这项决定，能不顾反对尽力推行者只有我一人；其他各部会主管的国营事业，除向来不超过标准者外，皆不肯稍为降低，中纺公司员工对于我这种减低待遇的决定，本非所愿，只因功令与大义所在，不得不服从；嗣见其他部会主管事业绝无变动，因此对我渐感不满，而第二步的矫正办法更不易实施。等到我脱离经济部和中纺公司董事会后，员工便纷向新董事长提出要求，结果不仅恢复了我接任前的待遇标准，而且更进一步，将底薪八十元不折扣者改为一百元不折扣，而超过一百元之部分一律改按五折。反之，立法院及其他方面，对于我之苦心压抑自己主管国营事业人员之待过，尚无所知，动辄以中纺待遇过高责备主管部。这真是左右做人难，惟问心无愧，只好泰然处之。

福利金事件

我在经济部一年，由于环境的关系，虽然尽心尽力，毕竟无何成就，但自矢绝无半点为私，致有愧对国家人民或经济部同人之处。可是三十六年一月下旬竟遭遇一度的诬揑，幸亏事不离实，不久即已大白。事情是这样的，行政院因为先后订定了国营事业员工年终给奖办法及税收机关超收及缉私提奖办法，渐觉上级机构既负有监督下级的责任，下级机构员工之得奖，上级机构人员不无与有劳绩，而且在同一主管部之下，上下级机构人员待遇，由于给奖之故，如果相差太远，也不免有失公允。因此，又规定下级机构应得的奖金得提其中一部分，解交上级主管机构分派。根据这种规定，财政部税收机构的奖金，改以一部分解部，分配于部员；经济部在资源委员会未改隶以前，亦常以其所辖国营事业应得奖金一部分解部，同样的分配于部员。经济部历年的分配方法，系以一部分按照薪额平等分配，等于公开，另一部分则分配于高级人员，按其职责分配等差，其账目向由部长指定专员经管，虽不公开，而仍有单据可以查考。三十五年底，资源委员会业已独立为一部会，其所属国营事业之奖金自无解交经济部之可能；但经济部所辖的两个机构，即中纺公司与上海区燃料管理委员会均有盈余，按照政府规定及前例，中纺公司遂以四亿元，燃管会以一亿余元解交经济部。在此款解行时，我立即依照经济部的旧例，并特加慎重，指派常务次长、总务司司长、主任秘书、会计处处长及人事室主任五人组织一经管委员会，并令各单位各推一人连同上述经管委员会组一福利委员会，其人数合计十余人，而以常务次长为主任委员，其第一次会议时，余亦亲自参加，以中纺等两宗款适于阴历年终解到，咸主张照向例以一部分公开平均分派于全体部员，而保留另一部分，分配于各单位主管人，按其职责，分级派发，记得两次长各派二百万元，以下递减，至科长阶级各得数十万元。我本人独未领受分文，虽经各委员力劝，我仍以既负主持之责，自应独居例外，不便接受。议定后，即交由保管委员五人执行分派，一因本有规定和向例，二因分配并无不公，而且处理较以前更公开，故上下翕然。不料一星期后，南京某报刊载捏称经济部全体同人之投书，始则诬指该款来源不明不白，总数与所分配之数不符，继则谓该款解到多时，经部中同人发见，始作秘密的分配。虽经经济部福利委员会去函该报说明真相，又复迟迟登出。同时，京沪其他一二报纸，另有冒名投书者，更事渲染，其具有政治作用，至为显然，我除分别呈报蒋主席及行政院院长外，为求水落石出，并将本案经过函请监察院于院长派人彻查。除宋院长及翁副院长深知许多部会均有此办法，翁副院长且于其在经济部长任内办理有案，无不深切谅解外，蒋主席即于二月八日给我一个代电，文曰：“经济部王部长云五勉鉴：本年元月二十九日函呈悉。兄清风亮节，一介不苟，不惟中所深知，抑亦社会所共信。决非一二报章不负责任之攻讦所能混淆。此案既经更正，事已大白，似可不必多所计较也。中正丑庚府密。”同时于院长亦接受我的请求，指定监察委员，分别到经济部及中纺公司、上海燃管会等调查案卷，深悉我对于此款之收付分配，一毫不苟，于是本案始大白于世。

五 ➢ 政府过渡与自我检讨

我此次参加政府，原抱着我不入地狱谁入地狱之旨，冀为各党派参加之嚆引。此种想法，事后虽已证明其有误；但我的一片真诚，丝毫不杂入其他念头，则敢誓书。然自我参加政府以后，国共间的不愉快事件，益层出不穷，两方意见，愈离愈远，联合政府之成立，希望更渺。加以上开的诬捏事件，无风起浪，其具有政治作用无可讳言。因此，我更心灰意冷，计在一念之间，一度向蒋主席，两度向宋院长表示辞意，均被慰留。宋院长并力劝我勿对主席再提此意，以免误会彼与我不能合作；惟彼亦具有辞意，一俟政院改组，自当助我摆脱。于是我的期望，只寄在政院改组上，盖我之从政，原为合作而来，自不便拆台而去；更因各党派合作之望，一线尚存，不容放弃，尤其不愿以我加入未久遽行脱离，益使各党派不敢与国民党合作也。其实政治协商会议尚未解决之问题本不甚多，即如宪草之修改原则，大部已经政协及以后小组协议通过，其未解决者，各方意见相去原不甚远，苟能相见以诚，不难片言解决。持此见解者不只我一人，即民青两党及无党派人士，亦多同此见解。但是宪草修改之最大关键却在国民大会之召开。依政协的原决议，本应在三十五年五月五日召开制宪大会；

而由于政协闭会后，国民党提出重行考虑修改宪草之意见迄未获得完整协议，是年四月间，蒋主席在渝召集留渝的各方代表，征询如期召开国大的意见，我和民青两党的代表，均认为为保持和谐起见，务须延期召开，以便到了南京后继续寻求协议，我尤强调延期后不必定期召集，以留转圜余地，且不致再三改期，引起国内及国际的误会。可是复员东下以后，政协综合组迄未能重开，七月某日政府突然颁发十一月召开国民大会之命令，此令之颁发大约系经国防最高委员会通过，而无须通过彼时的行政院。到了明令公布后，我才得知，已不及作其他的建议，但望在此数月内国共两方能加紧谋致妥协之道，以免临时又陷僵局。

可是时间过得很快，而妥协工作却进行得很慢。转瞬十一月已届，在政府方面认为已一再改期，原冀各方可以参加，但对于人民方面，倘临时又停开，或作无期之延展，似亦说不过去。据说，在召开的前夕，甚至开幕以后，还希望各方面都能参加。除民青两党业允参加外，并为共产党保留其席次。这究竟含有多少诚意，我固不得而知。但在会议中对于政协已商定之宪草原则，除在会后综合组获有重行修改之协议者外，虽经许多代表之激烈反对，政府当局仍极力维持原案，俾不因中共代表之缺席，而变更政协原议，也就是不愿意增加国共两方的裂痕。至于民青两党代表之肯出席，闻也经过许多考虑，其内幕我固不得而知，但从其中若干和我接近的两党人士闲谈中，知其最后之允出席，恐怕也有些和我应允参加政府时的心情相似。

在这个制宪的国民大会中，不仅对于政协宪草之争执至为激烈，甚至对于行宪时期之争，也趋于白热化。许多代表，据说如果国民党当局不加压力，很可能构成大多数代表，都想于此次大会中，一面通过宪法，一面根据宪法，立即行宪；换句话说，就是立即选举总统和副总统。反对立即行宪者，理由也很多，而最重要的理由，即为此次中共并无代表出席，苟不顾一切，遽将总统、副总统选出，则妥协之门将更紧闭；且此次通过之宪法既以政协决定之原则为依据，则政协另行决定之各方面合组的国民政府仍有实现的必要。我和民青两党及许多无党派代表，反对立即行宪，实以此为主要理由，而国民党中的开明分子也同此立场。记得最后一次的宪草一读大会由我担任主席，而将本届国民大会决议改为纯粹制宪之会，而将行宪之责委诸下层国民大会。

制宪国大闭会后，在国民党方面认为已尽了很大的委曲求全之责，在各小党和若干社会人士，也认为出了不少斡旋的力。但是换一方面来讲，共产党却认为政府不顾一切，召开国大、制定宪法，无异关闭了和中共妥协之门。因此，在国大闭会不久，中共驻京沪的代表便开始撤退。那时候民青两党及无党派人士仍在极力斡旋，希望挽回这一个加深破裂的局面。我因已参加政府，在中共方面或误会我已经偏向政府方面，而失了原有的中立性。我不愿在不愉快中更增不愉快，故背后虽与无党派的莫德惠氏联络，提供意见，希望能打开僵局，本身却不出席这些从事斡旋的会谈。会谈举行的场所，通常在南京交通银行二楼，因为钱新之氏系以政协第五方面的代表而尽地主的义务。到了最后一次会谈，因为中共代表已经决定撤退，为着还想尽我们最后的责任，我也就不顾嫌疑，参加这次会谈。在会谈中，周恩来氏剀切致词，痛诋国民党对于合作之无诚意，与之合作和参加政府之人终究要感觉上当，并朝着我说:“像云五先生的参加政府，我深信他现在的内心也感着不好过。”这句话，无论是善意的忠告，或是恶意的讽刺，总使我内心大为感动。本来有许多想说的话，至此却默默无言，此外在座各人或者有同样的感觉，也都不说什么话。于是这一场的集会，便成为政协最后破裂之会。周氏临走和我们握手所说的“再会”二字，仿佛还在耳际，而情势已经转变到这样了。

中共代表撤退了不久，政府正拉拢各党派人士，打算扩大政府的基础。但各党派虽已参加国民大会，而对于参加政府还要考虑一下。适其前不久，上海方面物价暴涨，政府抛售黄金以期平抑物价的政策失败，于是政府在二月十七日颁布经济紧急措施办法，冻结物价及工资，初时虽颇见效，但一月以后情势又趋恶化。立法院要求行政院宋院长列席，以备质询。我和财政部俞部长及中央银行贝总裁，均被邀偕同宋院长列席；到了立法院，宋院长低声告我，昨晚向蒋主席辞职，业已获准云云。质询后，宋院长起而作简单的答复毕，即发表其已辞职获准，遂即退席。

宋内阁之辞职，事出仓促，当然不及发表继任人选，于是行政院院长一席暂由蒋主席兼代。稍后乃决定由张群氏继任。张氏接受特命以前，则以各党派加入，扩大政府基础为条件。经过一番唇舌，民青两党在原则上已应允，惟以先行签订共同施政方针为先决条件。同时我亦以无党派之地位，被邀参加改组后之政府，以国府委员而兼经济部部长；我则早有脱离政府之决心，此次有此改组机会，正好坚决求去，几经坚邀与坚拒，始允对经济部部长一职考虑易人，而对于国府委员仍非我担任一席不可。蒋主席之亲信某氏力言，在民青两党参加政府以前，我既率先加入，此时两党业允加入，我反而退出，未免使国人误会，实与我热诚合作之初衷相违，况蒋主席意至恳切，对于已参加政府之我，断不肯让我完全脱离，因此劝我还是接受府委为宜。我再三考虑，为着达到摆脱直接行政之目的，对于仅仅参加会议之府委只得接受。但正如民青两党所主张者一般，在接受府委以前，应由三党与无党派签订共同施政方针。于是由三党领袖蒋中正、张君劢、曾琦三先生及无党派之莫德惠先生与我，于四月十六日在南京签订施政方针十二条，其全文如后。

国民政府施政方针

国民政府为实施宪政，推进民主，自政治协商会议以来，即决定改组政府，延揽中国国民党以外各党派人士，及社会贤达共同参加。经一年余之不断努力，刻已询谋佥同，可即完成改组之程序。关于改组后政府之施政方针，亦经与各方详加商讨，并经中国青年党、中国民主社会党、中国国民党常会分别通过，参加商讨之社会贤达亦表赞同。此项施政方针将为改组后国民政府所共同遵守。兹特公告其内容如下：

第一，改组后之国民政府，以和平建国纲领为施政之准绳，由参加之各党派及社会贤达共同负责，完成宪法实施之准备程序。

第二，以政治民主化及军队国家化之原则，为各党派合作之基础，在此共同认识之下，力谋政治上之进步与国家之安定。

第三，为促进世界和平，拥护联合国宪章起见，中国外交政策，应对各友邦一律平等亲善，无所偏倚。

第四，中共问题，仍以政治解决为基本方针。只须中共愿意和平，铁路交通完全恢复，政府即以政治方法谋取国内之和平统一。

第五，根据宪法规定之精神，提前试行行政院负责制。行政院应依国府委员会之决策，负执行之全责，以符合于有权有责之原则。立法院之职权，应同样尊重。行政当局遇有提案，应出席立法院说明，以保行政与立法之联系。

第六，行宪以前，行政院院长之人选，国民政府在提出任用时，应先征求各党之同意。

第七，对于各省行政，应本军民分治与因地制宜之原则，在法制上与人事上均作彻底之检讨与改革，使各省政府能充分发挥其效能。

第八，凡因训政需要而颁设之法制与机关，在国民政府改组后，应予废止或裁撤。

第九，彻底整理税制及财政，简化稽征手续，减少赋税种类及附加税，以减轻人民之负担。

第十，严格保障人民身体自由、言论出版自由、集会结社自由，严禁非法之逮捕与干涉，其因维持社会秩序，避免紧急危难，而必须予以限制者，其法律应由国民政府委员会通过之。

第十一，今后所有举办之外债，应指定专为稳定并改善人民生活及生产建设之用。

第十二，各省市县之参议会或临时参议会，尽量由各党派及无党派人士共同参加，各省地方政府亦应本惟才惟贤之旨，由各党派及无党派人士参加。

蒋中正
张君劢
曾　琦
莫德惠
王云五

上开施政方针签订后，越二日，国民政府即发表选任各党派和无党派人士二十九人为国府委员，我的名字当然也包括在内。再隔两日，张群氏突来访我，坚请我以国府委员兼任行政院副院长。我这次本想一切不干，不得已而任府委闲职，想不到又有新的任命；但禁不起张氏的热切相劝，并力书组阁之困难，今尚缺此一席，以我担任为最宜。我既固辞不获，因思副院长一职，并无实际职掌，与部会长官不同，若兼任此席，不过于参加国务会议外，多参加一种政务会议，而两者互有关系，亦可资参证，我既已允任府委，为着出席国务会议时，讨论不致蹈空，又何妨再参加政务会议。我生平的经历，就是遇事不肯空过，事前既未能谢绝府委之职，事后因闲职仍不愿空干，虽大违初愿，结果便又接受了此一兼职。

六 ➤ 国府与政院

三十六年四月十八日和四月廿二日，国民政府先后发表选任我为国民政府委员和行政院副院长后，许多人都为我道贺，我心里却十二分的难过。一来因为半年求去的决心，好容易得到可去的机会，却因不能峻拒新命，而动摇意志，与我生平的操持不符。二来因为从政之初，原期有补于全国的团结，现在此一期望愈离愈远，我仍尾随不能摆脱，未免有违初衷。三来因为我之从政，既非为名，更非为利，既知无补于国，何苦向泥淖愈陷愈深。惟事已至此，只好就我的新职善尽其责，俾良心得稍安而已。

府委的任务

国民政府委员会，依照新的中华民国国民政府组织法改组后，于三十六年四月二十三日正式成立。查该组织法第十条第二项之规定“国民政府设委员以四十人为限，由国民政府主席就中国国民党内外人士选任之，内五院院长为当然委员”；这与政治协商会议决定的原则是相符的。至于四十人之分配，上文已经说过，政协仅对国民党员占二十名额获得协议，至其他二十名之如何分配，迄未决定。此次因中国共产党，及民主同盟之构成单位除民社党外均未参加，故蒋主席保留一部分委员名额未予选任。当时实际选任者仅二十九名，计开国民党十七人，民社党、青年党、社会贤达各四人。尚有十一名留以有待；而国民党应占之二十名亦只发表十七名。在第一次会议时，除修正原有之国民政府委员会会议规程，决定将国民政府委员会所召开之会议称为国务会议外，旋复通过国民政府施政方针。

同日，国防最高委员会即行结束，以其原有职掌分别移交新成立之国府委员会与国民党中央常务委员会。

国务会议两星期举行一次。按照组织法，其所讨论及决议事项规定为（甲）立法原则，（乙）施政方针，（丙）军政大计，（丁）财政计划及预算，（戊）各部会长官及不管部会政务委员之任免暨立法委员、监察委员之任用事项，（己）院与院间不能解决事项，（庚）主席交议事项，（辛）委员三人以上联署提出之建议事项。

因为国民政府委员会是最高的国务机关；其讨论及决议事项亦有明白规定，一切繁琐之案都不会提到国务会议，只有追加预算案特别多，但事前经行政院及该院预算委员会详加研讨，到了国民政府，复经主计处按照规定程序编列，然后提会，各委员为着尊重行政院之试行负责制度，无不照案通过；其对于人员之任免亦大致相同。因此，国务会议的议案，大都是无需经过长时间讨论便可通过的，间有较复杂之议案，则国民政府委员会复组织关于政治法律及经济三个审查委员会，分别由主席指定国府委员及各部会长官为委员，每一委员会设召集人二人。我是和国府委员邵力子氏同被指定担任经济审查委员会的召集人，一年之间移付审查之案，在经济审查委员会中仅得二三件。此类较为复杂的案件，既经审查，则重提国务会议时，大都按照审查意见通过。因此，国民政府委员的职务是很为清闲的。

副院长的任务

行政院副院长，除因院长缺席当然代理其职责外，平时本无专责。但我的素性，不惯于坐食或伴食。既食国家之禄，自不能不尽可能多少做一些事。因此，在我到政院以前，先把工作考虑一下；到院的第一日，和张院长正式相见时，谈到我所能协助之处，我自动表示愿从三方面致力，一是对于政务会议的议案拟多注意，二是对于预算案尤愿注意，三是拟以若干时期巡行各地，视察地方行政。张氏对于我的主张都很赞同。后来我在行政院一年间的工作，便集中于上述一二两项，同时为着一二两项工作的意外繁忙，却把第三项工作竟全牺牲了。

关于行政院的会议，张院长时期和宋院长时期完全不同。照例行政院会议每星期举行一次，为时半日，约三小时。宋院长时期，往往两小时便议毕散会；而张院长时期，则不仅每会至少需延长一小时，且每星期往往多开一次会，同时还增加了许多小组会议。此种差别，不仅是由于宋张二氏的作风不同，而且政院的性质亦自有别。宋院长有果断的性质，对于议案之处置，往往不待各部会长官发言，即发表其个人的处理办法，苟无异议，便作为通过。张院长富于民主精神，每案必征询各委员意见，赞同或反对，咸畅所欲言，然后决定。此固仅关作风之不同；但政院的性质，在宋院长时，犹纯属训政，除我与交通部长俞大维氏系以无党派之身参加外，各部会长官皆系国民党员，党的主张即成为政府的主张，院长既为国民党所推戴，则构成政院各部会长官之国民党员自无何异议。我间或提出一些意见，宋院长决断很快，是否可行，往往应口而出，因是，会议的时间便节省了不少。张院长的时期，既以按照政协决议，扩大政府基础为号召，行政院系由政务委员所构成，各部会长官皆兼任政务委员，此外尚有不管部会的政务委员若干人，而其人选则各党派及无党派者皆按协议的比率而分任；故在组织上业与前此一党训政时不同；盖已成为进入宪政的过渡内阁，而参加政院者无不欲尽情发挥所见。这两任行政院还有一个重大的差别，就是在宋院长时期，政院会议所讨论的议程，与议者系以部会长官的资格出席，故于事不关己者往往不发言，仿佛仅为关系部会对于行政院的建议，院长如认可，则除与有利害冲突之其他部会长官表示异议外，几无他人发言之必要。在张院长时期，则与议者皆为政务委员或兼任政务委员，无论议案与本人主管部会有无关系，咸认为一经通过，则全体政务委员皆应共同负责，如有所见，自不得不发言。

由于上述的关系，政务会议，除须延长时间并增开次数外，遇着较复杂的议案，便不得不指定若干政务委员从事审查，而小组会议遂日渐加多。这些小组会议，如果要我加入的，照例都由我担任召集人，加以经济委员会随同行政院改组为全国最高经济委员会后，一变前此向不开会的作风，而为两星期一次的固定会议与无数的小组会议，而这些小组会议也往往由我召集；因此，每星期我所参加和主持的会议和小组会，平均总有六七次，最多者竟达十余次。我向来办事不肯草率，对于会议亦然，每次几乎是最早到与最迟退，而且一次会议未能解决者，不愿因时间不敷而草草了结，往往还要延会一次。在这些小组会议中，由于时间的充裕，问题的专一，讨论时可以穷原竟委，不厌求详，而担任主席的必须归纳众议，作为结论，尤不得不处处留心，因此，我在这些小组会议中委实获得不少的行政知识。我所主持的小组会议，范围殊广，除军事外交外，凡内政财政经济教育交通等，无不具备。其后，我又主持预算委员会，任何政务都免不了预算的关系，故上游范围以外的事件也多涉及。在我主持这些小组会议当中，对内方面，由于我之遇事认真，处理也有条不紊，在同人中颇得好感；但对外方面，则任何决议，总因利害关系不同，自难尽如人意。关系人总觉得我是会议的主持人，而主张最有力，对于我便有许多不满，尤其是上海的工商界。

上文我曾说过，在我从政之初，上海的工商界对我抱有颇大的期望，就是期望我以来自上海工商界的立场，遇事为上海工商界维护。我也曾对人说过，此时上海工商界对我的期望，将来或不免会变成失望。我在经济部任内，因我主张之严正，尤其是对于纺织业界的管制认真，已渐引起不满，到了行政院以后，这些不满的事件逐渐加多，总括起来，对于资产阶级，我好像犯了三大罪，而对于劳工阶级，似乎也开罪了一次。

上海人眼中的三大罪

对于资产阶级的三大罪，第一是禁舞，第二是救济特捐，第三是拟征财产税。前二者发生在行政院任内，后一项则种因于行政院任内，而发生于财政部任内。关于营业性的跳舞，尤其是在我国目前各大都市的演进情形，我绝不否认我是反对的。可是内容绝不如上海工商界所传说，是由于我的主动，而且是我不顾一切，坚持立即停闭全体舞场。原来全国经济委员会，于其草拟和讨论的方案中，有一个节约方案，系由蒋主席交由行政院转交全经会草拟和研讨。那时候，全经会的秘书处拟就整套的节约方案，其中有关于禁止营业性的跳舞办法一种。正如刚才说过，我是被推为召集人，在一个小组委员会中加以审议。原案主张立时关闭所有营业性的跳舞场，在讨论时我和若干委员认为禁舞确是目前节约方案中应有的办法，但为顾念事实，不可不采分期禁绝步骤。这种主张，像我向来注重事实的人，尤认为必须如此；因即决议将原法修正为分期禁绝。但这修正案到了行政院会议中，因有两位政务委员认为全国难民与前方将士艰苦万状，而上海等都市的侈靡性舞场仍予维持若干时期，将何以平人心，励士气，遂力主立即禁绝。那时候我以小组会议召集人的地位，说明修正的理由，并谓政府纵不考虑其他，亦须顾全威信；我们不能不承认摆在面前的事实，如果今日决议立即禁绝，将来因地方政府或舞业中人的请求，而准许延期禁绝，则于政府威信有损，设不准延期，又恐行不通，不若慎之于始。但某委员干脆地答复，以处目前局势，政府应具革命精神，如此小事尚恐行不通，其他措施更何能推动，故当抱定方针，决不延展。此君词严义正，当然点首赞同者很多；我言已尽，未便再有所言，于是通过立即禁止营业性的舞场。发表以后，果不出我所料，除北平立即遵令禁止外，其他各都市咸持观望态度，上海则不仅舞业群起请愿，即政府当局亦公开认为不可行。事前因上海某当局曾以禁舞事和我讨论过，他主张不必禁舞，只须加重抽税，寓禁于征。我对于寓禁于征认为不妥，却没有对他表示分期禁绝的意见。及至行政院决议公布后，上海方面或者便因此误会是我的主张，于是各报纷纷传说，小报渲染尤多，道路传言，也说舞业集矢于我，如果我到上海，或将于我不利。我故一笑置之。有人问我，我既坚主分期禁绝，为何不作声明，以免误会而被怨，我说，本案经政务会议通过，会议时我虽曾提出异议，但议决时我亦参加，是我已服从他人的主张，案经多数通过，我的原主张已放弃。外间说我主张立即禁舞，我在服从多数放弃个人主张之后，那里还能推诿。这本是政治家应有的风度，我何能独异，故对于任何误会，始终未予否认。

关于救济特捐一事，实已经过长期酝酿与重大转变。其最初发动，远在重庆时代的国民参政会。当时决议系征用国人存在国外的外汇资产。但财政外交两部会同向美国交涉后，均认为依照该国法律，存款银行不能以存款人名及其数量通知第三者，又除经该国法院依法判决外，任何存款不得没收。至于秘密调查何人有若干存款，亦苦无法进行，因是迁延数年，民意机关与社会舆论虽继续主张，终无办法。张院长秉政时，旧事重提，交由全国经济委员会讨论，并组织小组详加研讨。在这一个小组中，我却没有参加，闻其召集人因主管关系，乃以财政部俞部长担任。后来草拟办法，先后提经全经会大会及政务会议通过，最后提到国务会议，许多府委因原案用建国特捐名义，具有强制执行性，而对于交涉及调查办法均无把握，认为执行不易收效，将有损政府威信，决议改为救济特捐，以劝募及奖励认捐为方法，交由财政部依此原则重拟办法，再提会议。后来财政部按照国务会议所指示之原则复位办法，提交行政院小组审查，议决先将重拟草案由我和邵力子、吴铁城两氏召集参政员立法委员及京沪两市参议会议长，举行座谈。大家对此办法，虽未能完全满意，但认为在交涉征用和调查国人在国外存款以及登记国人财产无法实现之时，只好暂行采取此项劝募式的办法。于是以此重拟办法再提国务会议，照案通过施行。我因系行政院副院长，依照该办法规定，中央组织救济特捐督导委员会以行政院副院长为主任委员，财政部及社会部部长为副主任委员，内政部部长及参政员监察委员立法委员各二人为委员。我对于职务上的责任，无论有何困难，向来是不推辞的；因此，本来和我无关的救济特捐便套在我的头上，认为是我所发动，而对资本家从事打击了。救济特捐既没有法律上的制裁力，只靠着舆论的力量，对于提名而不肯照缴者，将其名公布，以备舆论制裁；因此，其收效当然是很困难的。加以一般人心目中所谓豪门是否能率先认捐，也是一般被提名的人所借口。在最初一二次的督导委员会会议中，大家也都顾虑及此，便有一二委员主张向党政人物有资格者先行劝募，以资提倡。但究竟谁是最有资格者，在财产登记未实行以前原不易有把握。因此，有人提议先由各督导委员各试开一名单，以最合于被劝捐资格者五十人为度。下一次会议中，果有委员数人提出名单；但因其他委员尚未提出，且又有人主张暂不发表，而认为党政人员散居各大都市，应由各大都市之救济特捐劝募委员会提名，如不肯缴付，再报告本会核办，似无遽由本会先拟名单之必要。此主张亦颇多赞同者，因即议定将已收到之名单暂行秘密保存。不料次日京中某报竟以某一委员所拟名单发布，致引起名单所列若干人士之声辩。我等各委员虽明知此事不易办，惟既已受命，只得各尽最大的努力，将募捐总额十亿元，分配于各大都市，其中上海一地计占五亿五千万元，则以上海为财富集中之区，非有此数，则全部捐额不易凑集也。此项分配办法发表后，上海方面认为一地方所派占总额百分之五十五，固属过多，且既无登记之财产为依据，任意转派，未免不公；同时言论界多持严正之表示，认为不肯认捐者当予严格制裁，于是一般资本家不免自危。本来向有钱人捐钱，难于骆驼穿过针眼；加以劝捐没有确实标准，所谓一般人心目中的豪门也未率先捐输，其他资本家更有所借口。为着吝惜钱财之故，也就当然迁怒到名义上负主持劝捐之责而最易被误认为发动此议之人。我的第二大罪就是这样的成立了。

关于财产税之征收，无疑地我是赞同的。在全经会和行政院讨论救济特捐时，我曾主张积极的征收财产税，而先从办理财产登记入手。我认为这虽然要经过一个时期的准备和执行登记的工作，不过财产登记了，今后一切征税均有根据，这是一劳永逸的；纵使第一次登记未必十分正确，总比不登记而毫无根据的好得多。况且从重庆时代决议征用国人在国外资产之日起，绕了几年的弯子，到了今日，仍感征收富人捐之困难，则何如再作一年左右的准备工作，就是先办财产登记，再行征收财产税。可是许多人都觉得向富人特征的一种捐税已届急不容缓的时期，未便再费许多时间，办理财产登记的手续；因此我的主张便被搁置了。后来我就任财政部长，鉴于过去的救济特捐办理困难，确想先从姓名使用及财产登记下手，再进而征收财产税。可是立法委员刘不同氏等已先在立法院提出征收财产税案，此在原则上我当然赞同，但在技术上不经过财产登记而遽定征收财产税，却有考虑之必要。当我一度列席立法院财政金融委员会，于答复各委员质询时，对于征收财产税一问题，便发表如上的意见，换句话说，就是原则赞同，但须先将征收技术妥为研究。其后该委员会迭嘱财政部派员列席备咨询时，我对于所派列席人员，亦嘱其以同一意见提出，并令协同研讨技术问题。总之，财产税之应予征收，任何人不得非议，惟技术问题，如未能合理解决，确难免不公或流弊，也是人所尽知，后来立院财政金融委员会决议仍采提名方式，与救济特捐办法相仿，我曾令财政部代表表示怀疑。以上所述，便是我对于本案的主张和态度。但是上海工商界竟误会我对于刘不同氏的提案系主动者，而彼此间无异唱双簧。因此，他们认为我又对上海资产阶级施压迫，而所谓第三大罪便加在我身上了。这真是一种笑话。我在原则上主张应征财产税，那是不可掩的事实，而且我绝不否认。假使我有具体的办法，当然我可以财政部长的地位，透过行政院，而向立法院正式提出，又何必在幕后与刘氏合作，借刘氏的名义来提出呢？反之，刘氏对种种问题，向来有其独立的主张，又何致与政府当局勾结，代为负责提出呢？

负责与任怨

以上所述，都是我任行政院副院长后，和上海资产阶级发生恶感的经过。但是一方面既开罪了资产阶级，他方面似可获得劳工界的好感了。这却又不然。事情是这样的，当三十六年二月政府颁布经济紧急措施令，将物价工资一律暂行冻结，行之数月，因物价无法抑平，工资指数之解冻自属不可避免之事。记得是年五月间，当张院长上台未久，上海工人纷纷提出生活指数解冻的要求，上海市政府于获得行政院对于原则上的同意后，即与其所辖的社会局拟具解冻方案，其中最关重要之点，就是恢复生活指数计薪后，工人底薪如何按级折扣计算的问题。上海市政府所拟的方案，系对于底薪三十元以下者，按其底薪乘生活指数，不予折扣；其超过三十元之部分，每十元递减半折。闻此案事前已征得劳方同意，却未与资方协议。提行政院后，张院长指定政务委员数人从事研究，由我召集。我平素对于劳工的生活与福利，本极关心；但有一点意见和许多人不同，那就是不肯只顾目前，必须放远眼光，顾及久远。而且在通货膨胀物价不断高涨的时候，对于劳工或其他薪水阶级的待遇，不要只看薪水数目的多少，当兼顾其购买力的大小，换句话说，不要因为薪资增加了，以致过分刺激物价，在未届薪资再调整的期间内得不偿失。因此，对于本案的审查，我一本向来负责的精神，在小组召开以前，准备了几个方案，一一列明数字，以资比较。具体言之，就是按照当时的生活指数及今后可能进展的生活指数估计，除三十元以下的底薪不折扣我完全赞同外，对于上海市政府，拟每增十元递减半折之原案，认为有郑重考虑的必要，同时另拟两种折扣方式，一为每增十元递减一折，至二折为止；一为每增五元递减一折，仍至二折为止。再以底薪百元，按上游三种方案计算，则上海市政府原案折实为八十六元，就是八六折，依每增十元递减一折的方式，则折实为七十二元，就是七二折，而依每增五元递减一折的方式，则折实为五十八元，就是五八折。我把以上三方案及其计算结果，一并提交小组研究。各委员认为既按生活指数，如不打折扣，则无异完全恢复战前的生活水平。今上海市政府所拟方案，百元底薪者仅打八六折，而实际上上海一般工人的底薪已超过战前一倍以上，是则表面上虽打八六折，实际上转较战前增加七成以上，虽战前劳工生活有待改善，但目前公务人员及其他薪水阶级所得均远较战前为低，工人独较战前增加七成以上，未免过高，超过上海市政府所拟方案，一致认为不可行。于是转而讨论我所拟之其他两方案，而对此却有两种意见；主张从宽者拟采每增十元递减一折的办法，而主张从严者则拟采每增五元递减一折的办法。经过很长久的讨论，结果决采从严的办法，其理由一则目前工资已在物价成本中占很重要的成分，如工资过高将影响一般物价；二则目前上海工人底薪平均超过战前一倍以上，按照从严的办法，百元底薪实得五八折，表面上虽折扣稍大，而由于底薪之加倍，折扣后实际所得仍超过战前约二成，以视公教人员及一般薪水阶级平均实得不及战前半数者，已甚优越；二则在若干种工业中，工资增加之数，不能于售价中取偿，将使资方无力维持其继续生产，结果将使许多工人失业。就我本人的主张，总觉得战后经济困难，各阶层均应同甘共苦，且为工人长久福利计，与其工资过高，窒息生产，无宁一时稍低，使生产可以发达，工人就业的机会更多；所以我不否认我是赞同后一种办法的。至原来反对后一种办法者，权衡轻重，尤以工资解冻的动机系由于物价飞涨，此时如骤将工资过分提高，势必助长物价之飞涨；故讨论结果，几一致赞同从严的一种办法。此项决议随即提到全国经济委员会的物价委员会，俾作最后决定。该委员会照章系由行政院院长兼全经会委员长张群氏主席，出席委员除关系部会长官外，还有京沪两市市长，那一次因事关上海特多，除上海市市长出席外，该市社会局局长亦列席。在上海市当局方面，为尊重工人的愿望，并因事前业与劳工界协议，故极力主张其所提原案；在我则以小组会议召集人的地位，不得不代表小组将采取决议的理由详为说明。经过了很长久的讨论，最后按照我国人的妥协性，遂决采折衷办法，即三十元以外每增十元递减一折旧办法。其间种种经过，本来是对于重要议案，讨论不厌求详应有的步骤，如果在保守秘密的原则下，赞成和反对的内幕是不应宣泄于外间的；可是我国人的保守机密性向极薄弱，尤其是宣泄于外间的并非全部的经过事实，而只是片段的事实；于是上海劳工界便异口同声地认为我是刻薄劳工的罪人了。

七 ➢ 预算委员会

和上开情形相似的，我所开罪的人还多着呢，其中包括了教育界，一般公务员和军界。这些都是我主持行政院预算委员会的收获；现在且先说说预算委员会的大概罢。

行政院在宋院长时期，本来设有预算委员会。除一年一度的预算，其原则须经行政院会议外，所有随时追加的预算，皆由行政院会计处核议后呈由院长决定，再履行法定手续。但在行宪的过渡内阁中，关系人民负担的预算与其追加预算，自未便由院长个人核定；因此，每一预算案或追加预算案均须提出政务会议，而由于物价之不断高涨，本来是例外的追加预算，却成为日常发生的补充预算，所有政务会议议案中每次都以追加预算案占其大多数，为着节省政务会议的时间，尤其是不愿把有关专门问题的预算案，未经审查遽行提出通过，于是政务会议便决定组织了一个经常存在的预算委员会，以副院长为主任委员，财政部部长、行政院秘书长及全体不管部会的政务委员为委员。其原则是以不主管用钱的人，得以中立的态度来审核预算；但财政部部长因主管国库，行政院秘书长因系院长之幕僚长，故例外参加。同时并派定行政院会计长为该会主任秘书，而利用会计处人员办理各种手续。

由于上述的决议，我便在实际上主持了国家的财政大计约莫一年。在这一年当中，因为任何政务和机关无不与预算攸关，而且在物价不断高涨的情势下，任何政务及机关无不有追加岁出预算之必要；所以我便有机会和一切政务及机关接触。加以我对任何事都肯用心，在这一年间的确获得了不少的行政知识；同时由于我的负责精神，也就开罪了不少人。记得在第一次预算委员会中，我便利用一点常识，不肯把一个算不得顶重要的追加预算轻轻放过。在那一次审议的案件中，有关于国防部所辖某兵工厂的追加预算，这预算包括建筑工人宿舍的经费，其所列数字，大约没有和寄宿工人实数和那时的建筑费妥为配合，换句话说，或者因为旧日审核预算的习惯，不问所列预算的正确性如何，核定时一律酌打折扣，以致提此预算者为待行政院酌打折扣起见，不得不从宽开列。我认为旧日不问情由一律折扣的惯例，一面鼓励声请预算者之浮开，一面仍不能核定实际需要的预算；故决定变更办法，尽可能作合理的估计。本案经即要求提案者说明该兵工厂所用工人总数，需要寄宿人数，再按每人平均需要宿舍面积，与那时候该地方该种建筑物的费用，一一加以核计，立时便获得所需建筑费的概数，而据实加以核减。提案者既无异议，而我们就此修正通过，也觉得安心，这种例子，我和预算委员会的同人，也尽量应用于其他预算案。纵然由于时间与专门知识的限制，未必能普遍应用于一切预算案；但我们随时逐案留心，一矫前此随意打折扣的习惯，则敢自矢，为着不肯苟且塞责，我们对于较为重要或复杂的案件，无不邀请提案的机关派人列席说明，说明后如仍有疑义，续行质询，否则请其退席，再由各委员据以讨论决定。为着讨论不厌求详，致原定每星期一次的委员会议，渐渐增至两次或三次，而每次时间也往往延长至三四小时。我们会议的结果，纵不敢说完全公平，但总已尽了我们的心力。因此，预算委员会审议通过的案，到了政务会议，十之八九总是照案通过。间有原提案的部会长官提出异议，除能即席决定者外，大都交回委员会复议；在复议时，我们绝对尊重提案部会的补充说明，对于理由充分者，无不重行决议，绝不固执成见；但理由不足者，我们也毫不顾忌，仍持原议。各部会的主管人员，说我们公平的固不少，而怨我们过分认真的也不乏人；但是批评我们有所偏袒的却还没有听到。不过主管人员不明真相者，或误信恶意中伤者，尤其是误听主管部会二级人员推诿责任之书者，便不免对于主持预算委员会的我个人，发生误会或怨恨。

教育界与我

对我发生误会的，首先是教育界。我在过去四十年间，无时不与教育界保持直接或间接的关系，至今教育界的朋友还很多。教育界的清苦，我也深知，无论于理于情，都不致有和教育界过不去的主张，然而仍不免被误会。事情大致是这样的。我既然对于预算审议方面不肯苟且，故对于教育部先后提出的追加预算，便不能不有提请教育当局注意之点，总括一下，约有几项。一是关于公费生的制度和名额。我国在抗战期内，为着鼓励沦陷区青年来归起见，规定凡自沦陷区逃出的中等以上学生，一律给以公费，直至大学毕业为止。此种政策在当时或有其必要，但抗战以后不宜继续维持，彼时教育当局亦曾见及，故又规定公费生制度应于抗战结束时废止。可是复员以来，不仅原有公费生一律维持至大学毕业，甚且所有国立大学每学期招收新生，仍照公费待遇，总计全国国立省立中等以上学校公费生人数多至三十余万人，而且日增不已。此不仅于国库为重大的负担，而且国家对于人人应受的义务教育毫无补助，而对少数人所受之专科以上教育却全部以公费支持，于情理也说不过去。我平素认为在现行的高等教育制度下，清寒子女很难有受高等教育的机会，为着机会均等起见，我曾于宪法实施协进会中力主对于清寒而优秀的学生，由国家多设奖学额，以便利其受高等教育。宪草中关于此原则之规定即为我的主张之实现；但我所主张的奖学额，系对少数杰出的人才给予公费，而非对考入国立大学的全部或大多数学生一律给以公费。本来大学教育为培养高等人才起见，自应具有选择性，而奖学金之授与，尤应限于最优秀之分子。因此，我在预算委员会和政务会议的主张，除原有公费生成绩合格者得维持至毕业外，今后国立大学所招新生，仅对于最优的百分之十或二十而家境确实清寒者给以奖学金。此项获得奖学额者，嗣后每学期试验仍应维持其优等之成绩。这样一来，新的公费名额可以大减，而真正的人才亦可借此鼓励而养成。二是关于大学校招收新生之宽严问题。我国新教育办了几十年，平心而论其成绩，初等教育自采用语体文教学后，确有很大的进步；中等教育，则职业科太不发达，普通科程度有退无进，基础既已不坚，高等教育自然受其影响。我常常认为高等教育应重质而不重量，凡学力资质均不适于高等教育者，如转入职业教育方面，则任何一艺之专，皆有利于国于己；设勉强接受高等教育，不仅有毕业即失业的现象，且学问有名无实，于国于己均无是处。我国教育当局，或者是受着蒋先生《中国的命运》一书的影响，对于高等人才之造就，只知重量，而于质的方面自难兼顾。因此，我在预算委员会和政务会议中，都力主大学招生从严，而在目前所收新生应以不超过各该校毕业人数为限。如此，不仅可从严选择优秀分子，建立大学教育的坚强基础，而且还可节省增加数量的经费，而移用于增加设备，改进素质。三是移任用冗员之费用，以增进优良教授之待遇。我国机关冗员至多，国立学校当亦不是例外。教授任课钟点不宜过多，系使其有进一步研究的机会，此原则无人可以反对；但如好教授任课钟点过少，则在此人材短缺之际，不得不以不甚称职者充数，对于教育方面实为重大的不利。至于职员方面，更无理由可以过分多用。某著名私立大学校长曾为我郑重报告：在彼所主持之学校中，平均学生十五人聘一教职员，上海某著名之教会大学，则平均学生十七人聘一教职员；而国立大学中，则上海某校平均学生九人聘一教职员，实为最节省者，南京某甲校，则平均学生五人聘一教职员，某乙校平均学生三人聘一教职员；同是大学校，而国立私立之差别竟至于此。某君所言，虽未附有证据，但就各方面传说，当非完全失实，因此，在某次政务会议中，讨论各行政机构裁减人员百分之二十，以其所节省生活补助费移充留职人员之福利费时，我顺带将国立学校应否一并照办之问题提出，而以上述的意见与所得的报告，提供教育当局注意。以上各项和其他相类的主张，间接地传播于教育界，而由于传言之仅属片段，或不免有画蛇添足之处，误会和对我的怨恨便由此而起。

公务界与我

一般公务员对我的误会，无非是为着加薪问题。这简直是毫无根据。大约是一般公务员无不期待加薪甚切，在每次调整生活补助费以前，一致希望有重大的增加。因为我是行政院预算委员会主任委员，便误认为增加多少之权操自我的掌握，于是只要有一二个对我不怀好意的人，随便造一谣言，说各部会长官都主张多加，只有我靳而不与，误会和怨恨便随着起来。有一次调整公务员待遇草案还没有经行政院会计处做初步的准备，某报便发表一项消息，说此案已提院会讨论，许多政务委员皆主张从宽调整，我独坚持从严；其为完全造谣，不攻自破；有人说此种捏造消息的动机，不外两项，一是怀有恶意的人故意中伤；一是明知方案尚未准备，特先发制人，使我对于将来提出的方案不得不主张从宽，以免府怨。关于公务员待遇之薄，谁都不否认，谁都没有不同情；不过或因立场不同，或因真相不明，以致主张增进待遇之宽严不无稍异。大抵各部会长官，因不明白国库之有无负担能力，而目击部下公务员生活的艰苦，其感想是直觉的，其主张是单纯的，故大都倾向于从宽方面。反之，当家的人才知道开支之艰难，当国者亦复如是；所以主管财政或预算的人，因深知国库收支差额之庞大，倘不量力而任意增加巨额的负担，结果只有大量增加发行，而大量增加发行的结果，必致物价飞涨，使公务员对于所增加的待遇得不偿失。故不负财政责任的人，对于公务员待遇之菲薄，无不单纯地表同情，及其一旦肩负财政之责，深知财政真相，未有不变更原有主张，而兼顾其他方面者，我因为主持预算，深悉财政实况，以及公务员待遇在行政费中所占的重要地位，在每次讨论增进公务员待遇时，不得不将实情报告，以供大家考虑，然经我报告实情以后，自不免加深各政务委员的审慎态度。其实，依我个人的意见，公务员的待遇自应大大地增加，而其人数亦当大大地减少。我常常认为假使公务员的人数减了一半，而将留职人员的待遇各增加一倍，则国库负担下增，而行政效率且有增无减；可是当国者无人不视裁员为畏途，甚至裁减百分之廿之办法，执行了一部分，也因各方面的反对，而无形取消了。

军界与我

关于军界对我的误会，本来毫无对立的理由。反之，为着公道，还应对我有些好感。因为我极力主张文武待遇一致，实际上就是把武职官兵的待遇基数提高了一倍以上。我国向来，重文轻武，武职的待遇远较同级文职为低；即在抗战时期，国家的存亡系于前方将士，民意机关亦迭有提高士兵待遇的决议，卒未实行。武职的待遇既低，带兵者自必另筹出路，以资弥补；而最普遍的弥补方法，就是克扣饷额，换句话说，就是以士兵的缺额来补贴种种的亏空。张院长就任未几，为着整饬军中风纪起见，极想先对官兵待遇作合理的调整，然后从事整饬，我力赞其议，为之详加计划，遂有文武待遇一致原则的决定。依此一决定，由于军官员额多至五十余万，较全体中央公教人员尚多七八成，前此武职之待遇平均不及文职同级人员之半数，今既大加调整，则其增加国库之负担，自甚庞大。政院决定增加此项负担，原想今后将士兵名额核实，一洗前此吃空额之弊。国防当局亦认为过去军队吃空额之恶习，虽明知其然，只以军官待遇太薄，致无法矫正；今后能与文职待遇一致则对于吃空额之弊，自可逐渐清除。关于文武职待遇一致的实施办法，我和国防当局几经研讨。由于武职之底薪太低，为便利实行起见，除上将比照文职特任待遇外，中将少将上校比照简任，中校少校比照荐任，上中少尉比照委任，然后按文职简荐委任之各级薪俸平均数，作为各级军官之平均底薪；又以文职人员系按驻在地之生活指数分区支给，而武职步队流动性至巨，乃以京沪区之次一区生活指数为其平均数。依此平均计算所得之总薪额，发交国防部后，再由该部斟酌情形，分别派发。此项临时办法，为国防部所同意。自三十六年七月实行以来，据国防当局报告，武职人员颇知感奋，故已开始设法核实士兵名额，以期逐渐矫正历年吃空缺之弊。惟多年故习，积重难返，一时不易收大效，尤以东北方面，军费开支成半独立性质，最高统帅为表示维系，不惜委曲求全。我深知其积弊最深，曾一再提议矫正，终难实现。岳武穆曾强调“文官不要钱，武官不怕死”的标语；我则认为在今日文官要钱的机会较小，而武官要钱的机会实更普遍，故岳武穆的名言，在我国今日似可改为“武官不要钱，武官不怕死”。不料我此项激忿之言，最后竟不幸而中也。我为着剔除军费之不实，不惜多次坦白发言，因此，初时为力赞文武一致待遇而博得军界好感者，渐渐便引起军界的不满。但我一日在职，一日不肯放弃责任，甚至在张内阁改组的前夕，就是最后一次的政务会议中，我对于东北驻军之某项追加预算按照七十余万人计算者，我即席严驳其人数之失实。彼时国防部列出席之某次长起而答复，谓该部对此预算亦甚怀疑，彼曾私询驻在东北之补给司令，究竟沈阳内外实有士兵人数多少，据称不过五十万人，惟鉴于东北军权之优越，该部若无正式资料可据以核减，不得已如数提出云云。于是卒按五十万人之数核减。散会后，某次长对我陈述国防部所处地位之困难，并称卒得我之秉公主持，不避嫌怨，始能稍予矫正。言下不胜感慨。

司法界与我

行政院各部门中，在预算上对我特别有好感者，恐怕只有司法界。司法行政部所提出的预算，按我国幅员之广与人口之众，实在是少得可怜。本来各部门的预算，大都狃于习惯，准备核减，往往不免多开一点，因此，预算委员会审核的结果，总不免也要核减一点。但是对于司法行政部所提出的预算，预算委员会各委员，尤其是我，除照案通过外，有时还酌为增加，特别是关于囚粮一项。我曾经一再向司法行政当局建议，如囚犯坐食，则所开的预算，表面似乎不少，实际已极感不足；最好还是注重监狱作业，使不生产者成为生产者，不仅囚犯可借其工作收入，改善在监之待遇，而且出狱以后，因历年养成的技能与习惯，亦可资以为生，虽明知扩充作业，不免要因增加设备而需增加预算，这在国家方面是不应节省的，然在未扩充作业以前，为着人道主义，我们对于囚粮与其副食固无不从宽核定也，此外还有一事，在我认为是应有之举措，而在各方面或认为是一种创举。查中央各部会人员原有按年考绩进级之规定，但地方机构除自有收入者外，向来很少进级。各省法院人员既极清苦，而责任又甚重大，于是负有监督责任之各省高等法院院长，按照中央规定，对该管司法人员分别予以进级加薪，而三十六年度此项增加之底薪数，因多数报部通过，未能如期汇编预算，及年度预算已通过，遂改为追加预算案。司法行政部鉴于追加之困难，深恐不易通过，已就原案核减一部分，但提出行政院时，系在宋内阁任内，竟被驳回。然各省法院自经核定进级增薪后，自年度开始即已如数开支。今追加预算未获通过，则所增薪水不仅无法继续开支，其已开支者且须追回，将使各省高等法院院长均负赔偿之责，此案争持多时，迄未解决，是年某月司法行政部在京召开司法行政会议，各省高等法院院长咸出席，以此项悬案不予合理之解决，将使全国司法界灰心，而各高院院长亦负有重大责任。因于我出席之一次招待会中，申述此事。我认为此举于情于理，均应追认，但追认之数，一为各省法院原请者，一为司法行政部核减者；各高院院长咸称，各经按核减之数通过，则已开支之差额，将无法追回，并力陈原数万不可减之理由。经我考虑后，面允极力设法。旋即分向预算委员会及政务会议代为说明，卒按各省所请原数通过。各高院院长闻信咸深感奋，联名具函向我道谢。其实，我只尽我心之所安而已，对于此案固绝无讨好对方之意，与对于许多其他案件之毫不顾忌对方者，正是同一立场。

以上所述，只是关于预算审议的荦荦大端，尤其是与我不免发生恩怨关系的几个显明事例。至于其他追加预算案，每星期提出讨论者平均不下三四十件。任一案件，如能悉心考虑，都不难发见与有关系的行政概况；这些他人或者认为是出力不讨好的工作，而在我则认为是最好不过的一种行政训练。况且悉心考虑和任劳任怨的结果，对于国家方面总不会落空。三十六年度的预算执行，张内阁仅负半年的责任，其结果不易显著。但三十七年度，因行宪的关系，张内阁仅编半年的预算，而当其改组之时，恰好将满半年，故是年上半年度原预算与追加预算的执行结果，很可证明张内阁，特别是张内阁中的预算委员会，对于预算上的责任与成绩。查三十七年上半年度的原预算为法币九十余万亿元，而迄于是年六月底为止，连同各种追加预算，实际上的支出金额约为二百三十余万亿元，较原预算约增一倍有半。在物价不断飞涨之下，国家的决算仅较其预算增加一倍有半，以视其前其后各时期所增加者，不能不认为稳健，而其能有此成绩，则预算委员会之贡献殊不可埋没。

我在行政院副院长任内，最招怨的工作固然是预算委员会，而最愉快的工作，也就是预算委员会。在我每项为国家节省了一点靡费，换句话说，就是替人民减少一点非必要的负担，纵然会引起关系方面的不满意，而我总是相当的愉快，认为我们这一次的努力不致落空。这一种感想，恐怕不止我一人如此，我深信委员会中各委员，甚至替委员会工作的行政院会计处的若干主管人都是如此。在各委员中，我很佩服财政部俞部长的常川代表，就是常务次长李傥氏，我前此和他毫不相识，但自从和他在预算委员会中常常一起开会，我对他日益敬佩。该会兼任委员财政部长或者因为政务太忙，或者我放大胆地说，俞财长对于预算方面不如李氏之熟识，因此，简直是无例外的，委托他为代表，李氏任职财部数十年，经过了许多任的部长，而慢慢地升到常务次长的地位。他对于财政方面可说是无所不知，而他对于国家公帑的认真，与不怕因此开罪于人，简直使人不能相信他是一位老官僚。另一位兼任委员行政院秘书长甘乃光氏，人极精明，也是最能任劳任怨的。至于专任委员的政务委员中，雷震氏富于审核预算的经验，遇事都能破除情面，秉公发言；而青年党政务委员杨永浚、郑振文两氏，均极公正，对于我们核减青年党所主持两部的预算，丝毫没有偏袒。民社党政务委员蒋匀田氏，因其本党并不主管部会，当然更可以第三者地位，作公正的主张。此外还有两位政务委员缪嘉铭及彭学沛两氏则很少出席。我们常川出席的几位委员和委员的代表，完全以国家立场，不放松，也不偏袒。记得有一次我所直接主管的善后事业委员会附属的黄泛区复兴局提出某种预算，某委员主张不予通过，我撇开主席的立场，代善后事业委员会加以解释后，大家仍不赞成通过，我也就服从多数的意见，把该案否决了。此外行政院会计长陈克文氏与其另半数人，实际上替预算委员会担负了初步审查的工作，他们都极度公正，并能破除情面；我们各委员能够据以论断，实在是得了他们不少的协助。当张内阁改组的前几日，我们接连忙了几天，把积压的预算一一清理了。我向来是不请客的，此次便破例宴请各委员和经常协助我们的会计处几位同人，一以表示慰劳，一则我无时不想脱离政府，这时候正是我的机会，也趁此和这几位日常相共事的同人话别。在这一次的宴会中，我的心情可说是十二分的愉快。

八 ➢ 全国经济委员会

在行政院中，我还有一个常川参加的会议，就是全国经济委员会。该会的前身是最高经济委员会；在宋内阁时代，我曾以经济部部长的资格兼任委员之一。可是一年之间，始终未曾开过一次会议。张内阁时代，改组为全国经济委员会，会议规定为两星期一次，但事实上往往加开临时会，该会委员长系由行政院院长兼任。按照组织条例，本来还设副委员长一人，由行政院呈请国民政府特派，但因某种关系，始终没有呈请特派。每次开会，都由张院长亲自主持；偶然不克出席，初时都指定委员陈立夫氏代主席，后来却指定我代主席。该会组织庞大，除行政院院长及有关部会长官与中央银行总裁等十三人为当然委员外，还有聘任委员十五人至二十一人。此类聘任委员中，一部分为党部委员及立法委员，一部分为工商界领袖；人数既多，自不能不把许多专门的问题分交各小组委员会先行研讨。该会的优点，固可以集思广益，而且可以获得工商界的意见；但对于瞬息万变的经济问题，其决策与处理不容旷日持久，这便是显然的缺憾；同时因为人多之故，经济的决策有些不能不在事前特别秘密的，却不易保守其秘密，这也是人人意识到的事。为着这样的关系，该会所集中讨论的，多是广泛的经济政策，例如国民党许多领袖所草拟的经济改革方案，便成为该会主要的讨论题目，几乎自张内阁成立之初，以迄张内阁将要改组的时候，这一个广泛的方案，总是不断地由大会而分组，由分组而综合小组，然后回到大会，又重付综合小组，像这样的转来转去，约莫转了一年，而方案各项付诸实施者恐怕还不到十分之一。该会还拥有一个规模很大的秘书处，所用人员多至二三百，除了为该会的大会和小组会议服务外，也不易发生充分的效用。对于这样一个庞大的委员会深感其运用不能灵捷，而欲加以改革者，实不乏其人，张院长和我都有这样意见。有一次张院长请我研究有人提议修正全国经济委员会组织条例的一个草案，大意想把改组后的全经会成为内阁中的经济内阁，而赋以决策及执行之权。我认为内阁中的经济内阁，其构成分子必须全部为阁员，始能发挥决策与执行之权力与效用。今全经会的构成分子中政务委员仅占十一人，而其他委员多至十八至二十四人（即聘任委员十五至廿一人，再加主计长等非政务委员三人），设仅为参谋机构自不成问题，若改组后赋予决策及执行之权，则与行政院试行负责制不符；盖行政院整个职掌之责任应由全体政务委员担负，如将有关财政经济之权转授于其构成分子只有三分之一为政务委员之机构，设其中之政务委员若干人，或不参加该机构之政务委员若干人不同意该机构之决定，而于行政院提出相反的意见时获得行政院多数政委之支持，将不免发生职权上之冲突。但无论如何全经会之应行改组已属必要。依照原组织而扩大其职权，使成为事实上之经济内阁，固如上文所说，窒碍难行；若照旧不改，使仍为经济参谋机构，则过去相当时期的经验，亦已证明其不易发生效用。因此，我另拟仿照英国战时的生产部与最近新设的经济部，由内阁中有关生产或经济各部组成一集团，而以特命部长一人主持之；如此则议而易决，决而易行，较我国现有之全经会实更灵活而有效。我的具体办法，就是在行政院中组织一个财政经济委员会，其纲要如下：

（一）组织　以行政院副院长、国防财政经济交通粮食五部部长、资源委员会委员长、中央银行总裁及政务委员三人为委员，并指定一人为主任委员。就各机关调用人员助理会务，并得聘立法监察两院委员及国内外专家为顾问。

（二）任务　括有下开各项：（甲）决定军政费用之减缩；（乙）决定国

营事业开支及生产费之节约;（丙）研讨国库收入之增进;（丁）审核追加预算及外汇之使用;（戊）主持主要物资之调节;（己）督导特种经济措施;（庚）决定国家行局之金融及贷款政策;（辛）决定外援之合理利用;（壬）决定输出入贸易政策。

（三）行政院原设之预算委员会、外汇委员会、敌伪产业处理委员会、物资供应委员会、输出入管理委员会及四联总处均归并于本委员会。

（四）本委员会成立后，全国经济委员会即予撤销。

（五）本委员会按其任务得分设若干分委员会，其人选由主任委员呈请行政院院长聘任之。

（六）本委员会会议时得请有关部会长官列席。

（七）本委员会之决议，除应提院会完成立法程序者外，经行政院院长核定后，即由行政院执行。

上开建议，张院长虽颇重视；终以牵涉太多，且行宪政府不久成立，留以有待，遂予搁置。

九 ➢ 赔偿委员会

我在行政院除了本职以外，还有两个兼职，一是赔偿委员会主任委员，又一是善后事业委员会主任委员。赔偿委员会成立已有两年，按照其组织条例，主任委员系由行政院副院长兼任，而以有关部会的长官为委员。另设副主任委员一人，系专任职。其下设秘书处和三组。其职掌为调查我国境内公家及私人因中日战事所受之损失与掠夺，而主管其赔偿及归还事宜。关于调查方面，早经通令全国机关及人民申报，惟两年以来，申报虽多，而未报者亦不在少数。我到任未几，因远东赔偿委员会即将开会，我国不能不提出损失总数，以便交涉。我除督饬人员赶将已申报者加以统计，并就各学术团体所为估计参考修正外，一面即以约计所得之损失总数通知主持交涉者，于必要之时提出要求，一面酌展申报期限，分令各地补行申报，此项损失总额，因远东赔偿委员会会议难获妥协，我国与各关系国迄未提出，仅就可能向日本获得之赔偿额，先由各关系国协商分配比例。然此项比例迄于最近尚未获致协议。赔偿问题既久悬未决，于是由美国提议，就日本所有工厂拆迁其部分，分配于各关系国，作为先期赔偿。我国与其他关系国皆认为与其久悬不决，不如先接受此建议，俾实时获得若干实益，故皆表示赞同。后来商定以有关军事及重工业之工厂为主，拨定若干单位，分配于各国，我国以损失最重，所配得者亦最多。第一批应行分配者，已从三十六年冬开始拆迁，于是赔偿委员会之任务，便集中于拆运回国并分配于各主管部会与配售民营之工作。关于拆运回国一事，因工厂设备一经分配，即须起运，如迟迟不能运清，势必惹起他国借口，致对以后各批分配数额不无影响。因此，我特别注重与交通部之联络，并与之合组一督运委员会负责办理，差掌如期完成任务，一切尚称满意。至于分配国营及配售民营之问题，则颇复杂。在我的前任时期，分配比例，已定为国营约占十分之九，仅以十分之一配售民营。而国营之部，并已确定国防交通教育三部及资源委员会所占之数量。我接任后，因第一批拆迁之设备多数为工具机，并无必须国营之必要，且国营则不仅未能取得现款的售价，且须由国库负担其建厂装置各费，故拟酌增配售民营之部分，俾以配售所得之价款，补助国营部分之建厂装置费用。几经磋商，始得各关系部会同意，将配售民营部分由十分之一增至四分之一。同时又顾念民营工厂资本薄弱，不能一次缴足售价，乃将售价改按美金为单位，而订立分期缴款办法，俾民营工厂得分期筹付之便利，而国库亦不致因币值低落而受损失。此项配售民营之任务则划归彼时之经济部，后来改组为工商部者主持。关于归还劫掠物品之工作，自我接任以来，亦积极进行，几经对外交涉，卒告协议；计整个工厂归还我国者有广东造币厂全部，其规模之大，在我国本部可算首屈一指。此项设备目前业已全部运回，闻粤省府正积极建设，不久便可开工。此外图书古物器材等，经查明应行归还我国者，亦陆续起运。其中数量最多者为旧铜圆及铜料，为数多至万吨，后来在改革币制重铸铜辅币时，此项铜料正分批运抵国内，可资利用。

十 ➢ 善后事业委员会

善后事业委员会之组织，颇为奇特，表面上似乎是继承行政院善后救济总署所发动，而尚未完成或开始各项长期工作的机构，实际上却没有处理行总及联总遗下资产的权力，而此项权力却又赋予似乎附属于该会而实际系与该会对立的机构。因此要说明该会的工作，有须先说明其性质的必要。记得在三十六年秋间，行总当局为着该机构依国际协定与政府决议，须于是年终结束，乃提出接收及继续完成行总所遗未了各种长期工作的机构组织草案；行政院为审议该组织草案，推定一审议小组，以若干有关部会长官为委员，而由我召集。原草案所定组织至为庞大，除附属事业机构不计外，行政人员多至四五百，较全国经济委员会的规模还大些，我和一二审议委员认为该会实无设置之必要，所有行总未完成的长期工作，尽可按其性质分别移归主管部会主办；但行总当局及多数委员则认为联总剩余之款项及可能继续筹措之款项，均不能径行分拨于各主管部会，为迁就事实起见，只得仍设本会，集中办理，而于本会之下附设一以中外人士合组之保管委员会。为尊重多数委员的意见，尤其是许多主管部会当局的意见，于是决定仍设本会，但将原拟组织紧缩，员额大大核减，并明定其存在年限为两年，换句话说，即该会务于两年以内将各种长期事业奠定基础，即行分别移交主管部会接办，同时并明定保管委员会之地位，使成为该会之附属机构，其委员均由政府聘任，所需助理人员皆向有关机构调用，不另设员额。此项修正草案提经行政院通过后，续提国务会议，决定将所拟善后事业委员会组织条例移付立法院完成立法程序，而该会附设之保管委员会组织规程则由行政院以院令发布。

保管委员会

国务会议作此决定后，不久联总总署署长鲁克斯将军来华，和行总当局接洽后，复觐见国府主席。某日行政院会议中，由张院长提出对于善后事业委员会保管委员会组织规程的修正案。据张院长报告，因鲁克斯将军认为保管委员会之职权过小，尤其是不能任用人员，致沦为一种仅备顾问的机构，与保管原意不符，倘不予修正，恐外籍代表不愿参加，则联总剩余财产及款项能否移交，或须另行考虑，而今后续筹款项更不可能。国府主席为谋继续获取联总结束以后之外援，业已面允将保管委员会组织规程酌为修正。兹提出修正要点若干，其较为重要者，一则保管委员会得任用必要之人员，二则将保管委员会之地位酌为提高，例如对于善后事业委员会之行文，原案均用呈报字样，今修正为报告字样等。类此之修正，表面上似关系不大，实则已使保管委员会对于善后事业委员会，一变其从属的关系，而居于对立的地位矣。各政务委员以此举关系对外，既由国府主席亲自应许，遂群主照案修正。我虽深知将来两机构难免发生摩擦，以事已至此，亦未便独持异议。

上述两委员会的组织确定后，不久便须实行组织。保管委员会的委员中除外籍五人应由联总机构推荐外，国籍委员十人中有半数为关系部会的次长，余五人则由行政院院长就社会人士中选聘。当以保管款项与中央银行有密切关系，遂决定以中央银行总裁张公权氏为委员之一，并指定为主任委员，此外四人则征询主任委员之意见而由院长聘任。凡此皆系修正保管委员会组织规程时，中美双方须有默契者。至于高高在上而有名无实之善后事业委员会，依其组织条例之规定，括有主管部会长官九人及聘任委员三人，而主任委员则规定由国民政府特派。张院长因该会地位甚高，且委员大多数为特任官，故主任委员一席自须由行政院院长或副院长兼任，始便应付。彼以院长地位，不便自当其冲，遂力劝我以副院长而兼该会主任委员。我对于该委员会之设立，自始则不赞同；及保管委员会组织规程修正，事权既难一致，早已认为无从发展，现在竟要我来主持，当然不肯担任。经数度坚拒之后，由于张院长之恳切说明，倘我不肯担任，势必另就有关部会中遴选一人担任，但其中工作关系部会颇多，轻重取舍，抉择殊难，且恐因此发生误会，故惟有由我担任最为适宜；并力言如果我不愿久任，至少在行宪政府成立以前暂行担任，以解决当前难题。我经不了张院长之苦劝，遂附一条件，要求于国民政府命令中，明定为兼任，俾于行将改组之政院交卸时，可以自动地解除此项兼职，以免将来辞职又有麻烦。张院长赞同此点，遂于呈请国府发布命令时，改用特派案之兼任善后事业委员会主任委员字样。

我在受任伊始，于明知无可为力之中，仍然稍稍矫正行总旧日的习气。首先与保管委员会主任委员张公权氏接洽，希望办到两事，一则保管委员会所管业务虽多在上海，但其委员会会议应在首都举行，其秘书处至少有一重要部分留在首都，俾常以与善后事业委员会联系，不致发生隔阂；二则保管委员会人员之待遇虽取给于联总移转之款项，但仍应遵守国营事业人员待遇之规定，不应过分提高，此不仅与政府功令攸关，且两委员会工作相同，而待遇相差过巨，将使两会职员间发生一道鸿沟。此两原则张氏均甚赞同。但以彼原有职务过忙，致对该会工作，不免要假手于人，大权旁落。结果除委员会第一次在京召开外，嗣复决定京沪两地轮流开会，秘书处则仅留一人在京承转公文，其余全部在沪办事。待遇一项表面虽按善后事业委员会决定之原则，实则另给种种津贴，致实际所得较善后事业委员会及一般公务员多至数倍。然由于修正保管委员会组织规程之故，善后事业委员会对于保管委员会自身之开支，已无权过问，至于各附属事业机构，如渔管会、机耕处、农业机械公司等之预算，固应先由保管委员会审核，然最后裁可之权仍属诸善后事业委员会。在两会成立之初我曾因此事与联总驻华办事处处长葛理伦氏于其返美以前，一度详细商洽，取得谅解，并交换函件为凭；在理似不当再有问题矣。但保管委员会之行政权操自秘书处，而秘书处内美国职员甚多，由于我国人之事事退让，美国职员主持特多。至委员会方面，我国委员皆系兼职，除每月一度开会时出席外，平时未能多所注意；反之外国委员无不切实任事，即未届开会之时亦多过问，而其所与接触者当然系秘书处之外籍人员；因此，秘书处外籍人员之所主张，不仅在秘书处中占优势，即于提交会议时亦多能通过。在秘书处外籍人员心目中，或认为该会保管之款系由外国捐赠，其处分权自应由外籍人员掌握；同时各事业机构需要款项，既须向保管委员会请求；而该会支付款项之权，实际上既操诸外籍人员掌握，自不得不事先向外籍人员疏通，此种特殊之情势，当然使名义上应为善后事业委员会管辖之事业机构，不得不侧重保管委员会，尤其是该会秘书处之外籍人员。因此所谓事业机构经费开支之最后裁可权，经我与葛理伦氏订明应属于善后事业委员会者，均由保管委员会依其秘书处之建议先行开支，造成既然的事实，及将预算送交善后事业委员会，仅属一种形式，已不及纠正。虽经善后事业委员会一再决议，通知保管委员会应于事前提出预算，终因种种关系，未能履行。

裁撤的请求

我鉴于保管委员会与善后事业委员会之对立情形，认为两会如并存，非逐日发生不必要的摩擦，则将使善后事业委员会成为有名无实的机构；此种局势，实因修正保管委员会规程而产生，殆无法可以矫正。因于善后事业委员会成立甫两月，则以该会主任委员名义，当面请求张院长将善后事业委员会裁撤，而以保管委员会直接隶属于行政院，俾权责分明，以视现行制度下，表面上善后事业委员会负监督各事业机构之责，而因财政权握自保管委员会，致无从实施其监督权者，总觉彼善于此。本来一个机关长官自请裁撤其主管机关之例，殊属罕见；我则深以国家之设立机构原期发生效用，或增进效用，若设一机构，而徒起摩擦作用，何如直截了当，予以撤销。但张院长总以政院改组在即，再三推延，直至政院改组时，我才脱离了对这个机构的关系。

渔业物资

在我主持善后事业委员会的几个月间，如果说还有一点小小成绩可以记述的话，那就是对于渔业物资之实行分配，换句话说，就是把制造木船救济渔民的计划完成了。原来联总的救济计划中，对于我国渔业方面，规定供给我国捕鱼机轮与木船两项；前者目的在协助我国建立新渔业；这里且不必谈；后者目的在以八千艘木船无偿分配于我国沿海沿江因战事受损失之渔民，此项木船系以木料及船上配备供应我国自行制造。所有木料及配备早经运到我国，大部分堆存于上海在一年半以上，不仅未开始制造，甚至制造及分配的计划亦未拟定。闻其拖延原因，系行总初拟自行制造，估计所需造工若干，拟向中国农民银行贷借，先制成木船分配各地，酌收工料，以资偿还；但不知何故，一搁经年，造工业已大涨，原预算远不敷用，于是无期搁置。我接任善后事业委员会以前，曾往上海视察一次，亲见此项木料堆积如山，且渐有损坏，不仅无以对渔民，且有辜联总救济我国渔民之好意。接任后，详加考虑，认为上海工价特昂，实无集中制造渔船之必要；且各省渔船款式不一，此项木船既以之救济我国渔民，自以适合我国渔民需要为宜，因此更有分区自造之理由，不仅因内地工价廉，可以大大省费而已。此外还有一理由，即联总所供应我国之造船木料，皆系上等洋松，尺度甚大，以之造各地需用之小渔船殊不经济，且不甚合用；反之，我国各铁路的枕木均需以外汇向国外订购，苟能以此等木料售给各铁路，得款在各地收购土产木料，以供就地造船，则于国家人民均甚有利。在此几项原则之下，我便召集主管人员及专家先行计划，均认为可行，乃召集善后事业委员会讨论，经将原则通过，并决定召集一造船及分配委员会，以善后事业委员会、保管委员会、渔管处及沿海六省政府与渔业公会代表组成之；俟该委员会讨论决定，即就出售木料所得现款，依协定比率，分配于各省；至其他配备，亦按相同比率，以其实物分配于各省。随由各省分别组织造船委员会，自行主办造船并分配事宜，而善后事业委员会仅派员监视其执行。此一计划，在我交代以前，总算已经实现；虽各省将来造船分配能否按照原议，尚有待于我的后任严格监督，但在我任内总算把悬搁将及两年的问题解决了。

十一➤最后的负责

我生平有一种特性，就是遇事不肯放弃责任，尽管在事前我坚决不肯担任其事，但既经勉为担任，无不切实尽职。甚至力求摆脱，业已邀准，但在正式交代以前，我仍维持到底，不肯须臾卸责。前者例如我之担任行政院副院长，事前本非所愿，该职在他人本无须实干，换句话说，除因院长离职当然代理外，平时本无责任可负。记得五院中之某院副院长对我说笑话，以为他担任该院副院长业已数月，仅于会议时到院，平时向不办公，在任职若干时日后，简直不知其办公室何在；可是许多人都说我终日忙碌，何以苦乐不均如此。由此可见一斑。同一理由，当我坚拒兼任善后事业委员会主任委员，结果不得不勉为过渡之际，我也明知出力不讨好，而事事不肯放弃责任，纵因种种阻碍，不能从事根本的改革，但对于搁置多年的制造及分配木船一案仍于交代以前将其办结。又同一理由，当我决意于行政院改组后脱离政府之际，由于张院长在改组前夕，骤然赴川，以示坚决，行后留书给我，请我于新阁产生以前代行院长职务，我一点也没有放弃责任，镇日到院办公；对于许多本可推诿于后任的公事，深想因此延误政务，也就负责主办，尤其是对于过渡时期的各机关追加预算，因深知物价高涨不已，不予追加将使公务停滞，而立法院之成立有待，经由立法院通过之追加预算，尤费时间，故无一不预为打算，于改组以前，预为追加一笔款项，由行政院支配，借以维持公务。此外还有许多工作，为过渡时期所不可忽视者，我均于代理院长职务期内，妥为布置，而且不仅对于行政院如此，就是我已解除经济部部长之职，改任行政院副院长以后，由于新任经济部部长李璜氏之迟迟未就职，嗣复改任陈启天氏为代，其间的一个月，我对于经济部部务，除用人绝对留待后任主持外，概仍照常负责。甚至某次行政院特种会议中，为着纺织事务管理委员会的改隶问题，某委员坚主令该会脱离经济部，并得若干委员赞同；我则以御任而尚未交代之经济部部长极力争持，谓如果我此时尚任经济部部长，对此主张尚可考虑，但在新任已发表而尚未到任以前，我不能不为新任维持其原状，以待新任之考虑抉择，由于我之态度坚决，虽然许多委员本赞成改隶的，也只好采取我的主张。

我既然这般费气力，而行政院张院长也和我相处得很好，在理我在行政院副院长任内，本可贯彻我的许多主张。可是实际上除了许多普通而枝节的事件，我的努力还能发生效用外，所有根本计划，纵然多半获得张院长的赞同，却没有能够实行，一来因为张内阁根本不是责任内阁，二来因为中国政府的实权，固然不能操自行政院，就是国府主席蒋先生，在一般人认为什么都可以做主的，却也不如传说之能绝对做主。实际上中国政府是在蒋先生主持一切的名义下，经各方面彼此牵制，大部分于维持现状之下而进行。因此，凡是变更现状的建议，无论行政院不易通过，即使通过了，还须得国府蒋主席的裁可，而蒋主席对于不变更现状的决议，自然没有问题，至若变更现状过甚的主张，纵使蒋主席初时也表示赞同，而经过考虑，尤其是经过他就有关系的各方面考虑后，不免要搁置下来，特别是用人方面，蒋主席因不易放任，即使蒋主席愿意放任了，但实际上主持政府的国民党，其中派系甚多，必须妥为配合，否则将来难免不生问题。我以为蒋先生对于用人方面这样不肯放手，究竟有多少成分是出自本人的意志，多少成分是受党内派系的牵制，局外人是不易作正确的揣测的。我的许多主张既然没有实行，这里也就不用多说。我最耿耿于怀的，就是当我就任行政院副院长的第一日，对张院长所表示的三项愿望，其中第一第二两项总算都已实现，但第三项，即常常出外视察地方政治的愿望，竟因实现第一第二两项愿望之过分忙碌，致不能分身从事于此；否则加上我的实地经历，则我所提出建议的一部分，特别是关于创新地方政治的建议，或者更会有力，也未可知。

十二 ➢ 图脱的挣扎

在张内阁实行改组以前，我代张院长负责至最后之一日，换句话说，在翁内阁正式发表之前一日，我仍到行政院处理各种公务，直至翁内阁发表后，因政院交代手续早有准备，我才不再到院。我这次希望脱离政治生涯，较上次改组时，抱有更大的决心，并预先计划妥当下野后的工作，就是打算于下野后仍留南京，把战前开始尚未完成的《古体大字典》继续整理出版，同时更从事其他的著述。因此，把留在上海和香港的许多参考书籍都陆续运来南京，俾下野后可以专心研究和著作。在我国一个做机关长官的，下台往往比上台更难，到了不得已而下台，往往还要另找一个闲散的机关，其理由最重要的就是一班旧部之如何安置，正如坐轿子的人要下轿，而抬轿子的人还是不肯。我则对于自己主持的机关向来不愿安插私人，所以在他人成为问题的，在我绝不成问题。随我到经济部的人，至今还追随着我的只有三位，一是前经济部次长现任善后事业委员会常务委员潘序伦氏；他本来有许多自己的事业，因为志同道合，经我坚邀，才放弃自己的事业而来相助，所以我之完全脱离政府，对他实在是一种的义务解放。一是前经济部主任秘书现任善后事业委员会第一组主任徐百齐氏；他原在上海任律师，收入甚丰，当他知道我决意脱离政府，经与原有关系之法律事务所洽妥，仍加入执行律师职务，其收入高出公务员所得多倍，生计上绝不成问题。又一是翁前任内久任经济部秘书参事，后来随我到赔偿委员会，并在行政院副院长室担任我的秘书之赵冠氏；他曾充大学教授及公务员长久，至今仍是一位清寒的学者，我和他约定，聘他为私人的助理，住在我家里，协助我从事编辑著作。这样一来，我之脱离政府，在人事上实在毫无问题。其次便是私人的家用问题。一个机关的长官，照例有公家供应的官舍和仆役，尤其是汽车，下台后这些便利都没有了，而享受惯的人，一时不易变更环境，尤其是汽车一项，甚至孔子也还说过“以吾从大夫之后，不可徒行也。”我则因为平素刻苦惯了，从政以后，既然没有增加任何的享用，摆脱以后，自然也无所留恋。在房屋方面，前面已经说过，我把幸而免于毁灭的战前在上海自建的房屋出卖了，得款以半数供我几年从政的贴补，半数在南京购置一所小小的住宅，下野以后，不致有迁居的困难；在仆役方面，当我担任部院长官时期，只雇用两三名必需的仆役，出门则从来没有相随的副官，入门也从来没有专任的司阍，下野以后，简单一点，减少一名仆役，自己也还负担得起；在汽车方面，我于从政期内，本来就常常步行，只恨时间匆迫，不能常享步行之福，下野以后，更可安步当车，并准备偶然有节省时间之必要，便购置了一辆三轮车，打算下野后雇一三轮车夫，平时在家充任仆役，必要时可为我驾车出外，以省时间。所有种种的预订布置，凡是和我接近的人是没有不知道的。万想不到，我这样的决心，竟然禁不起压迫而变更了。我究竟为名乎？为利乎？我故敢誓言，绝无其事。为名则我尝备位国府，协揆政院，转任部长，以做官而论，等于左迁，何况在我留渝尚未从政之时，薄部长而不就，已不止一次，此时饱经世故，屡次出力不讨好，我又不是呆子，何竟贪此虚名？为利则我之做官，原已准备赔钱，上文迭经详说，如果我真的为利，还是趁此摆脱政府职务，专心著作，版税收入何止十倍于官俸？然则我究竟为着什么，而临时变更我的决心呢？依我很忠实的报道，大抵是由于人情难却者半，由于生平不自量与不畏难的特性，妄想借此解决国家的困难者，也居少半。没有前半的人情难却，便不会引起后半的妄想；没有后半的妄想，也不致因人情难却而攘臂下车。所谓人情难却，则翁内阁发表后，经翁院长和蒋总统先后坚邀我担任财政部长，虽经我坚辞了几次，仍然极力相劝。翁院长自己说，他梦想也不会担任院长之职，只因行宪内阁久未产生，国家几陷于无政府状态，对内对外都很不好看，他才不得已勉为担任；但是像财政部部长这样一个要职，如果没有人肯担任，内阁还是不能成立；他个人虽同情我之高蹈，但他实在无法找得一位比我更适当的人，尤其是蒋总统强调此席须由向与金融界无关系者来担任，并坚决要我担任，故新内阁之能否及早成立，系于我之愿否帮忙。最后，他再拉同我去见蒋总统。在我和总统对此问题作最后一度的商讨时，我说，我连日为着他和翁院长之坚邀，曾经细细地考虑。远者且不说，只说最近半年的国家岁出入预算，因我过去一年对于预算的经验，与夫对于物价增长率的推测，岁入之部无论如何设法增加，最多不过五百万亿元的法币，而岁出之部，无论如何设法减少，在形式上至少须达一千一百万亿元，而决算时按照上半年度的实例，临时追加之岁出约当原额预算岁出百分之一百五十，是则下半年之实际岁出，无论如何当在法币二千六百万亿元以上。虽然岁入方面也可随物价而稍有增加，但国家的收入须经种种立法程序，在时间上断赶不及物价之无限制高涨。因此，半年间出入不敷之数，依上半年的实例推测，总在二千万亿元以上。何况物价之高涨，系按几何级数，愈在后期，愈速愈高，前途真是不堪设想。在半年间实际不敷之数达到几千万亿元之巨，而以乞灵于印刷机器为惟一的弥补方法，则物价之飞涨可知。然国家一切开支又与物价互为因果，循环往复，伊于胡底。本年终的决算，姑置不计，只看不日便须提出立法院审议的下半年度岁出入预算，其收支差额，表面上多至六七百万亿元，其影响于人心与物价者几何，恐怕立刻便惹起物价的重大波动。我假使是对于国家财政糊里糊涂的，或者还有勉为尝试的勇气；但我对于财政实况不能不算明了，在此情形之下，实在不敢担任；个人牺牲事小，而无补于国，转致一般人误认我要负了误国的责任，那是万万不敢担承的，我这番说法，总算具体而坦白；但是蒋总统还是不肯放弃我，他一面诚恳地安慰我，认为军事好转与美援发生效力，物价当不致如过去数月一般地狂涨；一面复切实表示，只要我肯不惜牺牲，担任此席，有何办法，他总是极力支持。临去时，我仍然力请另图贤能。次日翁院长又来访，力言总统仍坚请我担任。经过此后二一度的劝与推，我除了人情难却之外，又转而考虑到第二种的因素，就是由于刚才所说由于不自量力与不畏难的妄想方面。本来在张内阁时期，当美援发动之初，我曾极力主张，美援应以协助我国改革币制为主，因为国家收支，民间生产，无一不因通货膨胀而遭过重大困难。我国在复员之初，外汇充裕，正可改革币制之时，业已丧失此良好机会；现在为改善国家财政与促进生产，仍须以获有稳定的币值为枢纽，而欲使币值稳定，则莫如将无准备无限制与不公开的发行，一变而为有准备有限制及公开的发行，换言之，即筹措充分的发行基金，在有限与公开的发行下改革币制，如此则币值可望稳定，物价亦可随币值之稳定而稳定，同时辅以平衡国家收支的必要措施，并极力增加生产，节省消耗，则财政经济始有改善之望；至于美国其他方式的援助，纵然都与我国有利，但其有利的程度，总不如改革币制之高，例如关于建设方面的援助，收效甚迟，势难挽救危急万分的经济局势，而物资的援助固可协助收缩通货，但人民对于法币根本已不信任，纵能局部收缩其发行，但一面复因国库之特别需要，继续增加其发行，究竟收缩之部能否抵消增加之部，在无准备无限制与不公开之币制下，是不易使人民信任的。因此，我在那时候即强调借美国的币制贷款而改革币制；并认为美国对我国目前最有效的援助，莫如协助改革币制的贷款。于张院长召集若干政务委员和关系人员的小组会议中，虽也有一二人赞同我的主张，但多数人虽不易反驳我的理由，总以美国未必肯赞同为虑；结果仍提出以物资及建设的援助为主，仅令赴美代表从旁试探美国能否于物资及建设的援助外，再助我改革币制。本来请求协助改革币制并不是容易成功的事，不过求援的国家，如果自己有坚强的主张，或者还可得到美国的考虑；今我国对此问题，已置诸次要，美国当然不允考虑，这也是不待交涉而已知其结果的，但我对于改革币制的信心，从那时起，实则比那时更早以前起，已是确立不移。当美援方案已定，并获得我国赴美代表的报告，知币制贷款无望后，我便转向自力改革币制，俟初步成功，再求外援继续维持的方面。因此，当我对于财长一席固辞不获之际，便不免想到我这一年来对于改革币制的主张，由于平素不自量与不畏难的癖性，妄想假使在我掌握财政之时，能够达成此志愿，则纵然牺牲一己与变更初衷，亦所不惜，想到这里，尤其是经过了几夜失眠的考虑，我在辞无可辞之时，便对翁院长说明，如果总统和他坚决要我担任财长，我只允暂任三个月，苟无办法，务请准我辞职，特先为声明。翁院长对此声明并无异议，于是我的新任命便于三十七年五月三十一日颁布了。

十三 ➤ 重入地狱——财政部

因为我对于此项新任命，根本就不愿担任，所以在过去旬日之间，全副精神都用在推辞方面，绝没有考虑到接任后如何布置人事和进行工作。其后不得已答应了，任命即随之而下。我为着不愿妨碍政务之进行，故命令一下，便不再延搁就任之时。但是就任以前，人事上不免也要布置一下，尤其是两位次长和主任秘书及总务司司长两职。我的前任俞部长原已接受中央银行总裁的新命，只待财部有人接任，立时可以交代。俞氏和我认识多年，平素也很相得，他知道我已勉允担任，便来相访，首先表示极愿以中央银行总裁的地位和我切实合作，一洗前此国行与财部分家之弊。俞氏的诺言，我是绝对信任的，其次便谈及人事问题。由于长官易人，照例许多高级人员都要呈请辞职。他询问我的意见，并言主任秘书及总务司司长的辞呈他已照例批准，还有署长司长各一，早已决定辞职，其中一人事实上已改任较优之职，断难挽留，他也只好照准；此外辞职者则请我决定，如不挽留，可由彼先行批准，倘决予挽留，则辞呈自当留待我到任后批留。我立即告以除已由俞氏批准之数人外，其余一律慰留。这原是我一贯的方针，俞氏及财部人员早有所知，故即照此办理。至于次长两席，除原任常务次长李傥氏，我在行政院预算委员会中和他相知有素，深为敬佩，当然慰留外，政务次长一席照例应由新任部长推荐自己信任的人，但我一因不想久任财长之职，二因原任政次徐柏园氏对金融至为熟识，平时在各种会议中终少言论，知其深明大体，我本抱着改革币制之目的而来，亦深愿得一熟识金融者为助，因此我也破例极力挽留。两氏经我亲自挽留之后，鉴于我的诚恳，和知道我过去之为人，总幸均允蝉联。此外总务司司长一职，因经济部翁任和我任内的总务司司长吴培钧氏，老成稳健，此时改任工商部参事，职务较简，颇愿来财部相助，遂请渠担任此职，一言而决。但是主任秘书一职，因为财政部单位很多，秘书处工作繁重，远非经济部可比，且应付各单位首长，尤须分寸得宜。因此，我便属意于原任经济部某地工商辅导处处长某氏，经电邀来京面商，不料某氏却因某种关系力辞，并劝我仍以从前曾任经济部主任秘书之徐百齐氏担任。我初时没有考虑到徐氏，一来因为他已决计于我辞卸善后事业委员会后，回沪担任律师，一切均已接洽妥当，我之出任财长，既只允试办三月，不愿因此牵动徐氏的计划，二来觉得徐氏虽尚能干，惟从政时日尚浅，在经济部秘书处的小范围内尚易应付，而对于财政部的局面，或想不甚胜任。但徐氏间接向我表示，以追随多年，我如下野，彼回沪执行律师职务自无问题，今我任此繁重之职，倘渠遽与我脱离，深想外间误会我对彼有何不满，渠虽明知在沪充任律师，收入远较公务员为优，但彼平素薄有积蓄，生活亦甚简单，仍愿继续为我臂助。我因急于就任，而主任秘书一职，非于就任前决定人选，则交接将有许多不方便，原约之某氏既坚不肯就，徐氏又有此表示，而鉴于过去十余年间，先后追随我工作尚能审慎，两年以来随我从政，亦无过误，当时只恐其应付紧剧之局或有不周，但以彼年富力强，努力以赴，或尚可承乏。因即就此决定，而不料后来竟因泄漏经办事件，惹起轩然大波，彼固陷身牢狱，我亦饱受刺激，间接上亦未尝于改币之执行无影响，此真始料所不及也。

忍辱负重

自从我的任命发表后，上海某集团的机关报，几乎没有一日不对我攻击，说我对于财政完全外行。甚至在我就职之日新闻记者询及我对于今后财政的大方针，无论在我仓促受任未必即能订定，即已订定，又岂可轻易发表，因此我便以轻松的口吻答复，说我向来没有对财务行政的经验，今日甫到部，一切还待学习，一时谈不到发表方针。各报把这几句话发表后，某报更渲染着我对于财政之外行，并责我既须学习，何以贸然接受大任。该报此种态度，自然有其理由。当某民意机关集会时，其主要人物也竟持同一论调；以地方议会而干涉中央用人，尤其是还未见我的措施或我所发表的施政方针，遽尔无的放矢。但我对于这种种的攻击，认为绝不希奇。一来以一个对财政金融阀系向无渊源的人，骤然出长财政，本来就会引起一些人的不满。二来，正如上文所说，上海工商界对于禁舞和救济特捐误认为我所发动，已经种下很深的恶感，其后立法委员刘不同氏所提议的财产税，在上海人的眼光，也误认我是幕后的牵线人。三来某派系的政客，不知何故，仿佛和我结下不解之仇，我自己也莫名其妙。我既然抱着不干的精神而干，同时早就怀抱着对财政经济作根本改革的决心；对于这些不负责任的攻击，一律置诸不理，而一心一意，积极推行我的改革。

见机求退

但是对于立法院所表示的不信任态度，则为着将来推行政策起见，却不能不郑重考虑。因为六月十二日翁院长向立法院报告施政方针时，我和各政委均随同列席，接连听了许多立法委员对于行政院之攻击，几至体无完肤，我认为新阁受命于最艰难之时会，非得立法院之信任，将不易发展其措施。今立法院对翁院长之组阁虽予通过，而对其施政方针，抨击不留余地，殆与不信任无异。见机而退，实不宜迟；否则将来一事无成，致不得不引咎而退，个人毁誉纵不计，其如误国何？故于六月十三日致函翁院长请准辞职，计距我就任尚不满半月也。原文如下：

“院长赐鉴，敬启者，上月云五承 总统及台端坚邀出长财政，明知时局艰危，责任重大，个人能力薄弱，又未参加政党，纵有主张，亦不易于立法院中获得支持；固辞再四，即以此故，嗣以新阁组成不容缓，因于固辞不获之际，勉允以三月为期，暂行承乏。受任伊始，亟谋财政上之开源节流，拟于下半年国家总预算通过后，即行呈请辞职。惟连日以来，立法院对于行政院提出之施行方针发言盈廷，大多数咸表不满。以多数党构成之立法院，对于多数党构成之行政院施政方针，竟持如此态度；今后政院措施能否放手，可以想见；而毫无政党关系如云五者，原冀以协赞多数党之一分子，或可于立法院中获得多数党之支持者，更属无望。深知处此情形之下，云五万不能有补时艰，自不敢尸位误国。谨此辞职让贤，务祈即赐拜呈 总统批准。幸甚幸甚。”

此函发后，翁院长即晚复我一函，如下：

“云五吾兄大鉴。剧接手示，请辞部职，默念形势之艰，同深彷徨之感。当经携同来函，晋谒总统，面陈此次奉命任事，惟冀勉补时艰。目前困难万端，支撑不易，财政固极艰难，政院亦感竭蹶，退职让贤，自非得已。但总统面谕，时势虽艰，仍赖同人坚毅致力，不可遇有困难，即思退让。财政艰难情形，彼所素识，极赖 兄体国公忠，认真推进，彼必尽力护助，以期度此难关，渐见康复。嘱弟切实慰留，共矢精诚，为国努力。明后日彼当约 兄面谈，更为劝慰。奉谕后弟当即趋往尊寓，适值公出，特为方函奉闻。敬祈惠允勿辞，至深公纫。”

接此函后，我经过一夜之考虑，次日续致翁院长一函，如下：

“咏霓院长吾兄赐鉴。昨枉顾失迓，为罪。晚归得读手教，敬悉。弟向不畏难，处此危局，更不敢畏难。所以必欲辞职者，实恐一事无成，尸位误国。思维再四，认为辞职后，从旁赞助，将较知其不可为而勉留，或更有补于国。弟昨思主张，诚然加重元首焦虑，兹建议仍在台端领导之下，局部改组，仿前此扩大政府基础于党外之原则，以退出之空额，尽量位置党内各派系，以期两院一致，共济时艰。尚祈赐予考虑，国家幸甚。至财长一职，无论如何，务请早日遴员接替，在接替以前，弟当暂仍负责，不敢使公务停顿也。以上所陈，得当并乞婉陈总统为荷。”

我的主张，在第二函中更为露骨。当此艰难之会，我的确认为惟能如此，始能有补于国。但后来禁不起总统和翁院长一再力劝，我又已把此重担肩起来，在有人接替以前，自不能随便放下。只得仍抱着随时可走，但须臾不愿卸责的原则，按照我的原来主张进行。因为我就职以来，虽没有发表过什么施政方针，可是早已胸有成算，立即进行三项的重要措施：一是增加税收，二是裁并机构，三是改革币制，现在分别说明如下。

增加税收的准备

关于税收之增加，其办法不外两种，一是剔除中饱，一是调整税率。剔除税收人员的中饱，不是一下子可以收效的。待遇之适当调整，使税务人员足以养廉；办公费之合理增加，使主持者不致借辞弥补，养成恶习；督导之切实执行，使弊端可以预防，效率可以增进；凡此各事，不是牵涉太多，不能由一机关单独推行，便是需时很久，不能立即见效。但是虽有种种困难，我仍不肯因难而放弃；除调整待遇，关系全体公务人员，非财政部所能单独实现外，我的前任本拟订有税务人员任用及待遇法草案，将直货两税人员比照关盐两税的先例，优其待遇，固其位置，业已提交立法院审议，我认为原则甚好，应请立法院从速审议通过，俾早实施。至关于办公费用，我除于下文所说的裁并机构计划中，以被裁机构的经费一并拨归保存之机构使用外，并于下半年度预算中提出一笔补充的征收费用，俾由财政部斟酌情形，分别拨给经费过少之税收机关。可惜此项补充征收费因种种关系，虽经提出预算，却未能实时通过。又关于督导制度之改善，我在接任后财政部举行第一次月会中，即已宣布此主张。原来财政部设有视察室，置部视察若干人；关盐直货各署局也设有督察室，各置督察若干人。部署局的视察督察人员，或照例，或因案，分别赴各地视察，向无一定的联系。我认为视察具有两种性质，一在防弊与改进，一是调查控案。前者各税均有共同性，与其单独执行，不如集体进行，可收集思广益之效。后者因控案而派员调查，为避免袒护，不宜由一人主持，也不宜以一人独任。因此，我主张将部视察与各署局督察合并利用，由部派高级人员会同关系署局首长组织一督导委员会以统驭之，而将督导工作分为经常的与临时的二种。经常的工作分区举行，每年一次，每次为期二三月，以实地视察各该区所关各税之业务，并研究防弊与改进，此项督导以集团行之，每团就部视察及有关署局各选一人参加，而由部长就部中高级人员指定一人为团长。临时的工作，则以调查控案为主，遇必要时由督导委员会就部视察及有关署局督察人员中各派一人协同办理，俾对于被查之人员，不致由一人之主持与一人之执行，而偶有偏袒。我对此原则虽早经决定，并已宣布，但因税收机构之调整应先实现，故迟至直货两税务机构合并后才执行。在我辞财部职获准以前，督导委员会业已组成，各区督导团亦先后出发。据江浙皖区督导团团长杨统计长寿标，于我交卸前回部报告，谓此行仅先视察一二地点，已发见不少闻所未闻之事，可资以改进，并深觉此项定期集团之督导实有其必要。惜我不日即交卸部务，对于其他各区督导团的报告便无由获悉了。

至以调整税率而书，则我国的主要税收，不外关税、盐税、直接税及货物税四种。这些税都有法律规定，在调整以前非经过立法程序不可。因此，我到任后，立即将有关各税法研究修正。对于关税一项，因为十几年来没有调整，最近经国际贸易就业会议之决议，对于若干种输入品必须减税，故为补偿税收损失，对于其他许多输入品自须酌量加税。又近年国民政府先后征收两项附加税，其有效期限均于三十七年六月底届满，目前既须修订税则，此项附加税自应并入正税。财政部原设有关税税则委员会，随时检讨税率。自国际贸易就业会议结束后，所有修订税则之工作更须加紧进行。我到任系在六月初旬，因鉴于关税的附加税即在是月底失效，故督促该会赶将修订工作完成，并指示酌增酌减税率之原则，令该会遵照办理。大抵奢侈性之输入品皆不惜重征其税，而有关工业之机械设备则尽量从轻。依此原则修订之结果，约计附加税并入正税征收后，全部税则或增或减，平均较未修订前之正附税约增百分之二十五。因于六月中旬以此修订案提出行政院会议，照案通过，即日移送立法院，并议决在立法院通过新税则以前，原有附加税暂仍继续征收，俟新税则通过后即予取消，或另订办法。此案卒于七月间立法院休会前数日通过。

盐税关系民食，不分贫富一律负担，在理论似乎不应增加；但该税在我国向为重要税源，当此国库负担甚重，一时尚难筹得代替之税源，自应仍旧维持。该税系从量税，在物价高涨极速之际，税率既因立法程序之限制，不能迅速调整，以致实际收入与物价比较微乎其微。且盐商的势力很大，每次增税，如果不特别慎重，将使盐商在增税前大量趸积，以轻税率收购，俟加税后再行推销，结果国家本可增收之税款，至少有一重要部分为盐商所吞蚀。又如果酝酿增税之时间过长，且会因趸积勒售，以致影响民食，在国民政府委员会时代，加税案经行政院提出后，国务会议可以即日通过，先予实施，则盐商趸积的机会还少。现在一切须经立法院通过，自行政院移送立法院之日起，不知要经若干日才能通过，于是趸积的机会很多，增税之结果，无异为盐商制造发财机会。我考虑再四，认为欲免此弊，并达到税收与物价配合的结果，应将盐税税率酌按战前标准，定为基数，授权财政部按照全国物价趸售指数随时调整，如此则国家收入可以保障，而盐商亦不致趸积渔利。查战前盐税各区不同，而其平均率为每百斤征法币六元，拟即以每百斤六元为基数，按全国物价指数由财政部随时调整。至于内地井盐池盐之成本较重，为免令人民负担过重，特别规定将此项井盐池盐之税减为七折，依此办理，则人民负担不致增加过多，而国库收入得随物价之高涨而增加，有裨岁收，诚非浅鲜。本案经我提交行政院会议时，虽稍有异议，仍即通过，并移送立法院。惟立法院在审查会讨论时，以为骤增过多，拟减为每百斤四元，此于原议之根本办法尚无变动。不料到了大会以后，因若干立法委员强调盐税不宜增加，而反对此说者亦不乏人，遂将此案搁置，俟九日复会，再行讨论。但一经搁置，只好照数月前所定之从量税征收，在此物价高涨币值大落之际，盐税之收入殆等于零，徒使盐商尽量趸积，俾立法院复会后通过增税，可以大收其利。

直接税系战前举办不久的新税。此在进步的国家原为最良之税，但在我国，则因甫经创办，战事便起，战时工商业流播损失，会计制度亦多不能上轨道，故推行不易。嗣因查账困难，改为半摊派之性质；复员之初，原想恢复申报查账之正当办法，又以物价高涨，币值低落，发生种种困难，最后仍采半摊派制度，以迄于今。因此，直接税之改进，全在执行方面，而与税法无关，故对于直接税税法，我认为目前尚无修正之必要。

货物税根本上便与直接税大不相同了。它是间接税，在理论上本不是良好的税，但在我国，尤其是在近年的我国，已成为收入最大的税源。它是从价税，随着物价的高下而增减其收入。最近缩短为每三个月估价一次，以为借此可与物价接近；殊不知由于最近物价增长之速，按照三个月前的平均估价而征税，则税率表面为百分之五十者，实际所得不满百分之十或二十。故整顿此项税收，最有效的方法，莫如改按最近一个月的物价而征税。但是估价时期也是税法上明白规定的，故不得不修改税法与完成立法程序。我于就职半个月内，与修订关税税则及修订盐税税率同时提出于行政院会议的，因此便加上修正货物税税法之一案。修正之点除估价时期由三个月缩为一个月外，还将若干奢侈品如烟、酒及化妆品等的税率酌为增加。本案也经行政院通过移送立法院，并于立法院休会前通过了。

裁并机构的实行

关于骈枝机构的裁并，本来是我平素所主张；因为国家之设官，原想发生效用，如果多设一个机构，不仅没有增加效用，甚至还要减低效率，那就何必有此机构。何况目前公务员为数之多三倍于战前，而待遇之薄又为向所未有。当此财政奇穷之际，一方面维持冗员，他方面充分增加待遇，事实上是不可能的。我向来主张一方面裁并骈枝机构与裁汰冗员，他方面即以由此节省之费，而增进留职者之待遇。政院张前院长为配合美援而发布之十项自助原则，即括有分期裁员，以其节省之数移充留职公务员之福利一项；但对此温和的紧缩人员办法，各主管长官多不愿执行，以致施行数月，即告停顿。我此次出长财政，而该部的附属机构很多，其中有可裁并的自属不少。我一方面愿为整个政府以身作则，他方面也为着财部本身着想。记得在重庆参加国民参政会的时候，参政会曾经不止一次决议，要求财政部将直接税和货物税两系统的机构合并，但财政部仅一度将省级的机构试行合并，而中央和省级以下的机构依然分立，如此当然不易办得通，经过了一些时，便完全恢复分立的原状。我认为直接税和货物税同属国内税，本无分设两机构的理由，从前所以分立，实因直接税举办在后，为着人事的关系，不肯和原有的货物税机构合并，于是两系统的人员间仿佛划一鸿沟。在政府方面，因两税分立之故，当然机构多，用人多，征收费用也就多；而在人民方面，同样缴纳国家的税款，有些要向甲机构缴纳，又有些要向乙机构缴纳，简直莫名其妙，无所适从。依我的看法，两机构合并后，不仅可以节省靡费，增加效率，而且可以互相利用，对于税源的调查，也有很大的帮助。例如目前征收直接税中的营利事业所得税，因为工商界账目不完备，且时有造假账的事实，但是征收货物出厂税的许多工厂，均由货物税机构派有驻厂人员，对于各该厂出品的数量逐日皆有统计，此种资料对于营利事业所得税之稽征实有很大的帮助，只因向来两税分立，不相为谋，合并后即此一事已可增进直接税之稽征效力不少。我到任之初，就部属各种机构研究一下，认为其他机构有应局部裁并者固属不少，例如关务署之与总税务司署，又如盐务总局所辖的各区机构，均有考虑酌量合并之可能，惟图显而易见，亟应率先裁并者，莫如直货两税机构，经即与两次长及两税署署长密商，均认为前此所以合并不成，实因合并不彻底，以致运用上发生障碍，同时人事上亦最易因裁并而发生纠纷，故觉得多一事不如少一事，其实就原则与实行而言，合并均不成问题。说到这里，我不能不对于财政部人员，尤其是和我常常接触的高级人员之能与我合作，而深觉愉快。我对于财部原有人员，虽毫无渊源，且很少认识，但因我推诚相与，大家知我用人毫无私见，故均乐为我用，直言无隐。我既与两次长及两署长商得同意后，因即开始计划合并的方式。我认为前此一度的局部合并，固然不妥，但此次全部合并中，初时仍须稍留例外，即各大都市之两税机构，规模较大，税收特多，向来系由财部直辖，不与其他税局同受省级机构之管辖；这些直辖税局仅设于沪津汉穗几个大都市内，而其税收竟占全国百分之六七十。为使税收不至于机构合并之过渡时期受有重大影响，加以在这些大都市中，两系直辖税局果须合并，即办公地点亦将发生问题；故决定把上海、汉口、天津、广州四市的两税税局均作为直辖局，暂不合并；此外自中央至各县的两税机构一律合并。其次，我又认为许多穷苦地方，税收极微，而设一征收机构，收入税款或尚不敷稽征费用，但因财部向有一种规定，凡稽征费用占税收若干成以上者，其机构即予裁并，故若干下级征收机构为保持其地位，往往将报销的稽征费尽力抑低，而其实际不敷之数，势不能不另行取偿。我觉得与其为养活几个税吏，而使人民受苛索之苦，而于国库收入亦微不足道，则莫如取消此种机构，裁汰这些税吏，宁因此而豁免了这些穷苦地方人民的负担。基于这种认识和考虑，我便定下两大原则，一是大都市的直辖税局暂仍保持分立，二是小地方的下级税局收入不多者，尽量裁撤。随即指定常务次长和两税署署长及人事处长，根据上开原则审拟合并的具体办法，经过约莫两星期的工作后，具体办法业已拟妥，经我核定，即于七月上旬提付行政院会议。此项具体办法括有下开各点：（一）财政部原设之直接税署及税务署合并为国税署；（二）各省区原设之直接税管理局及货物税管理局合并为国税管理局，合并后员额较原有两局员额至少减半；（三）上海、天津、汉口广州四市原设之直接税局及货物税局，一律由部直辖，暂仍分立，但员额酌减；（四）各地直接税局、货物税局及直接税局稽征所、货物税局稽征所，视其有无存在之必要，重行厘定，其应行存在者，一律合并为国税稽征局；（五）全国两税机构原设有一千五百余所，裁并后，实有约八百所；（六）全国两税机构人员原预算额共四万五千余名，实有额为二万九千余名，裁并后，员额减为二万四千余名，较原预算额减二万一千余名，较实有额减四千余名。至于合并后之国税署署长人选，我也费了一番苦心，因为原有两署署长王抚洲、姜书阁两氏都很忠实干练，互有所长，在我主持救济特捐督导委员会时，对王氏深资倚畀，以前也颇认识，但对于姜氏，则除于某次会议中见过一面外，向不认识。当我到部后，既已决定将两税机构合并，而合并后，除另行物色一人为新机构首长外，只有就原有两署长中选定一人担任。我稍加考虑后，觉得两人均颇适宜，且为资熟手，更无另行物色之必要。同时考虑到财部钱币司司长辞职，业经俞前部长批准，该司关系极为重要，尤其是我已决计改革币制，今后对于金融之管制，尤赖有不辞劳怨而能破除情面之人主持该司。我深知王抚洲氏适合此条件，故各方面纷纷向我荐人递补该司司长缺时，我一律谢绝，暗中决定于两税机构实行合并时，即以王氏调补该司之缺，而以姜氏连任合并后之国税署署长，以上种种筹划，卒于七月中旬提经行政院通过后，因案关裁并机构，与增设机构不同，无须先经立法程序，即予实施，实施后，由于裁汰人员之故，虽然我已规定了去留人员的标准，若干地方仍不免发生多少纠纷，但不久即告平息。当我决定实行此项措施时，许多人都为我担心，认为历任所不敢行者，我甫经到任，遽尔实行，难免不因此引致反抗。我则认为只要确认其事之应否执行，并于执行前预作审慎的准备，执行时复一本公平原则，则虽有多少反抗，殊不必顾忌，否则顾虑太多，便一事不能办了。

改革币制的计划

现在便要说到我的第三项方针，就是改革币制了。早在一年以前，我已认为只有改革币制才能挽救财政经济日趋恶化的局势；但那时候我是认为先有外援才从事改革。后来经过了赴美代表接洽的结果，和听取了他的报告，我认为此项已走不通，因此便倾向于先赖自己力量开始改革，等到有了初步的效果，再争取外援，使新币制益加巩固。上文已经说过，我对财政部长之职，在固辞不获之后，惟一诱惑使我勉允担任此席，就是对于改革币制的憧憬。因此，我在到任以后，立即开始此项计划，而且无时无日，不是念兹在兹。首先我就财政部中的主管人员，分别查询并定令检呈所有关于改革币制的旧案和意见书，其次，我便利用前此不甚重视，而实际上拥有不少对于币制有研究的人员和资料之财政研究委员会。我的方法是尽量听取他们的意见，而一点不透露我的意见，偶然有出题目征取意见的必要，我也只将有关征取意见之一点托词属令研究，并没有透露全盘的关系。此外我还从财政部秘书处资料室，搜集历年剪贴保存国人关于改革币制的意见和计划。所有部内部外关于改革币制的数据文件，合计起来，不下七八十种；我都一一阅过和归纳，我认为在自力更生下的改革币制，一方面固须尽力搜括可能控制的发行准备金，他方面还须以其他措施相配合。所谓配合的措施，便是关于平衡国内收支、平衡国际收支以及管制经济金融等事项。因此，我便就年来念兹在兹的观念，参以部中所得的实际数据和部内外专家的意见，详加考虑后，亲自草拟一个改革币制平抑物价平衡国内及国际收支的联合方案，于三十七年七月七日，就是我就职约莫一个月后，提请翁院长考虑，并呈送蒋总统核夺。

十四 ➢ 财经改革原案

现在把我的原案，就是改革币制平抑物价平衡国内及国际收支方案的各条文，抄列于下：

第一条 采行管理金本位制，于最短期内发行新币。

第二条 新币单位定名为中华金圆。

第三条 中华金圆与美币联系，每圆与美币三角三分等值，其含金量为纯金零点二九三二六一公分。

第四条 发行准备为美币三亿元，以下列各项构成之：

（甲）中央银行现有黄金白银约值美币一亿一千万元；

（乙）国家银行移存于中央银行之外汇约美币六千万元；

（丙）同盟胜利美金公债基金因大部分改兑法币，兑剩之部约美币七千余万元；

（丁）美金储蓄券基金兑剩之部约美币二千余万元；

（戊）其他（包括台湾、东北九省发行银行之黄金外汇外币准备，云南富滇银行发行准备银圆及接收敌伪产业钻宝等）约美币三千余万元。

第五条 为恢复币信，暂采十足正货准备制。发行额按照前条规定以九亿金圆为限。另发行辅币券一亿圆，不需准备。

第六条 金圆券发行设监理委员会，以财政部部长、中央银行总裁、审计部审计长、立法监察两院委员代表各二人、外籍顾问二人、全国商会联合会工业联合会、银钱业公会联合会代表各一人为委员，按月公布发行数字及实有准备数量。

第七条 金圆券对内不兑现，对外依修订管理外汇条例之规定兑给外汇。

第八条 所有法币、东北流通券及台币于金圆券发行三个月内全部以金圆券收兑，逾期作废。

第九条 金圆券对法币收兑率为一圆对一百二十万元；东北流通券及台币照金圆发行之日各该券币对法币之比率折合收兑。

第十条 旧日发行各种法币公债一律按金圆券发行时市值清理，或改发金圆公债。其他公债另定处理办法。

第十一条 黄金收归国有，由政府规定价格，以金圆券限期收购，逾期发见，除每人所带金饰重量不满一市两者外，一律没收。

第十二条 外币一律收归国有，由政府按金圆对美币折合率，以金圆及金圆公债各半限期收购，逾期发见，一律没收。

第十三条 国人所有外汇及外国证券限期登记，应登记而不登记者或登记不实者没收并处刑。

前项资产除有正当理由必须由原主保留者外，其余之部分，如系外国证券由政府估价，以金圆公债收购，如系外汇，比照外币由政府按折合率，以金圆及金圆公债各半收购。

第十四条 旧银币准以每元兑金圆券一圆，限期收兑，逾期发见一律没收。

第十五条 本年下半年度岁出岁入未执行之部分，一律按金圆对法币折合率，以金圆收付；但文武职公教人员薪水暂照目前折实数（即卅元以下不折，超过卅元者，每十元作一元计）改发金圆，士兵薪饷按战前支给标准实发金圆。国营事业人员严格依照政府规定国营事业人员之待遇，所有超过规定之待遇一律取消。

第十六条 实行裁并骈枝机构，并裁汰冗员。士兵名额严格核实。

第十七条 私人企业职工薪水，以金圆发行时一个月实得法币数，按金圆对法币折合率支付金圆。嗣后除一年或半年一度考绩加薪外，非经政府核准不得加薪。

第十八条 自金圆发行之日起，政府不再公布生活指数。公私员工亦不得按生活指数调整薪水。

第十九条 修订所得税法，凡按第十五条及第十七条之规定折算而得之薪水，一律免征所得税。至公私员工年终所得奖励金视为超额所得，一律征其所得百分之五十。

第二十条 严格限制各重要都市日用必需品之价格，除经主管官署核准外，不得超过金圆券发行前一日各该地各该物品法币价格折合金圆之数。

第二十一条 为管理日用必需品，应于金圆发行前若干日同时将沪津穗汉四市之公私仓栈封锁，登记存货，禁止栈单买卖，并限制提货数量。

第二十二条　为防止大量黄金外币外汇及外国证券之逃避，应于金圆发行前若干日，将沪津穗汉四市之商业银行库及各银行出租保管箱一律暂行封锁，除行库即予检查登记，将上述标的物封存待处理外，所有私人保管箱应全将所储上述标的物登记，必要时得予以抽查。

前项黄金、外币、外汇、外国证券，由政府尽先按第十一、第十二、第十三各条之规定收购之。

第二十三条　政府收购黄金、外币、外汇及银币等所需之金圆，即以所得之标的物加入准备，比例增加发行。

第二十四条　切实增进各种税收，其税率低于战前标准者应参照战前标准调整之，奢侈性之课税标的，并应提高其税率。

第二十五条　严格控制预算之岁出，非确有必要不得追加。又因金圆发行后岁收当有增加，本年内预算不敷之数估计不致超过金圆六亿圆。除以发行金圆公债抵补三分之一外，政府实需之发行额，连收回法币所需之金圆约一亿五千万圆在内，合计不过五亿五千万圆，尚在十足准备之发行限度以内。

第二十六条　三十八年度岁出入预算，倘物价能因改革币制而稳定，国家局势亦不致恶化，估计岁出约需金圆三十八亿圆，岁入约二十亿圆，不敷十八亿圆。除以本年度发行余额抵补四亿五千万圆外，拟发行金圆公债五亿圆，尚不敷八亿五千万圆。其应付方法，一则因币信渐恢复，可将发行准备正货减为六成，另以其他准备四成增加发行额六亿圆，辅币六千万圆；二则利用本年及明年度可能获得之美援物质，收回发行金圆之一部分，以补预算之不足。

第二十七条 国际收支平衡依下列各项应付之：

（甲）现行输出结汇证取消；

（乙）输出品尽力鼓励，其所得全部外汇由政府按折合率以金圆券收购；

（丙）输入品严格限制，务与输出数量平衡，经核定后由政府按折合率准许输入声请人以金圆券结购外汇；

（丁）侨汇一律按折合率由政府以金圆券收购；

（戊）政府所需外汇，除军需品以美国军援应付外，应力谋节省，以侨汇及就各方面购得之外汇一部分应付之，如仍不足，则以国营事业之生产品，如纱布矿产等尽量输出，易取外汇平衡之。

（己）金圆与美元联系后，即着手向国际货币基金提出平价，并履行手续，俾于必要时得向基金贷款维持币值。

第二十八条　国营事业基础巩固规模较大者，尽速按金圆价值发行股票，除以一部分供发行准备外，余均作为发行金圆公债之准备。

第二十九条　贷款政策彻底修正。国家银行除以收入存款贷放外，绝对不得以增加发行贷放。

金圆券发行前应暂停一切贷款，以遏涨风。

第三十条　自金圆发行之日起，所有存款放款一律改按战前利率。

第三十一条　政府极力减除生产者之障碍，并协导其增进效率，以达增加生产之目的。

第三十二条　政府、人民厉行节约。凡需要外汇之物资尤宜节约；奢侈品违禁输入经海关没收，或在国内市场发见没收者，一律由政府再输出，以易外汇。

上方案各条理由容面陈，执行上所需各种办法容续拟呈　谨上

院长翁转呈

总统蒋

王云五谨上　三十七年七月七日

我的主张与妥协

以上各条办法经先送翁院长阅过，并与我一度交换意见后，即于次日（七月八日）由翁院长和我持谒蒋总统，经我逐条申述理由后，蒋总统对原则上表示可以考虑，但为慎重起见，即指定中央银行俞总裁及专家三人，即财政部政务次长徐柏园、中央银行副总裁刘攻芸及美援运用委员会委员严家淦协同翁院长和我详加研究，并草拟实施办法。后来对于本案的一切都由我们六人随时商讨，取决于多数。现将我对本方案各条所持的理由，及与小组各人讨论及修正的结果分述于下。

第一条括有两点原则，一是主张实行管理金本位，二是在最近期内发行新币。关于新币的本位，我不主张实行金本位或银本位，因为我国并非产金或产银的国家，甚至向来实行金本位的国家如英美等，自第一次世界大战以来，业经先后停铸和停兑本位硬币，实际上英国成为金管理本位，美国则成为金汇兑本位。至银本位，在我国从前虽然习行，但由于银价之易受世界市场操纵，过去所受损失已甚明显，加以我国存银无多，改行银本位，如长久计更属不宜。又以金汇兑本位而论，则我国向为入超之国，目前军事尚未终止，国际收支更难平衡，故与其仿效美国，力量有所不逮，无宁仿效英国和第二次世界大战后许多改革币制的国家，就是实行金管理本位，同时为适应我国人民的习惯，尽量利用已有之存银及将来收购之银币，改铸五角银辅币。关于发行新币的时期，由于法币已进至恶性膨胀时期，币值循几何级数急远低落，倘不从速改革，政府将丧失主动改革的地位，到了法币全盘崩溃之日，正如人体的盲肠业经溃烂，割治已来不及。且鉴于政府仅存之少数金银外汇，可供发行准备者业已急远锐减。中央银行为应付国际收支之重大差额，不能不使用仅存之少数金银外汇，以供开支，如再迁延半年，不仅法币之膨胀，经济之紊乱，将至不可收拾之境地，而目前尚可供发行准备之金银外汇，势将荡然无存，彼时纵想改革，亦不可得。至于改革币制所需之币券，因民国三十三年，政府本有改革币制之意，经于美国印就壹圆、伍圆、拾圆、伍拾圆、壹百圆五种主币券及伍分、壹角、贰角等辅币券，其总币值约合二十九亿圆，较诸此时所拟之最高发行额尚有余裕。此项币券均可立时利用。同时各种硬辅币，除五角银币与一分铜币应从速赶铸外，所有一角、二角及五分之镍辅币与合金辅币，西南各省中央银行及中央造币分厂所存尚多，即可利用。因此，在短时期内实行改革币制，不仅如上文所说确属必要，且有可能也。以上主张，经小组详加讨论，均以为然。

第二条关于新币单位之名称，因既实行金管理本位，故我主张称为中华金圆，经小组讨论后，决定简称为金圆。

第三条金圆与美元比值问题，我原主张三对一，理由是想恢复战前的标准，俾改革币制后，如能把币值稳定，则一切物价均可望比照战前标准，因为人民习于旧日银圆之价值，如果新币与银圆等值，则联想所及，对于物价之稳定当有助。小组讨论时，多数以为与美元三对一之比值，对我国人的购买力未免过高，有主张五对一及四对一者。后来请示蒋总统，折中采取四对一的比值。我对于比值过高，不适于国人的购买力之主张，当然无异议，不过四对一和三对一所差亦有限，总觉此次改革币制，应使国人观念一变，如能联想到新币等于旧银元，实较任何标准为宜，惟经多数主张变更，我只好服从多数。

第四条关于发行准备，我原拟采取十足正货制，其数为三亿美元，而非如后来决定之二亿美元。当我就职后，积极筹划改革币制，遂从各方面张罗凡可供发行准备的外汇，就部中钱币司案卷中发见同盟胜利美金公债及美金储蓄券两项基金各为美金一亿元，嗣以两种债券各有一部分系改按外汇牌价以法币兑付本息，因此，同盟胜利美金公债基金尚余七千余万美元，美金储蓄券基金尚余二千余万美元，两者合计，将及一亿美元，自可移充金圆券之发行准备。当我发见此二宗余款时，认为在外汇如此短绌之今日，能凭空增加可以利用之外汇至一亿美元左右，心中殊觉愉快；然以仅见纪录，是否确实，尚不放心。后来询诸俞前部长，亦认为不错。到了小组讨论时，中央银行副总裁刘攻芸氏才说这两宗剩余基金已由中央银行拨充其他用途，实已罄尽无存。足见政府各部门权责不清；本来债券系国家所发行，其基金当然由主管国库之财政部拨付，所有开支及剩余之数，财部自应有权主持，乃过去数年间，大权旁落，不仅另拨用途可由中央银行任意为之，甚至拨付以后亦未向财政部报告，以致部中案卷至今仍认为此款尚在，而转任中央银行总裁未久之俞前部长亦茫无所知也。此一事实既已发觉，使发行准备减少三分之一，或至动摇全案；后来折中办理，才将十足正货准备，改为四成正货准备，即将正货减为二亿美元，另行加入资产准备如中纺、台糖等公司股分合三亿美元。于是原拟第五条之原则，亦随而变更矣。

第五条新币之成功失败，我自始即认为与充分准备及限制发行两者均有重大关系。本来发行准备无需十足的正货，但为着挽回过去几等于零之币信，故主张有十足正货准备之必要。同时发行限额务须明白规定，甚至辅币照例虽无需准备者，我仍主张明定限额，以昭信于国人。我在第五条原则中所以作如是硬性规定者，并非矫枉过直，实鉴于处此时期，为博取人民信任，非此不为功。不幸在极力张罗准备金获得三亿美元之后，发见由于中央银行之另行拨用，不得不改再折中办法，将十足正货准备，改为四成正货准备。同时又因金圆对美元之比值，由三对一改为四对一，于是发行限额由九亿金圆改为二十亿金圆，但我仍坚持明定限额，甚至同年十月十日我从美国回来，鉴于金圆券的币信已动摇，遂主张以收购所得的金银外汇维持币信，以取诸于人民者还诸人民，并借此收缩通货，仍保持原定之发行限额，即将来万不得已有酌增发行限额之必要，亦必提供相当准备，绝对不愿以无准备的方式作无限制的发行。不料事与愿违，只得引退。

第六条关于发行监理委员会之组织，我的主张和最后决定相差至巨。

其最要之点，就是我主张加入立监两院委员代表及外籍顾问。在小组讨论时，大家以为该会之组织系在行政院之下，恐立监两院委员未必肯加入，而不知发表以后，两院委员正纷纷以无两院代表加入为遗憾，可见与我的原意不谋而合。又加入外籍顾问，在一般的国家固无必要，而在今日之我国，为巩固人民的信心，未尝无利，且为争取国际信用，为将来获取外援计，亦不无补助也。

第七条金圆券兑给外汇的办法，关系极大。我深知金圆券之充分准备与限制发行系属内在的条件，至其对外发生效用，端视兑换外汇之便利程度。我国法币对内不兑现，而其初期之能稳定币值，全赖其对外之从宽兑给外汇，我国目前外汇短缺，自不能不加以管理，惟正当需要之外汇，苟能予金圆券以兑取外汇之便利，则于维持币信至有关系。况且金圆券兑取外汇之便利，一方面固可维持币信，而他方面由于维持币信之结果，又可使政府有借金圆券大量兑入外汇之便利。倘出口贸易可以畅通，侨汇不致流入黑市，则借兑入而供兑出，其必须由国家贴补之外汇亦殊有限。我所以主张修订管理外汇条例，使外汇之供给更为合理，即以此故。

第八条关于收兑旧币的范围和期限，我的原主张经小组修改了两点。一是关于台币之收兑，一是关于收兑的期限。一个国家有几种的币制本来是不对的，台币之独立制度，原系由于接收之初，鉴于台省受日人管治五十年，有其特殊性，故暂准台币独立发行，这断不是可以永久如此的。现既改革币制，咸与维新，东北流通券既随法币一起收兑，则台币之继续存在，自属不当。我的原意打算一起收兑，俾全国币制趁此得以统一。但在小组讨论时，大家认为台省仍有其特殊性，主张台币暂仍存在。我以为暂缓收兑，看金圆券发展至相当程度，再行决定，自无不可；惟断不宜照以前办法，由台省政府随时宣布将法币贬值，以抬高台币之价值。况且外币在国内黑市买卖，贬低法币价值，我政府向加禁止，独对于本国一省的货币，许其随时抬高对法币的兑换率，此在过去法币信用已失之时，已属不当，今后既以全力支持金圆之价值，自不宜再蹈前辙。如恐台省对内地之贸易因此陷于不利之地位，则中央尽可对台省实业加以补助，或准其运销内地之货物随时调整价格；盖调整台省货价与调整台省币值，同是调整，而调整币值之结果，实际上仍不免抬高货价，同时又有压低法币的恶影响，则何如直截了当，抬高货价之为简单而可免副作用也。讨论结果，遂采折中办法，即台币仍暂保存，但非经中央特准，不得率意变更其对金圆券的兑换率，又关于政院旧币限期，本来愈速愈好。我原拟三月为期，本已过长，系因考虑到辅币不甚充足，且国内交通困难，故稍延长；但讨论时大家认为至少需时六个月，后来也是折中决定，以三十七年年底为截止期，那便是四个多月。

第九条关于金圆对法币的收兑率，在原则上我是主张切合实际的。当我起草本方案之时，美币每元在京沪一带约值法币四百余万元，以金圆对美币四与一之比，故拟定为金圆券每圆兑法币壹百二十万元。自我提出本案，以迄八月十九日实行改革币制，其间约六星期，法币对美币的比值又大跌，故在最后决定之时，仍按切合实际之原则，定为金圆券每圆兑法币三百万元。

又查各国改革币制时，对于旧币兑换新币，往往采取两种办法，一是将旧币冻结一部分，借以减少流通，一是实行差别兑换率，对工人或贫苦者特别给以较优的兑换率，而对持有多量旧币者则采一般的兑换率。这两种办法我都考虑过，认为在我国目前殊难实行，且无此必要。所谓殊难实行，则因人民所有的旧币存在银行者占极小部分，冻结不易生效，如待其兑换时再行冻结一部分，则来兑者定必化整为零，在户籍还没有办理妥善以前，如对于持兑大量旧币的人冻结其一部分，不仅将化整为零，徒增兑换手续之麻烦，而且鼓励人民作伪，亦殊失策。至实行差别率的兑换，其弊亦正相同。况且那时候我国流行的旧币虽已达天文数字，而估计其兑换价值，仅当美币五千万元左右，其总值较之人民手上所持有之金银外币实微不足道，故冻结政策在我国如必须实行，宁对于外币，而不必对于法币。我在本方案第十二条所为的规定，就是这个缘故。

第十条关于清理旧日发行公债之原则，经小组讨论后，决定了两项办法：一则政府发行之法币公债尚未清偿者，由行政院订定处理方案；二则除民国三十六年美金公债应照原条例偿付外，所有其他外币公债，皆按法定汇兑率换发金圆公债。

第十一及十二两条拟将黄金外币收归国有，其理由至为显明。一则政府实行金管理本位的新币，为充实其准备起见，既未能向国外获得黄金或外汇的贷款，只有就国内自行设法，使人民持有之黄金外汇售归国家，以巩固新币之信用。二则过去数年间，黄金外币在我国市场内成为扰乱物价之重要因素，今后欲谋新币币值之稳定，对于足以扰乱物价之因素，使之失其作用，自亦为必要之措施。至于收购方式，我主张对于黄金与外币宜有区别。第十一条规定对黄金以金圆券收购，而第十二条则规定对外币以金圆券及金圆公债各半收购，换句话说，就是对于以外币来兑者冻结其半数。我的理由是依照过去的法令，黄金因曾由政府售与人民，故人民对于黄金，除不得互相买卖外，实可为合法之持有；而外币则政府一向不许人民持有，其持有者实已漠视政府之法令，故收兑时于持有黄金者不必附何种条件，而对于持有外币者，则以金圆公债冻结其半数，自属合法合理。此外还有一个理由，就是黄金为我国人民所普遍持有，而其持有人并非一律为富人，故收兑办法宜从宽；反之，外币之持有人，多为大都市中较为富有之人，令彼等以其半数购买金圆公债亦甚合情理。小组讨论时，大家认为收归国有字样，恐对老百姓易起误会，主张删去，但仍限令全部兑归政府所有，逾期发见者，除小量金饰外，概予没收，是则与国有无异。我对于这种去名就实的修正，自然没有异议。至对于收兑黄金与外币方式之区别，大家认可为着鼓励外币持有人自动以其持有者售归政府，自应与黄金办法一致，即全部兑给金圆券。因此，便把我的原主张修改，而发行金圆券的全部办法，便不复有冻结的措施存在。

第十三条第一项关于外汇及外国证券之限期登记。远在重庆时代国民参政会决议征用国人存在国外外汇资产之日起，政府即拟先从登记外汇资产下手。财政部并曾拟有此项登记办法草案，经张内阁的政务会议通过后，呈送国务会议；因为对外交涉征用尚无头绪，遂决议暂予搁置。现在国家实行金管理本位的币制，对于国内人民所有之黄金外币既须一律收购，则对于存放国外之外汇资产，更不得不作有效的利用；于是财政部原拟的登记办法，自宜即付实施，此点大家均认为非办不可。

同条第二项我对于无保留必要的外国证券及外汇售归政府之主张，经大家商讨后，改为私人所有外国证券及外汇一律移存中央银行，于必要时得声请提取应用，并随时得按汇兑率售归政府。又我原主张外国证券由政府以金圆公债收购，外汇则比照外币以金圆券及金圆公债各半收购，我的理由是国人既以余款投资于外国证券，自亦可改投于本国证券之金圆公债，且购买外国证券之款项当非有紧急需要，则改购金圆公债，当不致使其周转不灵。至外汇当与外币一律办理，亦因外汇之持有者，依法早应售归政府，彼等从前既未能遵守政府法令，今由政府收购，自宜按照收购外币办法，以金圆券及金圆公债各半支付。但经小组讨论后，大家亦认为为鼓励申报起见，亦当从宽办理，修正为凡愿售归政府之外国证券及外汇均全部支付金圆券。

第十四条我原主张旧银元每元兑金圆券一圆，系根据本方案第二条原议金圆每圆与美币三对一之比值，嗣决议修改为四对一比值，并为鼓励持有银圆者尽量兑换金圆券起见，从宽改为银圆每元兑金圆券二圆。但此一项之修改，在改币初期，对于物价工资及公务员待遇上皆发生不少问题。我原意坚主金圆应与美币三对一比值，因为这将使金圆与旧银圆平价，不仅许多问题不会发生，即人民观念也会不同，而改币初期人民对于物价也会作不同的估计。

第十五条关于改革币制后公务员的待遇问题，我迭任部院长官，对于公务员待遇之薄，生活之苦，当然有所闻见，而深表同情。但因公务员之实际待遇，不在其所得数目之多少，而在物价之能否稳定。倘物价能稳定，则待遇虽薄，尚可依节约计划而刻苦维持；若物价随时飞涨，纵将待遇表面上提得相当高，然由于物价飞涨过速，待遇之调整总赶不上，则公务员生活之苦更甚。改革币制后，首须稳定物价，而稳定物价之有效方法莫如紧缩国库开支，严格限制发行。查政府开支之最大宗，莫如养人之费。由于人员之冗滥浮冒，致实际为国家致力者之待遇为之分薄，故本方案有第十六条之规定，期借此节省之开支，可以充分增加留职人员之待遇。又以同属公务人员，理应同工同酬，但许多事业机构人员之待遇特优，用人尤为浮滥，此不仅有失公平，且因此而耗费之国帑，若能移充一般公务员待遇之改善，亦未尝无小补。在这些节省浮费的办法还未实施见效以前，为着不宜使国库过分增重其负担，以致改币之后，仍须倚赖发行为弥补，则表面上待遇纵有增进，实际上因物价随发行而增长，对于公务员并无好处，不若暂按旧基数支薪，借以紧缩发行，并使预算接近平衡，只要金圆券之币值克保，则物价可趋稳定，公务员实际所得自较改币前有进步也，此一主张为与议诸人共同承认。后来因为决将金圆之比值由对美币三比一，降为四比一，遂将过去公务员支薪之基数酌量提高为底薪四十元以下者不折扣，超过四十元不满三百元之部分原为一折者，提高至二折，以补偿对美币比值降低之损失。

第十六条关于裁减机构冗员与核实士兵名额，是我一年以来积极的主张。此时改革币制，鉴于新币的能否维持，与预算收支之能否平衡关系特大，而预算开支上养人费占其最大部分，在此重大改革之际，不能不再强调此举。关于裁并机构与裁汰冗员，我业于自己主持之财政部中，先就直接税和货物税两系机构和人员实施，深信其他部会所属机构人员类此情形，可予裁并裁汰者断不在少数。尤以军队中之士兵名额虚缺浮冒，已为公开的事实，此时尤有亟予整顿的必要。此原则提出后，大家虽然赞同，却恐执行困难，惹起反感，只决议于整理财政及加强管制经济办法第五条中规定“文武机关员工士兵名额应严格核实，不得浮滥”；此即不仅措词远较我的原方案为和缓，且对于裁并骈枝机构已不再提及矣。

第十七条及第十八条，对于冻结薪水工资之规定，为着稳定物价之故，是不可避免的。本方案第十七条中有除一年或半年一度考绩加薪外，非经政府核准不得加薪之规定，是则遇有特殊情形，经政府核准者，仍然可以加薪。

第十九条对于公私员工年终所得之奖励金视为超额所得，一律征其所得百分之五十；此举于维持工商业鼓励生产之习惯中，寓有平均收入之意。查英国在战时特别加重薪资所得税，凡超过战前平均所得之部分，一律征其百分之九十五，是则我国对于此项性质近乎超额之所得，仅征其百分之五十，自不能谓为过多。且为鼓励按照规定之薪给，一律免征其所得税，此项收入无多，而手续甚繁，借鼓励而豁免其课税，在我看起来，也很合理。但小组讨论时，认为年终奖励金重征所得税，势将引起反抗，为着不愿产生枝节，遂将本条完全删去。

第二十条原规定的要旨有四：（一）因恐物品改按金圆券发售时，商人乘机抬价，故规定不得超过金圆券发行前一日各该地各该物品法币价格折合金圆之数；（二）设有若干物品在金圆券发行前一日之法币价格，由于特殊原因致有低于成本情事，则经主管官署核准后，自可准予调整，并非硬性规定无论如何不得调整；（三）凡须按照上开（一）（二）两项办法者以日用必需品为限，原意盖不欲过于苛细，而认为只须管制若干种日用必需品之价格，其他可由各地方采取合理议价办法；（四）管制日用必需品价格之地方以重要都市为准。以上各项原则，在小组讨论时，一致赞同。因此，在后来草定之整理财政及加强管制经济办法的原案中，分别作如下之规定：

“第十三条在行政院指定之都市内，各种日用重要物品之价格，应照改行金圆本位前一日各该地各该物品货价，依兑换率折合金圆出售。以后非有特殊原因，经主管官署核准，不得擅自抬价。

第十四条各种公用交通事业，除国营者按第三条之规定调整外，民营者应参照第三条之规定及实际成本，经主管官署核定后改收金圆。以后非有特殊原因不得准其加价。

第十五条除第十三、第十四两条规定者外，其余物品或劳务之价格均由各地主管官署于改行金圆本位之日起，召集各该同业公会迅即议定改收金圆之数，经主管官署核准后，标明其价格。以后非有特殊原因，不得准其加价。”

依照上开规定，对于物价系分别性质或采取合理的限价，或采取议价，俾于管制之中仍不致窒碍难行，此项规定在八月十九日下午国民党中央常会中，亦经照案通过。但同日提出于行政院政务会议时，有若干政委坚持非严格限价不能收平抑物价之效。经我再三解释，谓限价过严将行不通，并主张分别限价议价两类。惟讨论结果，多数仍主从严，最后作折中的决议，将原案第十三至第十五条修正如下：

“第十三条全国各地各种物品及劳务价格，应照民国三十七年八月十九日各该地各种物品及劳务价格，依兑换率折合金圆出售，由当地主管官署严格监督执行。

第十四条各种物品及劳务价格，依前条折合金圆后，应严格执行取缔违反限价议价条例，其有特殊原因者，非经主管官署核准不得加价。

第十五条各种公用交通事业，除国营者按第三条之规定调整外，民营者应参照第二条之规定及实际成本，经主管官署核定后，改收金圆，以后非有特殊原因，不得准其加价。”

就修正之三条与原案之三条细细比较，除修正后之第十五条与原案之第十四条条文并无二致外，修正后之第十三及第十四条与原案之第十三及第十五条，虽措词不免倾向于从严限价与广泛限价，实际上则限价后如有特殊原因经主管官署核准，仍得变更原有之限价，又限价与议价并行虽无明白规定，然第十四条既有执行取缔违反限价议价条例之语，是则若干种物品得适用议价办法，实已在暗示之中。故如何妥善运用，在执行方面固尚有余地也。

第二十一条关于指定都市之仓库检查，我的原意是想在金圆券发行前若干日同时办理，借以提前稍抑物价，不致使各地物价在金圆发行日涨得过高，不得不迁就事实。此原则在小组讨论时咸无异议；只以全案中经波折不少，而各地督导人选亦迟迟未能确定；限于此类事实，除上海一地在金圆发行前已局部执行，但仍嫌未彻底外，其他重要都市，如天津、广州、汉口等不仅事前未能执行，而在金圆券发行后尚未切实执行也。

第二十二条关于封锁银行行库及保管箱的主张，表面上似乎有些过激，实际上确是最公平的一种措施。我相信这办法如能实施，则恨我的人将会更甚，而感觉政府大公无私者将很多，结果对于改革币制之成功或更有助。当我计划由政府收购黄金外币之初，深感一般老百姓或小商人肯服从功令者尚不乏人，但大户豪门往往愈富有却愈不肯放手，其所持有之黄金外币设法逃避自在意中。倘其结果不幸如此，则一方面政府所收购之黄金外币仅得自一般老百姓或小商人，而听任大户豪门漏网，显然是不公平。他方面政府收购黄金外币之目的，除了充实发行准备外，还要消灭扰乱物价的因素，倘大量之黄金外币仍操自大户豪门之掌握，则其乘机扰乱市场之举动仍在所不免。此项大户豪门持有的黄金外币，一因数量特多，二因放在家里不甚安全，势必存放于银行的保管箱内，固然中等人家也往往租有保管箱，其中未必皆藏有黄金或外币，但大户豪门的黄金外币未有不存放保管箱，则殆为事实。此外，还有许多商业银行，其正当营业断不易维持开支与利润，则其经营金钞买卖的副业，亦为公开的事实，如果要在改革币制后彻底消灭此种不正当的副业，即一举而控制其所持有的金钞，实亦有其必要。为求达此目的，我认为惟有在改革前夕宣布各行庄暂行停业时，立即宣布暂行封锁各商业银行行库，以备检查，同时并封锁各银行出租之保管箱，听候原主申报，并于必要时予以抽查。我相信在这样情形之下，申报者当然不会不据实，如此，则实际上用不着开箱清查，即或偶有必要，只须就情节显甚不符者，择其极少数，会同原主及公正人士一起开查，亦不致发生骚扰情事。或者以为事关干涉人民财产秘密，不无侵犯人民之自由，则我可举一显明的例子，就是法国对于本国人民存在美国外汇资产的处理办法。查法国在第二次大战胜利后于美国政府宣布可以解冻人民外汇资产之时，恳请美国政府将法国人民存在美国之外汇资产继续冻结，一面勒令国人申报其所有存在美国的外汇资产，听候抽查，对于所报不实者予以严厉处分，俟申报满意后，再行解冻。法国是一个民主立宪的国家，其对于人民的自由当然不能不尊重，但当战后美国政府解冻各国人民外汇资产之时，法国独请美国继续冻结其人民之外汇，以期达到勒令人民申报之目的，此与我所主张暂行封锁国内人民的保管箱，以期达到勒令人民忠实申报之目的，究竟有何区别？又或者以为人民持有之黄金外币不尽存放于银行保管箱，结果仍不免有漏网，则无论如何多控制一部分，总比少控制一部分为好，况如上文所说和以后经事实上的证明，遵守功令的老百姓和小商人本可漏网之部分，也自愿供献于政府。且政府如能借封锁保管箱，使其中若干大户豪门不得不以其所持有之大量黄金外币，甚至其中定必还有许多外国证券，向政府申报而售归政府，则一般老百姓和小商人必更乐意以其所持有者供献于政府，不致如后来发生的怨言，说此项售给政府的黄金外币，大都出自老百姓和小商人，而真正的大户豪门仍然漏网，甚至后来竟有利用以为扰乱市场之工具者，可惜我这种主张，一经提出，虽有二一人表同情，但禁不起多数人的坚决反对，以致一开始即撤销。后来外间复盛传政府将采取此项举措，以致上海方面纷开保管箱提取所存金钞，实际上此议早已打消，不知何故，竟于打消后月余才有此事后的传言也。

第二十三条我主张以收购之金银外汇作为比例增加发行的准备，其理由是我绝不主张无准备的增加发行，同时也承认事实，因为第二十四、第二十五两条所估计的收支预算，没有把收购金银外汇所需要的金圆券加入，而此项之估计是不能确定的。好在此项支出系以纸币兑入正货或等于正货之币券，根本上并不是一种消耗，故拟规定以兑得的金银外汇，作为比例增加发行的准备，而此项增加的发行与无准备的增加发行绝不相同。此原则在小组讨论时，大家都赞同；但因后来将发行准备改为四成正货；发行限额已由原拟的九亿圆增至二十亿圆，为数已多，如再明定得绩增发行，恐惹起国人之误会，故将此条删去，俟有必要时，再依立法程序，一面酌增发行，一面加提准备也。

第二十四条关于增进税收之原则，我于到任伊始业从修正法案方面进行，但因币值低落甚速，收效较微。改革币制后，自应加紧配合推进，以有助于国家预算之平衡，借以维持币值。

第二十五及二十六两条关于国家岁出入预算的估计，与对其差额之适当弥补；我自始即注意到改革币制后，在战事未终止以前，收支差额在所难免，但弥补差额之方法，在公债和外援二者还感觉不敷时，只能就有准备的发行限额以内运用，断不能靠无准备与无限制的发行来弥补。本来预算之平衡与物价之稳定彼此有极密切关系。在物价飞涨不已之际，不仅无法平衡预算，而且无法编制预算；同时，预算之赤字愈庞大，发行之增加愈惊人，则物价之飞涨愈不可收拾。上游的两种循环现象，均可于币值之急剧下落征之。第一次世界大战后，德国的马克在同一日间早午晚各贬值多倍，不仅无法编制较长期的预算，甚至购物付价，相差片刻，已迥不相同。第二次大战后，欧洲若干国家亦多少具此现象。其挽救之法，无不借改革币制而收相当之效。我之所以亟谋改革币制，即以自三十七年四五月以后，我国因通货膨胀已达恶性时期，以币值之低落与物价之高涨，初则一月数倍，而循着几何级数的进程，预计不久将变为一星期数倍或一日数倍之状，到了那时，人民根本已不承认旧有的货币，不是把一到手的货币急速兑成其他可供交易的媒介，便是立即易取实物。局势发展至此，政府纵不想改革币制，也就不得不改，故不如早为之计，俾作自动的与有计划的改革。但是改革以后，除就币制本身充分准备，并限制发行与公开发行外，还应极力谋国家收支之平衡或接近平衡。而国家收支之平衡或接近平衡，除根本上须有稳定的币值，不致使物价因币值而受波动外，其本体不外开源与节流二语。关于开源一项，除本方案第二十四条所规定之增进税收办法外，其第十二条及十三条规定以金圆公债收购外币外汇及外国证券之部分，如能照我的原意执行，亦于国家财政有补。关于节流一项，本方案第十六条之主张裁并机构、裁汰冗员及核实兵额，第二十五条之限制岁出追加，第十五条之限制国营事业浮费，以及整理财政及加强管制经济办法第三条之国营公用交通事业调整收费，以期自给各项规定，皆所以图达节流之目的。不过还有一个重要条件，就是本方案第二十六条所称“国家局势不致恶化”，否则币制改革之最大效力在人心振奋，倘国家局势恶化，则人心之动摇，实足以打消任何其他之功效也。

第二十七条关于平衡国际收支各项办法，我和几位与议者意见颇有不同之点，就是关于结汇证之应否取消。在未行结汇证之前，由于外汇牌价与黑市价相差过巨，致出口商按牌价以其所得外汇售归政府者亏耗过甚，结果遂使输出停滞，侨汇亦几尽为黑市所吸收；及三十七年六月以后实行结汇证，使出口商与侨汇受益人得在市场中收回其差额，由于停滞数月之后，骤然有此改进办法，输出与侨汇均确有起色，但结汇证之使用限期颇短，逾期未能售出，而由中央银行收购，一方面固有压低结汇证售价之效，他方面仍使结汇证售价与外汇黑市价格间发生相当的差额，长久行使下去，不是使结汇证之效用渐失，便是无异公开承认外汇黑市价格。因此，在实行新币之前二三月间，结汇证固不失为适时有效的措施，但改革币制后，政府人民应一致维持金圆券对外汇之汇兑率，不可三心两意，以结汇证听市面高下其价，以影响金圆之信用。总之，政府既决心改革币制，自当以全力维持金圆之价值，只要准备充分，发行紧缩，并以收兑之金银外币，于必要之时，以取诸人民者还诸人民，则币值自可维持，币值倘能维持，则输出所得之外汇与侨汇，自可循正当轨道而获取，与前者因法币急遽贬值，外汇牌价之变更赶不及外汇市价之飞涨，不得不借结汇证为媒介，以维持输出业与侨汇者，固不可同日而论也。经我坚决主张后，结果暂将结汇证取消，俟有必要时，再为考虑。此外各项一致同意，至向国际货币基金会提出平价一项，我和各人都主张稍缓，原因是一则为取信于外人，姑俟改币后成效已着再行提出，二则平价一经通过，我国即须缴付股款五千余万美元，将来遇必要时才有资格声请贷款。

第二十八条主张利用国营事业发行股票，作为发行及公债之准备，大家均无异议通过。

第二十九条鉴于过去国家行局贷款过滥，亦为膨胀发行之一原因，今后既须紧缩发行，特明白规定国家银行除以收入存款供贷放外，不得以增加发行贷放。小组讨论时，大家主张不必过分严格规定，因改为“国家行局库不得以任何方式作商业性质之放款，对于奉行国策之贷款，并应负考核资金运用及成效之责，由主管机关妥定办法，严格执行。”经过这样的修改后，在金圆券开始发行，迄三十七年十月中旬不满两个月间，各方面借国策贷款之名，向中央银行透支或贷款竟达三四亿金圆，约占彼时发行总额四分之一，可见在我国的环境下，遇事不作严格与明显之规定，自然而然会是这样的。

第三十条拟自金圆发行之日起，所有存款放款一律改按战前利率；因为利率高，不仅窒塞生产，而且影响物价，趁此一改百改之际，立即改按战前利率，只要政府有决心，本来是没有办不通的。但是小组讨论中，大家仍嫌过分硬性，遂改为“市场利率应予抑低”的活动语气。

第三十一条主张增加生产，则以税收之增加，与物价之稳定均与生产攸关，故确立此原则。过去政府对于生产只侧重贷款方面，兹拟特别注重减除生产者之障碍，并协导其增进效率。查贷款往往利与弊俱，倘监督不严，难保不借名生产，而以其贷得之款用于囤积居奇，至于生产者的障碍，如利率过高，原料缺乏，工价过高，运输困难等等，如能由政府协助解除，则其有助于生产，实较单纯贷款为更有效也。此外如对于工作效率之增进，政府实亦负有监督协助之责，虽其收效非短期内所能获得，究不可不早为注意也。

第三十二条主张政府、人民厉行节约；此为无可争议之原则，惟在执行之能否切实而已。

具体办法之形成

以上三十几条原则，经六人小组多次秘密讨论，并酌予修正后，乃进一步草拟具体办法。这件工作也由我自行担任，计将修正方案三十几条，按其性质，分别草拟四种办法，就是（一）金圆券发行办法；（二）人民所有金银外汇处理办法；（三）中华民国人民存放国外外汇资产登记管理办法；（四）整理财政及加强管制经济办法。这些办法草案都提到小组详细研讨，因其中有关法律问题颇多，临时商定邀请外交部长王世杰氏参加讨论。我们开了好几天的会议，把四种草案逐条研讨，文字上有当修正者并即修正，全案初步通过后，再由翁院长、俞总裁和我携同全稿面谒蒋总统，经我等一一说明后，总统遂将原件留下，以便详阅。我们原拟赶于七月底立法院休会前提请召开秘密会议通过；但总统认为时间或来不及，且再考虑。过了几日，总统赴莫干山休息，把我们所拟各项办法一起带去，濒行并嘱我等加紧准备实施手续，后来我们因有几项根本问题还没有经总统最后核定，有亟待请示之必要，遂由翁院长电话至莫干山接洽，承嘱我们与关其事的几个人于七月二十九日乘专机赴莫干山，逗留一日，作详尽的商讨，次日就二十九日晚与总统所谈各要点，并经我等熟商的结果，分别录出，再请总统核示，当经核定如下：

（一）本年八月十五日以前实行金圆本位，每一金圆等于美金贰角五分，折合法币二百万元。

金圆券十足准备，限额发行，并设发行准备保管委员会，迅即铸发银镍铜各种辅币。

法币限于本年十二月底以前全部收回。

（二）黄金白银外币钞券依法定兑换率，于本年九月卅日以前收兑，逾期私人不得持有。

（三）国人存放国外之外汇资产限期申报，并对匿报者妥定刑事及其他制裁。

（四）参照战前标准，依法调整税率，以裕税收，并严定办法控制支出，期使收支力趋平衡，以稳定币值。

（五）加强经济管制及金融管制。

输出入贸易继续管理。

（六）美援运用以紧缩通货稳定经济为原则。

（七）文武职人员之待遇改给金圆后，应较现时待遇酌予提高。

现行按生活指数给付办法废止之。

右列各项详订办法，按照宪法临时条款之规定公布施行。

蒋总统于核定上开各要点后，即将我们日前面呈核阅之四种办法草案交还我，其中或由总统亲笔修改，或由总统加一问号，嘱再行研究，并于每一办法上亲写一“阅”字。

我自从就任财长，开始研究改革币制，以迄七月七日提出改革币制平抑物价平衡国内及国际收支方案，其间严守秘密，除对翁院长一再陈述改革币制之必要外，没有第二人知其内容。又自从七月九日经总统指定人员协同研讨，大家也互相约定严守秘密，因此，直至我们到莫干山之日，外间虽纷纷猜想政府总有经济改革方案，却还没有肯定其事。但自我等由莫干山返京后，外间因我们一起五六人同往莫干山商谈，而其中括有行政院长和财政金融当局，于是京沪各报一致作肯定的推测，或者说要改革币制，或者说币制一时还未能改革，必须有赖美援，所以与美援有关的严家淦氏也同到莫干山。可见对于我们的决定和方案的内容都没有人知道，只是鉴于彼时法币已达恶性膨胀时期，认为非改革不可。可是不知何故，上海忽于此时发生一种谣言，说政府要将私人所有黄金外币收归国有，因而决定检查各银行保管箱，于是一日之间纷纷向银行开保管箱，提取所存金钞。殊不知在七月初旬我虽有类此的提议，但一经小组会议，大家认为恐惹起反抗，我也服从多数意见，即将此项提议取消。在彼时假使发生此项谣言，当然是与议诸人之不慎密，但在决议取消以后将及一月，忽又有此谣传，断然不是局中人传出。大抵由于上海地方政府为打击囤积居奇者，曾有检查仓库之决议，许多人神经过敏，认为政府既有控制金钞之重大举措，不免要仿检查货仓的办法，进一步而检查保管箱。在我们深知此事的局中人，听了此项谣言，只有暗中发笑而已。

我们由莫干山回京后，由于实行改革币制的日期，业经总统核定，为时不过半月，自非加紧筹备各种手续不可。因此，我们就总统对于各种办法所指示和怀疑者，重加研讨，分别修正，一面由中央银行秘密将所存印就的新币券分发各地，并将原有西南各省的镍辅币和合金辅币一律分运来京沪，一面由财政部密令中央造币厂加紧筹备复工，以便赶铸银铜等辅币。以上各事，一一如期准备，在理八月十五日实行之期还赶得上，只因总统临时有事到了牯岭，而此项重要措施，非经实际掌握政权的国民党中央政治会议通过不可，该会如非由蒋总统以国民党总裁之资格亲自主持，或不免要旁生枝节；因此，延长了几日，候蒋总统于十七日飞回南京，十九日下午召开该党中政会后，接着举行行政院政务会议，然后由总统府以命令公布。在总统将返京的前几日，我们更将应行修正的内容，和实施前应有的措置，决议了这几项：（一）由于旬日间法币又急遽贬值，对于金圆券的兑换率在莫干山时原定为二百万对一，此时为适应现实起见，决改为三百万对一；（二）在十九日下午三时召开中政会时，上海方面由中央银行俞总裁召集银钱业公会，宣布：十九、二十两日银钱业及交易所暂行停业，其他重要都市则由财政部电令各地金融管理局分别宣布；（三）在发布改币制前两日，由财政部电知国际货币基金会，以符协议；（四）推定行政院秘书长李维果氏主持关于改革币制之宣传事宜。此外还有一项决议，就是中政会开会时，对于本案的说明非由我亲自担任不可，我不是国民党员，照例不能出席该会，但为着事实的必要，大家一致认为应该破例由我列席说明并解答，我因为责无旁贷，只好答应了。

实施的前夕

八月十八日是我开始特别忙碌之日。过去一月有余，我虽然无时不为改革币制的研究和准备，费了不少的精神，尤其是各种文件的起草，甚至誊正，为着保守秘密起见，也都由我一手办理，不肯假手他人。直至莫干山回来后，因为各种方案必须复写若干分，俾小组会议时得作细密的文字修正，始令财政部简任秘书赵冠氏到我家里担任复写。又迟至八月十一二日，因该案与钱币司攸关，其中有些准备工作不能不令该司司长王抚洲氏亲自办理，故又开始使王氏与阅。到了十五日左右，因对外宣传关系，须把全案文字译为英文，遂委托财部公债司司长陈炳章氏在家担任英译，以上财政部之高级职员三人，均能恪遵指示，严密办理，一点没有走漏。十八日这一天，我为着要以全副时间处理此案，全日都在私寓办事。首先是将英文译稿核阅，其次则起草我的谈话稿，再次与陈炳章氏及国际银行我国候补理事张悦联氏商量草拟致国际货币基金会电稿。此外则在寓所准备与有关人员商办各事。午前财部徐次长柏园来寓商洽有关事项后，我即将日前钱币司王司长所拟命令各地银行钱庄及交易所暂停营业之电稿，交徐次长带回部中整理拍发，大约因王氏所拟内容及程序与最近商定者不甚符合，徐次长于到部后，即令主任秘书徐百齐在次长室重行拟稿，稿中关于开始停业日期及所停日数均留空白，未予填明。拟就后即由徐次长于午间散值时，携到我家判行。这本是改革币制全案中一件枝节的事，不料竟因此闹出极大风潮，即所谓泄漏改币机密案，以致酝酿四五十日，始则由我一人独任，继则有五六委员参加，最后数日复令部中高级职员数人协助，始终没有把正文泄漏一点，却于最后一日，因此枝节事项之起草电文，竟不幸由于此枝节事项之透露，而使不满于我的人，借题发挥，极尽渲染的能事，终幸事不离实，真相大明，在我个人精神上虽饱受一时的刺激，尚无关重要，但新币制之受此影响亦不为轻，言念及此，真是痛心。

本日晚间我又偕同翁院长及徐次长赴蒋总统的晚餐，报告最近几日决议办理的事项，以及将法币兑换金圆券，改为三百万对一之决议。总统均无异议。

十九日上午一时左右，由徐次长携同整个方案最后条文，至四联总处秘书处监同若干职工，从事誊写和油印，以备本日下午两项会议中据以讨论。此项工作系在深夜及清晨为之，且严禁工作人员出入，故无有知者。下午三时国民党中央政治会议讨论此案，系由蒋总统主席，经翁院长略述原则后，即由我将各要点详为说明。讨论时出席者除对此项措施一致认为必要外，也有提修正意见者，大致有数点：（一）对于旧币兑换金圆券宜仿各国先例冻结其一部分；（二）台币应与法币及东北流通券一律收兑；（三）公教人员待遇应再予提高；（四）法币公债之处理应稍从宽。经我逐项解释后，仅就原案修正了两点，就是（一）对于法币公债暂不作具体规定，而由行政院另订办法处理;(二)于金圆券发行办法第五条下增加“台湾币及新疆币之处理办法，由行政院另定之”。其他各点连同全案均无异议通过。散会时好几位国民党元老均表示热烈赞成本案，并谓以前早应实施。还有一位元老事后对我一个朋友某君说:“王某有此魄力，可佩之至。”但后来许多人把改革币制视为我的最大罪恶时，不知这位老先生还能说几句公道话否?

本日下午六时继续召开行政院会议，将已通过国民党中央政治会议之本案提出讨论，经过了四小时半的会议，各政委对于改革币制的大原则，可说没有一人不赞同，但对于其中细节，因为事前没有研究内容，故发问者颇多，经我一一解释后，除对若干条文作文字上的小修正，并如上文所说，对于整理财政及加强管制经济办法原案第十三至十五条颇有修正外，其余悉照原案通过。因事前业经总统核定按照宪法临时条款以总统命令公布，当晚即由行政院以全文交中央社转播全国。

十五 ➤ 财经案之公布

现在把财政经济紧急处分令的全文录出如下:

财政经济紧急处分令及有关法令汇编

（甲）紧急处分令

总统颁布财政经济紧急处分令　三十七年八月十九日

兹依动员戡乱时期临时条款之规定，经行政院会议之决议，颁布财政经济紧急处分令，其要旨如左：

一、自即日起以金圆为本位币，十足准备发行金圆券，限期收兑已发行之法币及东北流通券。

二、限期收兑人民所有黄金白银银币及外国币券，逾期任何人不得持有。

三、限期登记管理本国人民存放国外之外汇资产，违者予以制裁。

四、整理财政并加强管制经济，以稳定物价平衡国家总预算及国际收支。

基于上开要旨，特制定（一）金圆券发行办法，（二）人民所有金银外币处理办法，（三）中华民国人民存放国外外汇资产登记管理办法，（四）整理财政及加强管制经济办法，与本令同时公布。各该办法视同本令之一部分，并授权行政院，对于各该办法颁布必要之规程或补充办法，以利本令之实施。此令。

总统 蒋中正

行政院院长 翁文灏

财政部部长 王云五

金圆券发行办法 三十七年八月十九日

第一条 自本办法公布之日起，中华民国之货币以金圆为本位币，每圆之法定含金量，为纯金零点二二二一七公分，由中央银行发行金圆券，十足流通行使。

第二条 金圆之辅币为角及分，以拾分为壹角，拾角为壹圆。

第三条 金圆券券面分为壹圆、伍圆、拾圆、伍拾圆、壹百圆五种。

第四条 金圆辅币分为壹分、伍分、壹角、贰角、伍角五种，以铜镍银分别铸造，并申中央银行发行金圆辅币券，同时流通。

第五条 自本办法公布之日起，法币及东北流通券停止发行，所有以前发行之法币，以三百万圆折合金圆壹圆，东北流通券以三十万圆折合金圆壹圆，限于中华民国三十七年十一月二十日以前无限制兑换金圆券。在兑换期内，法币及东北流通券均暂准照上列折合率流通行使。

台湾币及新疆币之处理办法，由行政院另定之。

第六条 自本办法公布之日起，公私会计之处理，一律以金圆为单位。

凡依法应行登记之事项，须载明金额者，应于本办法公布后六个月内为变更之登记。

第七条 自本办法公布之日起，所有法币及东北流通券之公私债权债务，均应按照本办法第五条规定之折合率折合清偿。

政府发行之法币公债，尚未清偿者，由行政院另订办法处理之。

除民国三十六年美金公债应照原条例偿付外，所有民国二十七年金公债、民国二十九年建设金公债、民国三十一年同盟胜利美金公债及民国三十六年美金短期库券，应按法定兑换率换发金圆公债。

第八条 金圆券之发行，采十足准备制。

前项发行准备中，必须有百分之四十为黄金白银及外汇，其余以有价证券及政府指定之国有事业资产充之。

第九条 金圆券发行总额，以贰拾亿元为限。

第十条 金圆券发行准备之检查保管，设金圆券发行准备监理委员会办理之，其组织规程，由行政院定之。

第十一条 金圆券须经中央银行总裁及其发行局局长签署，方得发行。

第十二条 金圆券每月发行数额，应由中央银行于每月终列表报告财政部及金圆券发行准备监理委员会。

第十三条 金圆券发行准备监理委员会应于每月终了后检查中央银行发行金圆券之数额及发行准备情形，作成检查报告书公告之，同时报告行政院，并以副本分送财政部及中央银行。

第十四条 金圆券发行准备监理委员会，如发现金圆券之准备不足，或金银外汇之准备不及第八条第二项规定之百分比时，应即通知中央银行停止发行，收回其超过发行准备之金圆券，并分别报告行政院及财政部。

第十五条 中央银行接到前条通知后，应即兑回其超额部分之金圆券或补足其发行准备，非经金圆券发行准备监理委员会检查认可后，不得续增发行。

第十六条 金圆券不得伪造变造或故意毁损，违者依妨害国币惩治条例治罪。

第十七条 本办法自公布之日施行。

人民所有金银外币处理办法 三十七年八月十九日

第一条 本办法所称人民包括在中华民国境内之自然人法人及其他社团。

第二条 自本办法公布之日起，黄金、白银、银币及外国币券在中华民国境内，禁止流通卖买或持有。

第三条 人民持有黄金、白银、银币或外国币券者，应于中华民国三十七年九月三十日以前，向中央银行或其委托之银行，依左例各款之规定兑换金圆券。

一、黄金按其纯含量，每市两兑给金圆券二百圆。

二、白银按其纯含量，每市两兑给金圆券三圆。

三、银币每元兑给金圆券二圆。

四、美国币券每元兑给金圆券肆圆，其他各国币券，照中央银行外汇汇率兑给金圆券。

第四条 黄金、白银、银币及外国币券之持有人，除按前条规定兑换金圆券外，并得依其志愿就左列二款之一处理之。

一、购买民国三十六年美金公债 如为美国币券，得以原币请购，如为黄金白银银币或其他外国币券，得依照前条各款之兑换率折购之。

二、存储于中央银行，如为外国币券，各以其原币存储，如为黄金白银银币，得依照前条各项兑换率折合美金存储。

前项存储之款，得凭输入许可证，支付输入物品之货价，或支付经财政部核准之其他用途。

第五条 国内生产之矿金砂金及矿银，由中央银行或其委托之银行，随时定价收兑之，不受第三条之限制。

第六条 医学工业及其他正当需要购用金银为原料者，应随时报请财政部核准办理。

第七条 人民持有之金饰银饰，准许继续持有及转让，但不得以超过本办法第三条所定兑换率之价格买卖之。

第八条 人民不得以黄金条块改铸金饰。

第九条 黄金、白银、银币及外国币券，一律禁止携带出国，但每人所携金饰总量不超过二市两，银饰总量不超过二十市两，附有售给外国币券银行出具证明书之旅行零用外国币券，其总值不超过美金一百元者，不在此限。

第十条 携带黄金白银银币金银饰物或外国币券进入国境者，应报明海关，除每人所携金饰总量不超过二市两，银饰总量不超过二十市两，准许携带自行持有外，其余应缴送中央银行或其委托之银行，按照第三条之规定兑给金圆券。

过境或游历旅客，除得按前项规定自行携带之金饰银饰外，所有之金银外币，仍须携带出境者，应于入境时报明海关，交由中央银行或其委托之银行封存保管，于出境时领回原物，但于入境后六个月内仍未请求发还携带出境者，应依照第三条之规定兑给金圆券。

第十一条 除中央银行外，所有其他中外银行，非经中央银行之委托，不得收兑持有或保管黄金白银银币或外国币券。

第十二条 违反本办法第三条第四条之规定，不于限期内兑换或存储者，及违反本办法第八条第九条第十条第十一条之规定者，其黄金白银银币或外国币券，一律没收。

第十三条 违反本办法第七条之规定者，或违反第十一条之规定，擅自收兑黄金白银银币或外国币券者，除将其标的物没收外，其违反第七条规定以超过兑换率之价格买卖金饰，或违反第十一条规定擅自收兑黄金或外国币券之行为，并应依照黄金外币买卖处罚条例处罚之。

第十四条 对于违反本办法第三条第四条规定，不于限期内兑换或存储，及违反本办法第七至第十一条规定之行为，向主管官署报告，因而查获没收者，应以没收品价值百分之四十奖给报告人。

第十五条 本办法自公布之日施行。

中央银行对金银外币收兑展期公告 三十七年十月一日

案奉行政院申卅申经秘电开："查财政经济紧急处分令，人民所有金银外币处理办法第三条及第四条之规定，人民持有黄金、白银、银元或外国币券者，应于民国三十七年九月三十日以前，向中央银行或其委托之银行兑换金圆券，购买美金公债，或在中央银行设立外币存款户。施行以来，全国一体办理，已着成效。惟各地人民尚有为时间地域所限未及办理者，纷请展期，兹值九月三十日限期届满，为便利人民兑换存储起见，特规定补充办法如次：

（一）人民所有金银外币处理办法第三条规定之期限，分别展期如左：

（甲）黄金及外国币券展期至三十七年十月三十一日截止。

（乙）旧银币及白银展期至三十七年十一月三十日截止。

（二）内地未设有收兑金银外币银行各地，均由持有人在上列期限内，以信件报告附近中央银行，申明金银数量，旧银币或外币种类及数额，洽商兑换办法，其日期以邮局寄发日戳记为准。

上开各节，仰即公告周知，并迅即转行所属一体遵办，将来展限期满，仍未遵照规定办理者，所有黄金白银银元外国币券等查明，应一律没收，并依法处罚。”等因奉此，特此公告。

中华民国人民存放国外外汇资产登记管理办法 三十七年八月十九日

第一条 依国家总动员法第三条第九款之规定，兹指定外汇资产为国家总动员物资之一，并依同法第七条第一项之规定，管理其使用迁移或转让。

第二条 为达前条目的，中华民国人民存放国外之外汇资产，应予登记。

第三条 本办法所称之中华民国人民，包括自然人法人及其他社团。

第四条 本办法所称之外汇资产，系指在国外之活期或定期存款暨存放国外之外币、金块、金条，以及从外国方面获得之任何支付权益，包括外国或中国政府之外币证券股票债券地契保险单分年收款远期收账买卖预付金证券买卖保证金及一切流通票据在内。

第五条 中华民国人民，除其经常生活本据在国外应视为华侨者外，均应将截至民国三十七年八月二十日止存放国外之外汇资产，于民国三十七年十二月三十一日以前依照规定表格向中央银行或其委托之银行申报登记，其在民国三十七年八月二十一日以后所获得之外汇资产，应自获得之日起两个月内申报登记。

第六条 现在居留国外之中华民国人民，应受前条拘束者，得依前条规定赴当地或附近中国使馆领事馆或外交部特派员办事处登记其所有外汇资产。

前项居留国外之人民所有外汇资产，不超过美金三千元或其等值之他国货币者，免予申请登记。

第七条 依照本办法应行申报登记之外汇资产，包括中华民国人民委由在外国之代理人受托人经纪人在外国注册之法人或其他社团等所持有之外汇资产在内。

前项外汇资产，无论其与外国人或外国法人或与其他社团所共有，单独管理或共同管理，均应将其所有部分申报登记。

第八条 自本办法公布之日起，中华民国人民均不得意图避免申报登记，将外汇资产移转于国内外任何自然人法人或其他社团。

第九条 凡依本办法申报登记之外汇资产，其存款及外币暨资产之收益或变卖所得部分，除经财政部照左列规定准许保留之一定数额外，均应以原币移存于中央银行或其委托之银行。

一、本人及眷属居留国外之日常生活及医药费用。

二、本人或子女在留学期间之学费。

三、本人或眷属在国外旅行及回国之旅费。

以上各项，以于本办法公布前已在国外者为限，其保留额另定之。

凡经核准并经中央银行结售之外汇，尚未动用者，准予保留，仍应依照本办法之规定申报登记。

第十条 凡移存于中央银行或其委托银行之外汇存款，得依左列规定使用之。

一、经财政部核准之正当用途。

二、凭输入许可证支付输入货款。

三、兑换金圆券或购买民国三十六年美金公债或政府将来发行之金圆公债。

第十一条 中华民国人民违反本办法第五至第八条之规定者，依妨害国家总动员法惩罚暂行条例第五条之规定处七年以下有期徒刑，得并科罚金。

前项违反本办法规定者，于判决处刑后，其存放国外之外汇资产，由政府向各该外国政府交涉没收之。

第十二条 对于违反本办法第五至第八条之行为，向主管官署报告，因而判决处刑并没收其存放国外之外汇资产者，应以此项没收外汇资产价值百分之四十，奖给报告人。

第十三条 南京、上海、天津、广州、汉口各市（及其他经行政院指定之地点）应于本办法公布后立即成立中华民国人民外汇资产申报登记指导委员会，由市长市参议会议长财政部代表一人中央银行代表一人及由市长就市参议员及各该市法团中遴聘三人至五人组织之，以市长市参议会议长为召集人，并由财政部中央银行及各该市政府酌配办事人员。

前项委员会之任务如左。

一、使所在地人民周知本办法之内容。

二、指导及协助申报者办理登记。

三、对于市区内殷富人民及商家负询问及劝导之责。

四、接受关于匿报外汇资产者之情报，并移转于主管宫署。

第十四条 在国外经行政院指定之地区内，由使领馆负责组织与前条性质相似之中华民国人民外汇资产申报登记指导委员会，其详细办法，由行政院定之。

第十五条 本办法自公布之日施行。

整理财政及加强管制经济办法 三十七年八月十九日

第一条 政府为平衡国库收支、调节国际收支并加强管理物价、薪资、金融业务，特制定本办法。

第二条 切实增进各种税收，其税率低于战前标准者应参照战前标准调整之，奢侈性之课税标的，并应提高其税率。

关于前项税收增进事项，需要修正现行法律者，应由财政部迅行计议报经行政院提请立法院修订之。

第三条 国营公用及交通事业之收费低于战前标准者，准参照战前标准调整之，以期自给，其由国库贴补者，应以受军事破坏之地区为限。

第四条 各种国营事业应极力节省浪费，裁汰冗员，所有盈余，应由主管部会责令悉数解交国库。

第五条 剩余物资及接收敌伪物资产业，应尽量加速出售，以裕国库收入。

第六条 文武机关员工士兵名额，应严格核实，不得浮滥。

第七条 民国三十七年下半年度国家岁入岁出总预算，应于金圆券发行后，依照本紧急处分令按金圆改编，其因实际情形必须变通办理者，并应由行政院谘请立法院修正。

第八条 政府机关及人民正当用途需用外汇者，由政府核准结售之。

现行中央银行管理外汇条例，依本令有关各条之规定予以修正。

第九条 输出入管理办法，依左到各款予以调整。

一、输入限额自第七季起照第五第六两季平均标准，至少核减四分之一。

二、除前项限额货品外，应另行指定若干类货品准许商民申请输入，以其存储于中央银行之外币存款支付货价。

三、出口商输出货品，所得外汇，按金圆对外币之汇兑率，全部结售于中央银行。

四、凡可供输出之物资，应奖励其增加生产，并得限制国内消费。

第十条 华侨汇款按金圆对外币之汇兑率，由中央银行收兑，并由国家银行对侨汇予以便利。

第十一条 第八条第九条第十条之外汇汇兑率，依左列各款之规定。

一、美金每元折合金圆肆圆。

二、其他外汇，由中央银行参照美金对金圆之汇兑率随时规定。

第十二条 凡物资须由国外输入者，应依左列各项厉行节约。

一、在上海及行政院指定之其他都市内，限于本办法公布后两个月内，核减各类汽车执照四分之一至三分之一，并严格限制汽车用油量。

二、禁止进口之物品，自民国三十七年十月一日起在指定都市内禁止销售，违者以走私论处，其办法由工商部会同财政部定之。

第十三条 全国各地各种物品及劳务价格，应照民国三十七年八月十九日各该地各种物品及劳务价格，依兑换率折合金圆出售，由当地主管官署严格监督执行。

第十四条 各种物品及劳务价格，依前条折合金圆后，应严格执行取缔违反限价议价条例，其有特殊原因者，非经主管官署核准不得加价。

第十五条 各种公用交通事业，除国营者按第三条之规定调整外，民营者应参照第三条之规定及实际成本，经主管官署核定后，改收金圆，以后非有特殊原因，不得准其加价。

第十六条 在上海及行政院指定之其他都市，实施仓库检查并登记其进出货品，凡违反非常时期取缔日用重要物品囤积居奇办法之规定者，应依法从严惩处。

第十七条 自本办法施行之日起，报纸通讯稿及其他印刷物不得记载金银外汇及各种日用重要物品之黑市价格，违者依妨害国家总动员惩罚暂行条例第十条之规定处罚之。

第十八条 自改行金圆本位之日起，所有按生活指数发给薪资办法，一律废止。

第十九条 文武公教人员之待遇，一律以金圆券支给，其标准以原薪额肆拾元为基数，实发金圆券，超过肆拾元至叁百元之部分，按十分之二发给金圆券，超过叁百元之部分，一律按十分之一发给金圆券，士兵薪饷副食悉按战前基数实发金圆券，概不折扣。

第二十条 京沪区文武公教人员及士兵，按照前条标准发给，京沪区以外各区，原有生活指数，较京沪区高低者，按其七月份与京沪区之比例，由行政院核定，照前条标准加成或减折发给之。

第二十一条 国营事业人员之待遇，应依第十八第十九第二十各条之规定，改发金圆券，其每人实际所得，除照国营事业人员待遇办法，较同级公务员所得，最多得加三成外，其超过此限度之部分，一律取消。

第二十二条 民营事业员工薪资，一律折合金圆支给，但其半月所得，不得超过八月份上半月，依各该事业原定办法，应领法币折合金圆之数。

第二十三条 在本办法施行期内，禁止封锁工厂、罢工、怠工，违者依妨害国家总动员法惩罚暂行条例第五条第四款之规定处罚之。

第二十四条 国营银行局库，不得以任何方式作商业性质之放款，对于奉行国策之贷款，并应负考核资金运用及成效之责，由主管机关妥定办法，严格执行。

第二十五条 商业银钱行庄，应严格遵守银行法及金融管制法令，经营业务，不得以任何方式继续经营物品购销业务，其有此种情形者，由财政部查明，责令限期结束，违者除吊销其营业执照外，并以囤积居奇论罪。

第二十六条 信用合作社除收受社员存款并以所收存款及社股贷放于社员外，不得经营银钱业之其他业务，违者除勒令解散外，并依私营银行之规定处罚。

第二十七条 除银钱业外，任何公司商号不得收受存款或放款，违者除勒令停业外，并依私营银行之规定处罚。

第二十八条 本国银行在海外设有分支机构者，应由财政部考核其业务成绩，凡成绩不良者，限期勒令撤销其海外机构。

第二十九条 银钱业有左列情形之一者，应吊销其营业执照或予以停业之处分。

一、被停止票据交换者。

二、违反经济管制法令者。

三、资力薄弱营业难循正轨发展者。

第三十条 财政部应即参照战前银行法规定之银行最低资本额，拟定各区银行钱庄信托公司之最低资本额，报经行政院核定后，限令于两个月内增达最低资本额，其现金增资部分，不得少于百分之五十，逾限无力增足者，一律勒令停业，限期清理。

第三十一条 上海天津证券交易所，应即暂停营业，非经行政院核准，不得复业。

第三十二条 市场利率应予抑低，国内汇水并应分区调整，以期活泼金融，维护生产，由财政部中央银行切实办理。

第三十三条 本办法自公布之日施行。

同日我又以财政当局之地位，发表谈话如左：

王财长于财政经济紧急处分令颁布后发表谈话 三十七年八月十九日

财政部王部长云五，于八月十九日总统颁布财政经济紧急处分令后，特发表谈话如下。

我的谈话

今日总统颁布之财政经济紧急处分令，系经最深切之考虑，以最大之决心，从事于财政经济之重大改革。本人职司财政，对于翁内阁财政经济施政方针之形成，开始即参与，而对于当前财政经济种种严重问题之解决，实亦责无旁贷。兹当改革伊始，谨举其要点，以告国人。

本紧急处分令共分四种办法，以改革币制为出发点，以稳定物价，安定民生为目的，而以控制金银外汇，平衡国家岁出入预算，及平衡国际收支为主要措施。

关于改革币制者，前此尚多有以时机未至，条件未备，谓宜有待者。最近由于通货膨胀渐达恶性最后期，原有法币之贬值愈演愈烈，物价随而愈涨愈速，于是人民对于原有法币之信心愈益薄弱，而对于新的交易媒介需求愈殷。政府就当前局势深思熟虑，认为法币之发行最近虽急遽增加，然以美金比率，只需要五六千万美金已足收回其全部，我国国库目前所有黄金白银与外汇，虽未必甚丰，然以之应付此举，实绰有余裕。况国家所有资产可供发行准备者尤多，在理法币不应如是贬值。惟以由于平时发行之未采公开制度，发行准备亦未确定，人民之信心既失，与其强就原有法币恢复其信用，事倍而功半，何如根本改革，自始即确定充分准备，建立公开发行之基础，并严格限制发行数额，以昭信于国人。此次决定发行金圆券之办法，以黄金白银外汇合二亿美元及可靠之资产值三亿美元两共五亿美元，按与美元四对一元比值发行金圆券二十亿圆，每一金圆券均有十足准备，并组织发行准备监理委员会，由政府各关系部门代表，与工商银钱各业及会计代表，共同组织，按月对发行数额与实存准备切实检查，公开报告。至于辅币方面，除铜镍及纸币外，大量铸造银辅币，以便利人民之行使。自金圆券发行之日起，所有法币及东北流通券，即停止发行，无限制兑换金圆券。本年底以后，旧法币及东北流通券，一律收回，不再流通。除台币因特殊情形暂准在台湾省使用，另候处理外，全国得以金圆券为惟一通货，而其最高额为廿亿元，与战前之发行额十四五亿圆相较，战前国币对美元三比一，今后金圆券对美元为四比一，故实际发行限额仍与战前相等。在通货发行额收缩至战前之程度时，倘其他相关条件均能配合，深信物价水准亦当逐渐回复至战前程度也。

关于金银外汇者，因金圆券系以黄金白银外汇为主要准备，又因过去若干年间，金银外币非法买卖，成为扰乱国内市场之重要因素。政府为达稳定物价之目的，并为充实发行准备及平衡国际收支计，故有收兑人民在国境内所有金银外币，及登记管理国人在国外所有外汇资产之必要。兹决定于金圆券开始发行，同时颁布人民所有金银外币处理办法，与中华民国人民存放国外外汇资产登记管理办法。按照该两办法规定，政府于推行国家政策之中，仍寓尊重人民财产之意，所有黄金白银外汇，除准许其持有人以等于实际之市值向中央银行兑取金圆券外，因金圆券具有十足准备，又与美元有固定之兑换率，虽经兑换，仍可保持其原有币值，并得依持有人之志愿，或按法定兑换率折购民国三十六年美金公债，或以其原币移存于中央银行。所有移存于中央银行之原币，有正当用途或需要输入国外货物时，均得于呈经主管官署核准后，提取应用。是此项金银外汇之持有人，于遵行政府功令拥护国家政策之际，对其自身之权利，实际并无损失。本人深信国人爱国者多，对此有益于国无损于己之措施，自必乐予赞同。至于少数不明大义者，政府为执行政策，固绝不姑息。爱国人士为拥护政府政策，亦定肯举其所知，报告主管官署，一经查获，政府定必按照规定，除没收违反规定者之金银外币外，并依法予以惩处。深信持有金银外币者，权衡利害，当能作贤明之抉择。

关于平衡岁出入总预算者，改革币制而不能平衡预算，纵可收效一时，断难维持永久，此固不易之论，亦即对改革币制怀疑者之有力主张，实则预算上之绝对平衡，在我国战前尚难达到，不过彼时币值稳定，预算上之赤字可借公债弥补，而不专赖发行之增加。今则法币经八年抗战与战后数年动荡不安之情况，逐年递增其发行，致人民对法币之信心，远逊于实际发行膨胀之程度，在此币值日益不稳之情况下，国家之收入实值，远较战前为低，国家之支出，却不能不随物价飞涨而大增。收支上原有之差额，除由于军费之庞大外，更因此益巨，且有加速恶化之征象。倘坐待收支完全平衡，然后改革币制，则币值愈落，物价愈高，收入愈减，支出愈增，将来纵拟改革，而不可得。政府此次改革币制，不仅图达稳定物价，安定民生之目的，并可借此币值之稳定，收支预算有接近平衡之可能。同时，预算收支之接近平衡，又可使币值维持其稳定。彼此相互为因果，故于改革币制之后，特别注重预算收支之接近平衡，本人曾就历年国家岁出岁入总预算比较研究，虽由于法币币值之时有不同，未易以法币数字作正确之表现，但如按美金对法币逐年之兑换率折算，则战前数年间我国总岁出按彼时对美币之汇率折合计算，平均不过五亿美元，战后每年平均十亿美元，而三十七年上半年度不过四亿美元，今后总岁出预算如能力事撙节，控制得宜，每年实际支出，当可减至九亿美元之等值，即金圆三十六亿圆。至于岁入方面，应将现有各税切实整顿，其税率低于战前标准者，参照战前标准调整，其具有奢侈性者，并酌量提高税率，同时改正输出入政策，以裕税源，估计关税全年收入为金圆四亿八千万圆，货物税七亿圆，直接税三亿六千万圆，盐税三亿二千万圆，其他各税连同国营事业盈余规费收入等共二亿圆，出售剩余物资敌伪产业等约四亿元，以上收入共金圆二十四亿六千万圆，收支相抵，所短之数为十一亿四千万圆，约当总岁出百分之三十弱，拟运用美援以抵补其一部分，其尚不足之数，当发行金圆公债，以资弥补。此项平衡岁出入计划之能否实现，在岁入方面，固有赖立法院之支持与各方之努力，在岁出方面，更须政府各部门充分合作，尤以军费开支占岁出之最大部分，当特别核实与节约，则所减省者不在少数。本人窃敢自信，倘能获得上述之支持与合作，在改革币制以后，国家预算之接近平衡，非不可能也。

关于平衡国际收支者，此与币值稳定及物价稳定均有重大关系，依本紧急处分令各种办法之规定，对于收入方面，以切合实际之兑换率，使输出品与侨汇增加，并以合理之方法，尽量利用人民所有之黄金外汇。对于支出方面，极力节约公私消费，节省不必要之外汇支出。试观最近两月之实例，自实行结汇证办法以后，输出品所得汇价因已接近市价，输出量遂有显著之增加，计七月份输出入外汇收支相抵外，其盈余竟多至九百万美元。今后外汇按固定之汇率兑取有十足准备之金圆券，使输出品与侨汇均获得更合实际之代价，则将来收入之外汇，较最近一月更有过之可以断言。同时，政府既实行收兑国内金银外币，并登记管理国人存放国外之外汇资金，由此而获控制之外汇，深信必不在少数也。

执行的开始

在辛苦了多时，紧张了几日之后，我们绝对不以改革币制已经实现，便认为满足，便可以松懈。反之，我个人坚认这只是经济战的开始，绝不是胜利已获得，并且深信月来共同致力于此事的几位同人，无一不作此想。其实在研讨改革币制之时，我们大家都认为在实行改币以后，我们还要加倍地努力。现在把八月二十日以迄九月二十日一个月间，我们对于执行财政经济紧急处分令的努力，各方面对于本案的评论，以及本案执行的结果，分项说明。我所以把九月二十日为时间上的一个界限，因为对于本案的计划和执行，我既是中心人物，而九月二十一日我因出席国际货币基金会和国际银行的第三届大会，而启程赴美。赴美后二十日间，我未能亲自主持有关工作，而且改币的结果恰在此时期发生重大变化，只好另行叙述。

现在先说我们对于执行财政经济紧急处分令的努力。

经管与督导

在八月十九日发布的紧急处分令内容，正如在七月七日我所提出的方案中，无不认为改革币制不能专靠本身而已足，必须与控制金银外汇，整理财政和管制经济三者密切配合。关于管制经济和控制金银外汇方面，事前商定在行政院中组织一个经济管制委员会主持其事，而由该会在沪津穗汉等重要都市，设置经济管制督导员，负责督导各该地区执行财经紧急处分令事宜。除政院经管会以行政院院长兼主任委员，并设委员六人由行政院院长聘任外，其下设一秘书处，以秘书长一人主持之。各重要都市之督导，在财经紧急处分令发布以前，其人选亦早经拟定，即上海方面以俞鸿钧氏兼督导员，蒋经国氏协同督导；天津方面以张厉生氏为督导员，王抚洲氏协同督导；广州方面以宋子文氏兼督导员，霍宝树氏协同督导，汉口方面，人选尚未定。八月二十日政院首先颁布行政院经济管制委员会组织规程，并聘定我和俞鸿钧、王世杰、陈启天、蒋经国、严家淦六人为委员，并以徐柏园氏为该会秘书长；同时呈请总统分别令派沪津穗三地区督导协导人员。除上海关系特别重要，事前已有布置，即日开始督导工作外，津穗两地区之督导协导人员，除原在该地区者外，亦于日内出发，以便早日执行职务。

行政院经管会大约在八月二十二日开首次会议，最先要讨论的就是公用交通事业调整价格问题。在研讨改革币制之时，我们无不确认新币的支持力，不仅在发行准备金，而且在国库收支之平衡；因此整理财政及加强管制经济办法开宗明义的第二至第六条，都是为着平衡国库收支作法，其中第三条明白规定“国营公用及交通事业之收费低于战前标准者，准参照战前标准调整之，以期自给，其由国库贴补者，应以受军事破坏之地区为限。”这是关于减少国库支出的贴补费，与第六条关于核实文武机关员工士兵名额，以期节省国库对于薪饷支出之负担，及第二条关于切实增进各种税收，以期增加国库的收入，具有同等的重要性。除第六条的规定，不是立时即可执行外，我的原意是想在八月底以前把国营公用及交通事业之收费作合理的调整，并将整理财政补充办法关于增进税收的工作同时推进；而八一九暂时冻结之物价，其中有由于冻结时不甚合理，与冻结后由于外汇率及税率变更之故而需调整者，同时作一次合理的调整，然后按照各项调整之结果，影响于公务员及民营企业职工之生活程度，再对公务员及一般职工之薪工酌予调整。因此，在经管会第一次会议时，我便提出此意。但是由于舆论，尤其是许多监委立委，对于公开交通事业加价之表示反对，以及大家特别珍惜初期管制物价之效果，虽明知国营公用及交通事业非调整价格，将使国库受累不堪，仍一致主张稍缓再予考虑，甚至由于外汇率依金圆券发行办法调整后，汽油成本须照以前加倍以上，仍勉予压抑，不许加价，因而对此一项又须间接上予以贴补，以致原有贴补之数不仅未能减少，甚且随而大增。

财政补充办法

整理财政加强经济办法第二条，关于切实增进各种税收之规定，是财政部应有之责任。我在八一九以前早有准备，故八月二十二日第一次经管会中，我便提出财政部所拟整理财政补充办法，计分下列各节：

（一）关于变更稽征方式者。

（甲）营利事业所得税，自三十七年起，分上下两半年度征收，其要旨如下：

1. 纳税义务人应于本年八月底（三十七年度准展至九月底）及次年二月底以前，分别向征收机关申报其半年间所得额，征收机关应于查定后通知限期缴纳。

2. 征收机关于半年度终了后，得参酌上半年度各业营利实况，估定各业所得额及应纳税额，通知纳税义务人于限期内缴纳，其遵限缴纳者，免除其申报义务，并免予查账。遵照估缴三十七年上半年度所得税者，并免除其三十六年度所得已估缴税款以外之纳税义务。

3. 纳税义务人不依限申报或纳税者，严格依照所得税法处罚。

4. 关于申报及估缴之详细补充办法，由财政部定之。

（乙）货物税、国产烟酒税及矿产税之征收，一律依三十七年八月十九日之市场批发价格减除该期实际税额后，以其余额为完税价格，依法定税率征收之。

（二）关于参照战前税率改订课税起征额及税率级距者。

（甲）改订所得税起征额及税率级距，依附表（一）之规定（从略）。

（乙）改订遗产税起征额、宽减额及税率级距，依附表（二）之规定（从略）。

（丙）改订印花税税率表及免税标准，依附表（三）之规定（从略）。

（三）关于变更税率者。

（甲）海关进口税加征戡乱时期附加税，按正税征百分之四十，但协定税率不在此限。

（乙）食盐税每市担征金圆八元圆，井盐及土膏盐每市担征金圆伍圆六角，渔业用盐每市担征金圆四角，工业用盐及农业用盐一律免税。

（四）关于改订罚金罚锾标准者。

（甲）罚金罚锾提高标准条例停止适用。

（乙）凡规定罚金罚锾之法律，适用罚金罚锾提高标准条例之规定者，一律依各该法律之原金额改以金圆处罚，关于劳役及易科罚金之标准亦同。

（丙）凡规定罚金罚锾之法律，原不适用罚金罚锾提高标准条例之规定者，一律以其所定金额按其公有时之全国趸售物价指数与三十七年八月上半月之全国趸售物价指数之比例调整后，再依规定折合比率，折合金圆处罚，其折合金圆之金额，由主管机关公布之。

（五）关于改订规费征收标准者。

各项规费征收标准，一律由主管机关参照战前标准改订，报经主管院核定及征收金圆。

上开整理财政补充办法中第（一）款关于变更税率者，本应先送立法院通过，但因距立法院复会之期尚远，蒋总统认为增加税收亟不及待，且改革币制已经利用宪法临时条款，以总统命令发布，此项整理财政补充办法自亦可依临时条款由总统核定后，以命令施行，俾争取时间；于是八月二十二日政院经管会通过后，即呈由总统以命令发布。但是目前税收增加最有把握，为数亦最巨者，莫如货物税。货物税系从价税，前者因规定三个月评价一次，我就职后提议修改为一个月评价一次，由于立法手续之稽延，此时尚未实施，而依财经紧急处分令之规定，一切物价暂行冻结于八月十九日之状况，其水平较三个月前所估之价相差有至十倍者，为增加税收起见，自应立即实行。惟经管会讨论后，因增税之结果，必须准许各该货物就其售价增加因调整税率而增加之负担，于是与调整公用及交通事业费同样顾虑，决议稍缓若干日，再行全盘调整以致表面上本可增收巨额之货物税，却因此不得不稍搁。

此外还有一种连带的业务，就是五大都市配售之粮食，其中二分之一由美援物资项下供应，又二分之一由粮食部购储之粮食供应。美国方面迭经表示都市配粮系为解决有无问题，不宜过分贬价赔补，并由双方协议，配售之价以按照上月平均市价减低百分之五为度，惟地方政府，尤其是上海市政府，为谋平抑物价起见，坚持不愿执行，因此，配售之价恒低于市价之半，不仅美援物资售得之款锐减，大为美方所不满，而且粮食部供应之二分之一，其不敷成本之差额，实际上便由国库贴补；以全国人民之负担，而贴补少数都市之民食，原则上亦有未妥。

我的调整计划

以上三项，如能及早按原计划实施，则一方面减少巨额之贴补，他方面可以增加不少的税收，估计一个月间，按照改币初期的状况，出入相差不下一亿金圆。但实施之结果，对于若干种物品的价格自须作合理的调整，而公教人员薪俸及民营企业职工薪水，亦不得不随而调整。因此，在经管会中便发生两种意见。一是认为物价好容易才稳定下来，如因调整税收粮食配价及公用交通事业收费，仍不免局部调整已冻结之物价及薪工，似不值得，至少亦须延缓相当时期，俾财经紧急处分之基础益加巩固，再行调整，这种主张当然也很有理由，尤其是鉴于民意机关与一般舆论之反对公用交通事业加价，以致这一方面的主张者，在经管会中形成大多数。另一方面，则认为增加税收与减少贴补原是整理财政及加强管制经济办法最前列的几条所明白规定，而且若干种物价仓促冻结于八一九的水平，原来不甚合理；我的原草案第十三条与公布的办法第十四条均有有特殊原因者经主管官署核准亦得加价，同时公务员之待遇在发表后各方面咸望续有调整，趁此一方调整税收与局部的物价，他方调整公务员及民营企业职工待遇，使达于更合理的地步，均有其必要，且与原方案的规定相符。主张此说者以我为最力，因我前此既为整个方案之原起草者，目前又负有平衡国库收支的责任，实认为不能不尽速调整，且以经济局势不宜强压过甚或过久，苟压力超过限度或将惹起反动也。赞成我的主张者，在经管会中虽不乏人，毕竟居少数。我们为此事曾再三向总统请示。总统以旧历中秋节前物价往往波动，本年中秋节为九月十七日，最好度过中秋节再作全盘的调整，当经商定于九月二十日，即财经紧急处分令公布后恰满一月之时，作一度的局部调整。因此，我并拟就调整范围及办法，再行提出讨论。后来，我因奉派赴美出席国际货币基金会及国际银行第三届大会，将于九月二十一日启行，行前复向总统请示上开各项调整之实施，承面示以九月二十日距月底仅十日，不妨延至十月一日实施，意者总统鉴于舆论与民意机关之表示，与上海经管督导处之珍惜限价结果，故一再展缓调整之期，但我因欧行在即，十月一日实施之期，我已不在国内，因于九月十六日致函翁院长，开列各项调整办法，并请转呈总统核定。兹抄附原函于后。

咏霓院长赐鉴：敬启者，在执行财政经济紧急处分令工作紧急之际云五遽行出国，殊非所愿。惟事关国际，终不得不一行。除当提早返国赞襄外，谨将对于十月份各项应行调整之意见开陈于左：

（一）物价调整原则及公教人员待遇与民营事业员工薪资之调整，拟于十月一日同时公布。

（二）物价调整之原则如左：

（甲）由于外汇率变更者（如汽油等）。

（乙）由于税率变更者（如卷烟棉纱等）。

（丙）由于对外协议者（如六大都市配售粮食等）。

（丁）由于价格不及战前二分之一，而无法维持成本之公用及交通事业（如邮电铁路等）。

（戊）由于产区价格已超过销区价格之货物。

（三）汽油售价拟于十月一日开始调整。

（四）货物税拟于十月一日起按照整理财政补充办法实征；其因纳税负担增加之十余种货物，准将所增税负加入售价，但不准于税负以外另有增加。

（五）六大都市配售粮食价拟于十月五日前作一次之调整，以符等于市价百分之九十五之协定，并减轻国库负担。

（六）交通部主管各种事业，目前收费不及战前二分之一，而需要贴补者，拟于十月一日起调整，但须经立法程序之邮费，除同日咨请立法院修订外，应俟立法程序完成，再予实施。

（七）民营交通及公用事业之收费，得比照以前各条之规定，呈经主管官署核定后，酌予调整。

（八）地方性各种物品及劳务之价格，有特殊原因非酌予调整不可者，依整理财政及加强管制经济办法第十四条之规定于十月十日以前，经主管官署核准后，作一次之调整。

（九）公教人员待遇，自十月份起，原定超过四十元至三百元之部分，按十分之二发给金圆券者，改为按百分之二十五发给之。

（十）民营事业员工之待遇，得按各地各业情形，酌予增加，但所增不得超过九月份应得待遇百分之十。

此外尚有一事，即关于金银外币之收兑期限届满后，万不宜延展，但旧银币因散布甚广，似可延长其收兑期至本年底为止。又十月一日以后，金银外币因有告密之奖金，为避免扰民计，应严令搜查人员，除获有实据，并向法院领有搜查证外，不得擅入民居，庶于执行命令之中，不致妨碍人民基本自由也。

以上各项务请迅赐呈请 总统核准施行。手肃，敬颂勋祺 王云五谨上

三十七年九月十六日

上函所开办法，于我启行赴美前两日，即九月十八日，由翁院长邀同我持谒总统，逐项说明后，经总统面允届时即予照办。

控制金银外汇

在整理财政与管制经济而外，金圆券发行后另一项的重要措施，就是控制金银外汇。除一般人之以金银外币兑换金圆券业于八月二十三日各银行复业之日开始办理外，我们首先注意行庄本身所有金银外汇之申报移存问题。在八月二十一日，行政院分别于上午召集国家银行各领袖，下午召集京沪两市银钱业各领袖，说明政府改革币制之重要原则，并吁请率先拥护政府政策，以各该行所有外币外汇悉数移存于中央银行，移存后，凡有正当用途均可提用，并即席发表财政部所拟中央银行外币外汇存款支付办法要点如下：

（一）外币外汇存储于中央银行满一个月，得依规定用途分期支付，每三个月为一期，每期支付额不得超过原存额四分之一。

（二）外币外汇存款除支付输入限额内之货物外，并得申请支付输入：（a）进出口贸易办法附表一各类机器及生产器材，（b）进出口贸易办法附表二各类工业原料品，（c）进出口贸易办法附表三甲各类货品，（d）进出口贸易办法附表三乙各类货品，但本办法附表规定仍应暂停输入者除外。

（三）申请支付输入机器及生产器材者，每期得支用其原存款额二分之一。

（四）外币外汇存款人有其他正当用途，如出国求学及居留国外生活费等，均得申请支付所需之部分。

（五）外币外汇存款人，得随时以其存款向银行兑换金圆券或购买美金公债，概不限额。

（六）外币外汇存款人有其他正当用途，经财政部核准者，得随时申请提取其存款全部或一部分。

前述金融界领袖，经我们说明办法后，均表示拥护，并允各就本单位，且与同业联络，将所有外币外汇全部移存国行。随即由总统召见各领袖并致词，略称“政府于抗战胜利之初，即已开始准备改革币制，终因种种顾虑，迟迟未能实施。此次翁院长王财长等毅然决然实行币制改革，事关国计民生与农村复兴，希望诸君以及全国人士对此措施，建立互信心理，并抱定只许成功，不许失败之信念，群策群力，迅赴事功。”总统随又指出若干年来，社会投机囤积之风，相沿成习，其为害国计民生，至深且烈。而关于此点，舆论界对银钱业颇多指摘；惟渠个人则深悉银钱业同人中不乏奉公守法之士，故甚盼此次新办法公布后，银钱业同人应认清此等与其本身利害实相一致，坚强信心，率先奉行，对国家为莫大贡献，对本身亦一洗过去舆论之怀疑指责也。

其他措施

随着金圆券之发行，当然还有几样必要旧措施。我们也在极短的期间内即予执行，概括一下，就是:（1）金圆券发行准备之移交保管;（2）国营事业股票之出售;（3）铜银辅币之铸造;（4）存放国外外汇资产之申报登记;（5）商业银行之调整资本;（6）政府发行公债之处理;（7）存放款利率之限制各项。现在分别简单说明一下。

（1）关于发行准备之移交保管。 查发行准备之现货部分，在改革币制前，几经张罗，实施后即移交准备委员会保管，自无问题。至以国营事业抵充之部分三亿美元，在过去一年间，因政府决将此项资产出售，曾分别组织估价委员会，业已估有确数，惟发行股票因有组织公司种种手续，过去一再迁延，迄未实行。又移充准备之敌伪资产部分，更为复杂，移交尤非易事。此项由政院议决，责成财政部主持其事。我因即召集各有关事业之主管部会，以最速步骤分别成立公司，印行股票，并造具资产清册，于全国发行准备监理委员会成立后，最速者三日内，次则半月内，再次则于一个月全部移交该会保管。并由财部拟定金圆券发行准备移交保管办法，送请行政院核定，于八月二十二日以院令公布。办法中规定之实施步骤，皆一一按期实现，不稍迁延。

（2）关于国营事业股票之出售。 国营事业之出售，可实行两种方式，一是以全部资产组成公司，再以公司股票零售；一是将公司资产分为若干单位，按单位出售。后一办法当然更易吸收大量资金，但在张内阁时代，全国经济委员会迭经讨论，均以舆论咸恐如此出售将使国营事业为资本家或豪门所垄断，以致迄无成议。此次出售，由于各该国营事业均指定以其主要部分供发行之准备，自非以整个资产发行股票，以其一重要部分之股票移交监理委员会不可，于是可供发售者仅为未移交保管之一部分股票，故无论如何只能按后一方式，以股票公开零售，而不能以单位发售。此项公开发售工作，为着赶紧收缩继续发行之金圆券起见，经于九月上旬开始，首先数日反应极好，其后因种种误会，发售成绩不如开始数日之良好。

（3）关于银铜辅币之铸造。 在我计划改革币制的时候，早已认定硬辅币，尤其是银辅币，对于币信之巩固具有重要性。因此，一经决定改革币制，即密令久经停工之中央造币厂当局赶速筹备复工。无如该厂在战时业将大部分机器内迁，而仍存原厂址之机器与厂屋同于日人占领时遭过重大损失，因是复工的准备原非短时期所能完成。经我迭次的督促和指示，总算铜辅币可于十月上旬开铸，银辅币则可于同月下旬开铸。我打算以收兑所得之全部银圆及白银尽量铸造五角银辅币，借以增加人民对于金圆券的信用。

（4）存在国外外汇资产之申报登记。 这本是财经紧急处分令全部办法中最不易收效之一项；但虽有困难，终不能不努力以赴。我们除了以合理的动用外汇存款办法相劝诱，并以很重的告密奖金相儆惕外，一面主张在国内各大都市及国外重要地点，组织申报登记指导委员会，期借舆论的督促劝导，加强其效力。此外，并曾于计划改币时期，即已委托某国律师，就其国内法律研究可能采取的步骤，并获有初步的意见，以供参考。

（5）关于商业银行之调整资本。 这是根据整理财政及加强管制经济办法第三十条之规定，借以健全金融机构及控制游资之必要措施，财政部依照该条规定各区银行钱庄信托公司之最低资本额时，一方面尊重舆论之要求，他方面顾念原有行庄之力量，并于不悖原方案所定条件之下，订定商业银行调整资本办法，于九月六日提经行政院通过公布。依此办法，在公布后两个月内，全国各行庄一律增资完成之日，至少可使一亿以上之金圆券回笼。

（6）政府发行公债之处理。 依照金圆券发行办法第七条第二和第三项之规定，外币公债之处理办法业经确定，就是除三十六年美金公债，因仍继续发行，故照原条例偿付外，其他外币公债一律按法定兑换率换发金圆公债。但是法币公债尚未清偿者，其处理办法则由行政院定之。这件事是财政部的职掌，我便本着整理财政及加强管制经济办法的一贯原则，对于法币公债按照其在八一九前夕上海市场上的实值，就原票面分别规定按二万七千倍，一万三千倍及一万二千倍，再折合金圆券，一次以现金清偿。至于外币公债，除三十六年美金公债外，均以民国三十七年整理公债，换发收回，并酌按原有各债之到期年月，规定其偿还年期，就此拟定之政府法币公债处理办法及政府外币债券处理办法，均提经行政院通过，于九月六日公布。

（7）存放款利息之限制。 银钱业存放款项利率，在我最初计划时，本想于改革币制后，立即恢复战前状态；酌经小组讨论，虽不拟作硬性之规定，但仍认为非逐渐使利率下降，俾达战前限度不可。因此，在八月二十二日各地银行钱庄复业后，体察实际情形，即由财政部草拟银行钱庄存款放款利率限制办法，于提经经管会第二次会议通过后，即由行政院于八月二十六日公布。其中主要规定有二：一为商业银行及其他银行钱庄自三十七年九月一日起，放款利率不得超过月息一角，自月十六日起，不得超过五分；二为存放款利率自十月一日以后，仍应由财政部督饬陆续抑低至民法第二〇五条之法定最高利率以下。

军费核实

此外还有一项极关重要，亟待举办之事。在金圆券发行后，我和翁院长即已注意到，这就是整理财政及加强管制经济办法第六条所规定“文武机关员工士兵名额，应严格核实，不得浮滥。”谁都知道，要维持新币的价值，平衡国库收支，实为极重要的关键。在国库开支中，军费占其百分之七十以上；而军费中养兵之费又占其最重要之部分。因此，对于士兵名额之核实，当然系必要之图，即国防当局亦不否认。但如何实施，却系问题。过去二一年间，迭有核实军费之拟议，终以无具体执行办法，因循至今。我为着协助国防当局，严格执行此原则起见，主张在行政院中设一国防费监理委员会，以国防部部长为主任委员，财政部部长为副主任委员，若干关系部会首长及政务委员为委员；而于委员会之下设一秘书处，以政务委员一人兼任秘书长；其下分设数组，每组设正副主任一人，由行政院及国防财政主计三部调派高级人员分任，各组人员亦由上开机关调派。其中一组专司实地调查。我的意思是想借此集合有关部会人员，对于国防费之支出，彻底研究与考核，以期达到国防费核实开支之目的。此方案提出后，初时颇惹起若干方面的误会，后来经过多方解释，迟至九月底我已出国赴会后才告成立。

八一九后一个月内，我们，特别是我个人的继续努力，其荦荦大者，大致已如上述。现且就这一个月，国内外公私各方面对于财经紧急处分令，与其各种补充措施，所发表的批评和意见，摘其最要者，略述如次。

十六 ➢ 财经案之批评与意见

外人方面

首先对我国改革币制表示意见的，就是国际货币基金执行委员会。它在接获我以中国财政部部长名义，于我国八月十七晚拍电该会，报告我国改革币制的纲领，经即召集会议，并以其会议结果，由该会代总经理给我如下的一个复电：

“货币基金执行委员会对于贵部长十八日电示贵国拟即实行之改革币制及其相关措施，业以特殊之兴趣加以注意。本会对于贵国推行此等措施之伟大努力，谨表极度钦佩。此等措施，就所开示之纲要而论，系向正当途径进行，毫无疑义。本会深盼贵国今后局势可使此等措施获致充分之成功。”

此一复电，于八月二十日下午，我正举行中外记者招待会以前半小时收到，经即对记者团发表，大家都感到这是一种很好的鼓励。

外交界方面，则美国司徒大使于九月十七日接见合众社记者称：中国政府之地位，在币制改革以后，更有希望。对财经紧急处分令之严格执行情形，渠认为截至目前为止，非常彻底。司使又称，渠在开始时即赞成该财经方案，因其表示中国政府当局之勇气目光及决心。在币制改革以后，一般情形均如想象之佳。如中国政府能平衡预算，且能在不减弱作战实力之下，减削军事费用，将能大事加强民众之信心。司使将此次财经改革誉为中国在复兴中之第一次真正的自助努力，与一般要求之革新运动正相吻合（据合众社南京九月十七日电）。

至就国内外舆论而言，先摘述若干外报言论如下：

纽约先锋论坛，以中国采取行动为题，发表社论称："在过去数年中，中国政府之许多改革工作，系属纸上谈兵，仅在极少数情形下予以实践……惟目前中国之币制改革，似属有认真从事之表现。"（据美国新闻处纽约九月十五日电）

纽约太阳报称：中国币制之改革，已匡正极严重之通货膨胀情形。新币之发行乃所以整顿中国金融及加强经济管制。（据中央社纽约八月二十八日专电）

伦敦经济学人于九月十日著论称：自实行币制改革后，向处于经济病态中之中国业经表现新活力之征象，而其本体亦较通常所揣度者更为强固。（据中央社伦敦九月十日电）

伦敦经济学人又称："中国政府除了实行币制改革外，还同时制订方案，整理财政，管制经济，增加税收，安定物价，整顿国营事业，节约政府支出；这都是值得赞扬的目标。整个计划也建立于合理的原则。"但它怀疑中国在这种大变乱的政治社会状态下，怎样能够实行这些改革而且收效。（九月十日上海《大公报》据该报驻伦敦特派员通信）

伦敦金融时报评论中国改革币制一事称：此项金融改革计划，于长期孕育之后，已由中国政府公布实施……由表面文字观察，计划自属动人，其中并有各项办法，以对付经济疾患之根本原因……但其成功与否之答案，现时仍一如往日，须视中国政府是否准备出以与言辞相符之行动也……中国目前之迫切需要尚非成套之新法令，而为造成法令可为人民尊重恪守之一种局面……因此，经济改革，似应与政治改革并行，始可收效。（上海《东南日报》载八月二十五日伦敦电）

上海《大美晚报》称：中国政府不应因币制及经济改革的初期成功，而陷入过度的乐观空气中……中国政府必须牢记，这是一场艰苦的战斗，前面还需要更多有力的措施和最大的决心。此时的疏忽与松懈，将导致无可避免的失败……中国政府首应在预算上杜塞漏卮，立即采取行动，减少不必须的和浪费的军事支出。军队应该彻底改革，按名发饷的制度，必须重新建立起来，将吃空缺的不良现象完全消除……我们觉得良好的新币制或新的经济命令，若不能立即得到充分的军事改革方案的支持将不能成功。

国内报界

现在把国内的舆论摘要叙述一下。查中央政府直接与有关系的党报，当然拥护国家的政策，其言论与政府的方针不会有何差别，自可毋庸叙述。但是中立的报纸，以及非中央宣传机构所直接控制的党报，其言论与政府主张不一定相同，自可资以比较。

首先摘述上海《大公报》的言论。该报于八月二十日以币制实行改革了为题的社评，略称“改革币制在今日虽然并不是一个最好的时机，但稳定币值，安定民生，实在是一件刻不容缓的事，看自六月底以来的物价涨风，便知法币已至难以维持的边缘。政府这次以总统的紧急处分权，实施币制改革，显然是迫而出此，不得不耳。我们没有这类经验，办法也难期尽善，但这改革是必要的，已是一般所公认的。”该社评复指陈下列几点意见：（一）金圆券条例中把对美汇的汇率改为法币一千二百万元，比原有结汇证明书与市价汇率的总和提高不少，这一点对出口的推进是有帮助的。（二）币值的稳定寄托在物价的表现上面；但八一九的价格未必一定是正确的市价，硬性的冻结物价在八一九的价格，极易重蹈限价政策的缺陷。因此，认为政府所应注意的，倒是在多方面设法维持币值的相当稳定，而不一定是希望它能一成不变。（三）管理本位制的成就，首在管理上的得宜。过去法币制度的动摇，主要是受财政赤字的牵累。财政长官的谈话中，也说明平衡预算的重要。在目前环境中，也许距离预算完全平衡及收支完全适当还有一段时间。但是应该知道维持币值的稳定，树立政府的信用，实为实施一切政策获得民间拥护的一个重要条件。

该报于八月二十二日又以翁内阁王牌摊出了的标题，刊载徐日清氏论当前货币改革一文，略称财政紧急处分令的办法有优点三：（一）是实行管理金本位。因我国既非产银国家，无法控制世界市场银根变动，一九三四年经验当可作为教训，所以银本位无恢复必要。我国又非产金国家，当然不应实行落后的金本位。同时我国是国际货币基金会员国之一，为了顾及国内情形与潮流趋势，故采取今日之管理金本位，熔管理本位与金本位二者于一炉。（二）是黄金白银及外汇国有，谓此与撰论者在三十六年二月十六日在该报所发表之主张不谋而合。据称彼原主张在货币改革之时，可将黄金收为国有，与美钞禁止流通同时宣布；并实行苏联对黄金应用办法将其作为国际贸易上支付工具，而不在市场上流通。（三）是准备监理会之设立，谓此项金圆发行，政府针对以前错误，硬性规定金圆券发行总额二十亿圆为限，并实行十足准备，设立准备监理委员会，作检查保管并公告等工作，这是较以前进步的措施。而战前（民国二十六年）法币发行额为十四亿，现以政府规定银币一元兑金圆二圆之比率，即战前法币发行以金圆计应为二十八亿，现仅规定发行二十亿圆，二者相差八亿，倘以发行辅币亦行计入，则二者发行数额大致相符。该论文嗣指出财经紧急处分令之主要缺点，谓整套办法中，可说有一基本精神，即是维护既得利益集团，其铁证为（一）按照该方案所定兑换金银外币之率，握有黄金美钞者，兑换时可得较十九日市价为多之金圆，握有银元者恰恰相反。握有金钞者大部分是豪门买办发胜利财国难财之流，而握有银元者多为农民工人与小公务员及其他薪水阶级。（二）金圆对法币兑换率规定为一对三百万元，而没有规定穷苦人们与富裕阶级的差别待遇，这是维护既得利益之另一明证。（三）对于公务员之待遇过刻。此次改革币制，政府大员口口声声说财政有办法，通货决不至再膨胀诸言之下，公务员待遇何以又给予合理调整。

上海《新闻报》于八月二十日，在欢迎新币制的社评中，则谓："我们以十分愉快而乐观的心情，欢迎这一个大改革。"这一个大改革，十足征象着政府的负责任，更充分表现了政府的朝气与勇气……我们看这一次的币制改革，一方面对财政收支的平衡有极详尽的规定，而对于币信的确立，尤其注重，政府特别设立了金圆券发行准备监理委员会……如果发行准备不足时，立即停止发行，并收回超额部分。这个硬性的办法，已使无限制发行成为不可能。……这是最可称道的一个措施。

上海《申报》于八月二十三日发表书论，以新经济方案及币制改革的可能后果为题，就此次改革所给予政府可能的收获，指述下列几点：（一）新方案在集中国内零星金银及外汇头寸，可能有所贡献，但能集中到何种程度，主要尚决定于政府对人民的信用。（二）币制改革的成败，决定于预算的能否平衡。新方案平衡预算的办法，除节约开支及出售剩余物资等之外，并着眼于切实增进各种税收，将税率比照战前增加；并对国营公用事业收费，比照战前标准调整，以期自给。此种措施，恐不能不牵动严格限定的物价。（三）新方案对于管制可谓登峰造极，希望当局能细细考虑，并谨慎施行。

上海《时事新报》，于其在八月二十日以欢迎币制改革为题的社评中，无保留地赞成改革方案，而认为孔前财长所主张与其内容相差无几（其实我在事前并未获见孔前财长的方案），其书曰："据吾人所知，则此次办法之全部内容，实非决自今日。早在抗战时期，孔前财长出国时期以前，业已完成改革币制计划，其内容与目前所公布者相差无几。同时财政部发行的金圆券，亦已印好，存储待用。孔前财长洞烛机先，早知抗战胜利之日，即法币完成任务之时；此时非改革币制不为功，故预为图筹，早事准备。惜乎大好方案，因人事之更易而被搁置。迄今三载，方才旧案重提，与以实行。"

上海《东南日报》于八月二十五日，以守住物价这道防线为题的社论中，略称："一看各商店货品标码，都已从天文数字的圈圈，回复到有小数点的几元几角；十年涨价生活，对此一片承平气象，真好像噩梦一场，令人有恍同隔世之感，无疑的这是个划时代的转变，情形是很可乐观的。但乐观的反面是悲观，那就是说，万一金圆的前途也有三长两短的话，那是不堪设想的……大家知道金圆的命运系于今后的物价……这里有三事首先期待政府严格执行。第一，物价上升的最好界线是八月十九日，政府一定要严守这最后界线，绝对不容许物价再跳过去……其次，就是要请政府约束自己，从此以后，决不领导涨价……国营事业和公用事业的亏累……宜，可由政府贴补，或从其他方面想办法，绝对不宜恢复战前收费标准……复次，一个游资问题，还是值得注意的……二十亿金圆的发行，它本身就是一个大膨胀……，所以如何控制游资，如何疏导游资使入于生产事业的正轨，也是目前亟待解决的问题。"

以上是报界的言论一斑，至于个人的意见，就各报所载，或在座谈会中所表示，或对记者的访问而谈话，除政府中人外，凡专家教授及人民代表的意见，也摘要列举于后。

国内个人

立委周树声、杜希夷、简贯三等——表示下列两点意见：

（一）一切物价既依八一九的价格折合金圆，公用及交通事业之收费，不应独照战前标准调整。（二）公教人员待遇仍嫌过低。（据八月二十五日南京《中央日报》）

立委范予遂——对币制改革办法，余绝对赞同，且深以改革宣布过迟为憾。余以为改革办法在原则上无可訾议，惟执行时盼政府能注意下述诸点:（一）稳定物价，严禁投机囤积，对主管金融机构人员之监督尤应注意。（二）提倡节约，尽量减少一切不必要之开支。（三）合理运用美援，以平

衡国家预算。（据八月二十三日南京《中央日报》）

立委王普涵——我对币制改革的前途是乐观的，相信可以安定人心，稳定物价；惟必须注意以下数点：（一）严格执行国家总预算，使此后国家一切开支合理化，以保持预算之平衡。（二）严格取缔银行钱庄合作社经营法外营业，以防止囤积居奇。（三）严格按照八一九物价重行厘定各物品价格，以防投机商人趁火打劫，抬高物价，影响币值。（四）中央银行应发挥银行之银行机能，控制利息，诱导游资投入生产事业。（据八月二十三日南京《中央日报》）

立委陈家枫——这次中央对着病症，改革币制……可谓很温和适当之处置。负责当局应特别注意……管制金融，收黄金白银为国有，准备十足金券之兑现，如有逾期不遵办缴兑者，概予没收。查有囤积居奇，抬高物价，或资金外逃，危害币制政策者，不论权贵亲疏，严刑峻法，先立信于人民。（据八月二十三日南京《中央日报》）

立委仲肇湘——此次币制改革，与二十四年币制改革之情形不同；因二十四年之币制改革系采用无限制之自由外汇本位，故彼时币制一经宣布改革，即告成功。今日政府毅然以最大决心，从事改革币制，其最后成功有待于政府与人民之共同努力。本来改革币制可得采取的方法约有三种：（一）金本位制，（二）自由外汇本位制，（三）管理金本位制。前两种方法我国目前不宜采用，故采用第三种，此制亦可称通货管理本位，实为最进步之一种币制。战前德国即采用该制。然欲保持此制之良好效果，亦有一定条件。第一，须财政收支平衡，第二，须国际收支平衡。惟目前环境不容等待此两条件之完全具备，然后从容改革；因物价之不断上涨，与财政收支之不能平衡，已造成因果循环，相互影响之错杂关系。此次改革币制，系由果去改革因；从治标下手，以资达治本之目的。就技术言，此次政府所公市之各项办法，均相当完备周到……若果政府出其全力压制物价，使于一月内不上涨，则实力脆弱之观望者，无法支付其五角六角之货款，

不得不抛售存货，彼时物价亦将猛泻，人民对金圆之信仰亦将大为增加。（据八月二十三日南京《中央日报》）

立委程沧波——金圆券发行准备委员会九个委员中，为什么没有监察委员与立法委员。民间团体固然很重要，不过应当也有监察立法委员参加。（据八月二十三日上海《大公报》）

立委杨长北——目前最重要的还是技术问题。比如全部停止生产贷款，将来许多工厂怎能维持下去？至于利息，战前只有六厘，现在虽减至一角二分，还是不合理。高利贷是工商界最大的敌人……政府尤须彻底做到预防粮价高涨，粮价一涨，其他物价一定跟着它走。（据八月二十三日上海《大公报》）

立委黄绍竑——收购黄金假定执行不好，必定收到相反的效果，……问题在许多人民把黄金美钞掉换金圆券后，是否和信任黄金一样，把它放在保管箱里。他们可能把所有掉换的金圆券，拿到市场去抢购物资，万一造成这种现象，物价就可想而知了。还有一种人干脆不去掉换金圆券，难道要经济警察把豪门的房子都拆掉去检查，……政府既已有百分之百的发行准备金，何以要收兑人民黄金美钞呢？（据八月二十三日上海《大公报》）

立委楼侗荪——此次政府颁布之财经紧急处分令，实具有面对现实，企求澄清目前通货混乱现象之习气。因金圆券对法币金银乃至美钞，采取接近事实之比例也。此种改革对国内外所可能因改革而引起之市场波动，希望能减至最低限度。至发行完全公开，监理机构之竖立，以及发行最高额之规定，为一大进步，亦为本人多年来之主张……所感遗憾者，并未相当采取罗马尼亚及苏联兑换新币之办法，于币制改革之中，寓有调节社会各阶层购买力之美意。（据八月二十一日南京《中央日报》）

立委黄元彬——政府能否将八一九之物价与劳动价格冻结彻底，实为此项措施成败之关键。物价只要能稳定三月，人民心理即可完全改变……

在人民对法币之旧心理因素尚未完全除去之前，新币之流通，无异增加大宗之发行，以此次兑换金圆券而言，第四日兑出总额约三千四百万圆，多被利用为高利贷资本，在上海第一日行庄利息为七角五，次日降至四角五，三角不等，昨日已降低至一角三，几天以后，当愈见低降。此等情形，对生产者自有好处，至少可减轻其成本。惟吾人应注意者，……放款无利可图，恐难免又对物价染指……引导金圆券之正当途径甚多，最重要者，政府应拟有奖励登记金银外汇办法；如此，可以放宽输入限额，使持有金银外汇者享有优先权，且可按月限制兑出金圆券之数字。（据八月二十六日南京《中央日报》）

金融界杨荫溥——政府宣布的四项条例，大体还算合理：相信全力推行之下，一定会产生良好的结果……不过政府收兑金钞的一笔巨额通货，其去路可能有三条，一是存入银行，二是在现有物资上活动，三是投资证券。在三条出路中，因为证券交易所暂停营业，故略而不谈。在前二条出路中，第一条是我们所希望的，第二条是我们要防制的……还得在最短期内，立即增加资金的出路。可能增加资金的出路：第一，是国营事业股票的发行，第二，是金圆公债的发行，第三，是证券市场的恢复。（据八月三十一日上海《大公报》）

金融界吴大业——要想把初期的安定现象维持久远，发公债很困难……政府应大胆地吸收存款，规定一月二月三月的期限，如物质加百分之十，利息便照加百分之十。这样子物价指数存款的做法，人民必不去囤积物资，而把现款放进银行。（据八月三十一日上海《大公报》）

金融界邬志陶——新币制的优点，举其重要者，可归纳为下列数点：（一）发行公开，并将发行权由中央银行移交与发行准备监理委员会，同时并采取百分准备发行制与最高限额发行制的双重保险制度，表示政府维持币值，在财政上不再依赖发行的决心。（二）因币制之改革，而外汇率无形获得一合理的调整，而此种调整不致刺激物价。（三）若干租税之税率，课程级距及起征点，因币制之改革，而能于相当时间内比较切合实际，一方面可以积极地增加税收，一方面可以消极地减少偷漏。（四）使各种物价在新币值之下，得依据战前标准，得一比较合理之调整，以减少数年来各种物价面的调节现象，而利工商各业的进行。（五）新币的计算记账携带较为便利。（据八月三十一日上海《大公报》）

金融界陈道希——（一）社会上货物总量与通货总量间，多少须保持适当的比例，才能稳定；因此，增产是当前急要问题。（二）各种银质铜质辅币，应尽量地铸造供应。（三）高利率之抑平，原则上自属至当；但改革伊始，利率抑低如太急骤，亦大有不宜。因为改革后，由于筹码不足，自然发生之商品出售，将由利率急降而减少；公众重货轻币心理之死灰复燃，将受低利之鼓励。（四）物价管制，在一定范围内有其效力，但要求币值稳定，必须使物资增加，否则可能发生物资逃匿情形。（据八月三十一日上海《大公报》）

教授夏炎德——八一九的物价并非合理的，因为在通货膨胀中，物价上涨率是不平衡的。最好的办法，八一九不妨作为初步的紧急措施，以及各种物价应如何调配，应逐渐地作合理改善。限定物价必须顾到成本利润运输息金外汇等因素，这样子订出来才较合科学。这是政府应做的第二步工作……发行额不超过二十亿的规定，应严格遵守，并从起首就行紧缩才是……物价稳定，要大家看齐守牢才成。如遇其中有一种冲过警戒线，立刻就会起领导作用。（据八月三十一日上海《大公报》）

教授钟兆琳——改革币制成功与否，应有三个先决条件：（一）物资与币制关系，也就是生产与币制关系，如生产多币制必稳。（二）政府财政有无办法，收支有无平衡把握。（三）币制要稳定，必须人民相信它。（据八月三十一日上海《大公报》）

专家杨觉天——政府此一措施，有下列利益：第一，可以向国外进行贷款；第二，可以设法将战前年达三亿美元之侨汇直接吸收；第三，利用已印就之金圆券，可以省却一笔外币或法币的印刷费；第四，减少大量法币流通上的困难；第五，翁院长因物价上涨，无法实施总预算，新币发行，可以得到解决；第六，行庄高利助长物价的趋势，可以遏止；这总算政府得到初步的成功了。（据九月十日南京《大刚报》）

专家杨之春——政府采用管理金本位制，从货币学理研究，确为一种优良进步的币制。惟此项币制既称管理，故人为管理之力量较大，……在财经紧急处分令中，分四项办法……第二三四项办法系辅助改革币制之成功，其中第四项尤为重要……稳定物价实为此次币制改革成败之关键。默察日来市场情形，尚属良好。惟经济力量究不能以政治力量完全控制及永久控制……治本之道，仍在增加生产，疏导游资，节约消费及紧缩开支。（据九月十日南京《大刚报》）

教授周作仁——要能维持新币的价值，方法很简单，最重要的关键就是新币的发行数额须能维持二十亿圆，不得任意增多，……新币发行额能否固定，就要看能否平衡收支。如果管制经济措施中所列办法都能切实做到，如同士兵名额核实，节省开支，都能彻头彻尾做到，当然容易使收支平衡。又除却经济的因素足以影响收支平衡外，还有非经济因素，如政治因素，军事因素，在在都可以影响新币制的成败。（据八月二十三日南京《大刚报》）

教授赵乃抟——这次改革币制，最重要的是要确保二十亿金圆券的发行额。监理委员会应该是一个强有力的组织……绝不使发行增加，新币价值才能稳定。（据八月二十三日南京《大刚报》）

专家左宗伦——目前改革币制，尚非其时……不过在某种条件下，新币当然亦有稳定物价的功效。此条件就是得到相当外援。其次，就是运用政治力量，促使经济改革成功，运用政治力量，就是对豪门用威……与对人民立信。（据八月二十三日南京《大刚报》）

教授傅筑夫——任何人都知道，现在经济问题已到了穷则变的关头，不变则只有全盘崩溃。可是要变则必须从改革币制始。因为在现在这种恶性膨胀的循环下，不但物价无法稳定，而且是加速度地作几何级数上涨，并且反转来逼着通货加速膨胀，而一切经济的危机和困难亦都由此开始。所以要稳定经济，就必须先稳定币制。尽管改革币制的前提条件，如国库收支平衡及对外收支平衡等，还没有成熟；但由于形势的紧迫，已经无法再等……新币制不能无限制地兑换或供给外汇，然因发行额有严格限制之故，币值可以保持相当的稳定……总之，不管客观的条件如何，币制已经到了不得不改的地步，要改革币制，事实上亦只能做到现在的办法。（据八月二十三日南京《大刚报》）

教授丁洪范——法币发行数为五至六万亿，这个数目，拿新币二亿圆即可兑完，再打一点富裕，以新币四亿圆兑完，现在流通的法币，一定不成问题。那样，政府仍可有发行十六亿的余力来用作平衡收支……对于公教人员的待遇，按本月的指数算，新办法稍稍好一点；但须保证今后物价不再波动，若不然仍是苦的。（据八月二十三日南京《大刚报》）

教授袁贤能——本人记得过去魏德迈将军曾说过，中国如果币制不改革，变乱不易敉平。此次付诸实现，当然已获得美国的支援。今后维持币制之信用，当可昭然。尤其此次发行数字及准备金情形，为过去发行法币所无者，更足征信。同时以法币发行额估计为六百万亿元，二亿金圆即可收回。此次发行二十亿圆，尚有十余亿圆，以政府判断，此数亦足敷稳定一年金融之需。（据八月二十三日南京《大刚报》）

除以上各项公开的批评和意见外，我本人也接到不少的信，对于此一重大的改革，以及主持此一重大改革之我有所表示；其中恭维的固占大多数，批评的也有几宗。批评的意见，归纳起来，只有两类，一是对公教人员的待遇未能趁此机会彻底改善，一是收兑旧币没有仿照苏联等之采行差别制。这与若干公开的批评意见完全相同。但无论是恭维，或是批评，对我之敢于负责，无不认为与财阀及金融界向无关系之故。现在把数十函中之一函，即傅斯年氏甫自美返国给我之一函抄录于后，以见一斑：

“（上略）斯年一入国门，正值币制改革，无任钦佩。此事关系国家之生存。非公之无 Verted interests 者不足以为此。单见毅力，何胜景佩。我是向来好批评而甚少恭维人的；此次独为例外，以心中实在高兴也。以后困难甚多，而不畏强御，不作妥协，方可翦除荆棘，想公亦如是想也。余面详。报载公将赴美，愚意如有带钱回来之把握，方可；否则或不如缓也。斯年谨启。九月三日。”

十七 ➢ 财经案初期之成绩

现在再述财经紧急处分令颁布后第一个月执行的结果，分别就（1）收兑金银外币，（2）平抑物价，（3）吸收外汇存款，（4）增进侨汇，（5）抑平利率，（6）增进国库收入，（7）控制国库支出各项，据实说明如下：

收兑金银外币

八月二十三日各行庄复业，也就是中央银行开始收兑金银外币的第一日，我正在财政部中处理公务的时候，约莫在上午十一时左右，接到上海中央银行俞总裁的长途电话，开首的一句，就是“恭喜！恭喜！王部长，你的政策成功了！”原来他是报告我，在收兑金银外币的第一日，其情形踊跃，着实出乎他所预料的。随着，相距不久，我又接到南京中央银行李经理的电话，也是报告以金银外币来兑金圆券者的热烈情形。同日中央社自上海拍来的电报称，金圆券发行第一日，人民持黄金美钞赴国家行局兑换者极度踊跃，自晨至午，排队等候，如买户口米者然。其他各大都市公私电信，亦莫不作同样的报道。这种情形，不仅是一日如此，不止是一地如此，一直继续到我出国的九月二十一日，并且继续到九月底收兑金钞的最后一日，其踊跃情形，有加无已。只就上海一地而论，南京中央日报于九月二十四日，以上海市场一个月为题的社论中有言："从八月二十三日到今天，财政经济紧急处分令在上海实施是整整一个月了。这一个月中间，总统的支持，行政院的决心，督导员的铁腕，和地方政府的执行，使紧急处分在上海市场发生了实效。我们试就其概要指陈于下：(一)市民为兑换金圆而提交中央银行的黄金约七十万两，白银约六十万两，美钞将近二千万元，港币约六百万元，兑出金圆券超过了二亿圆。现在是九月的尽头，持有金钞即将视为违法，而政府对于金钞兑换期限绝对不会延展，预料今后一星期内，市民提出金钞兑换金圆，必将更为踊跃……"的确，由九月二十四到九月底的一个星期中，由于政府的既定方针和一再宣言，均不主张延长收兑金钞之期，所以人民之以金钞求兑者，当然较前更为热烈。总计到了九月底原定截止之日，全国各地收兑金银外币之总量，折合美金，在一亿五千万元以上；因此兑出之金圆券，合计六亿余圆。可是不知何故，政府临时却将收兑金钞之期限延长；那时候我正在美国开会，接到此项消息，至感奇异，却已无法阻止。但自延长收兑之日起，不仅求兑者寥寥无几，而四十日之乐观局面，也就从此突然转变。

在这里我还要补充几句话，就是自从抗战以后，由于通货日益膨胀，政府虽以种种方式，拟以官定价格控制黄金美钞，可是金钞的黑市仍是不断发生。可是在本年八一九以后，九月底以前，只看人民之踊跃以其所有金钞向国家行局按官价兑换金圆券，则在此时期内，金钞黑市之不复存在，可以证明。甚至向来控制广州市金融的港币，也由其主动地位退居被动地位。据九月十七日上海申报载该报广州十五日电称："两日来各行局收兑金银外币踊跃空前，港币黑市竟较公价为低；过去因粤港贸易关系，新币发行后仍有不肖商人保持所谓港币黑市，略将金圆券折低。惟近两日间则反升至七二，即金圆券七十二圆，可兑港币百元（按法定汇兑率为金圆七十五圆兑港币百元）。此现象为胜利后所未有，足见新币前途将更乐观。”

平抑物价

改革币制后，自八一九至九月二十日，一个月间，物价情形虽随地而异，稍有涨落，大体仍甚良好。京沪两地情形最好，可说一般皆能维持八一九的价格。据南京《中央日报》九月二十四日，以上海市场一个月为题的社论称：如在八一九以前，银根一松，物价立即上涨。但是这一个月来，虽有少数物品如纸烟之类，跃跃欲试，但日用重要物品如纱布之类，价格低落到八一九水准以下。平津等地，一般物价，在八一九后，除洋货外皆有低落，且有低二三成者。其原因系由政府规定收兑黄金之价，如每两金圆二百圆，即法币六亿圆，较平津两地八一九以前之金价稍低，物价受金价的影响，当然随而低落，其后虽略有波动，但第一个月间，大致仍能维持八一九的水准。西南各省，特别是成都，一因政府收兑黄金之价，较该地区在八一九以前之金价为高，二因民间所有大量镍币出笼，该地中央银行事前布置稍欠周密，以致影响物价，一个月间，平均涨三四成，成都米价独涨一倍。鄂湘两省，因大批银圆之出笼，银圆之收兑法定价格，亦较八一九为高，故物价亦随而略涨，一个月间，平均涨二三成。广州则由于政府收兑港币及黄金价格，均较八一九该地区为高，故开始时物价波动最大，计涨六七成，但后半月由于物资之供应流通，经管工作亦已推进，物价复趋稳定。以上为全国物价在改币后一个月间的升降大概，当然不能认为绝对满意，但涨价的因素，有为无可避免者，有为人力未尽者。无可避免之部分，即因八一九前全国物价水准并非一致，尤其是金银外币等，本来在时间从容之际改革币制，物价较高之地区应先予压低，物价较低之地区，则先予提高；但我国八一九以前之状况，不仅较高之物价无力压低，较低之物价，却亦不忍提高，尤其是时间绝不容许政府再事迁延，因此规定金钞之收兑率，遂不能不以关系最重要之京沪地区为依据，以致改革公布后，本来金钞价格高于或低于京沪标准之地区，其物价自不免随政府对金钞之收兑率而高下；惟经过此种一度之波动后，如能措置得宜，自可免以后不必要的波动。人力未尽之部分，特别是西南各省之镍币，如果当地中央银行分行能就地作较适宜之措置或可避免多少的波动。然总观此一个月间的物价波动情形，较诸八一九前一二月的波动，并循几何级数而进展，假使币制并未改革，则此一月间之物价波动不知若干倍于改革币制后一个月之实际演进也。

吸收外汇存款

此一月间，中央银行所吸收之外汇存款，实以国家行局及商业行庄所移存者为主。总计国家四行两局一库申报移存之外汇共九千余万美元，以中国银行占大多数，而该行移存之部分，于币制改革之初，业以六千万美元左右拨充发行准备，俾凑足二亿美元之现货准备，故实际上国家行局移存中央银行后尚可动用之外汇仅三千余万美元。此外商业行庄之外汇，经政府一再劝请悉数申报移存，并声明绝不根究其已结之来源，结果上海方面申报移存之数约三千余万美元，昆明重庆两地，经政府特派大员劝导，申报移存者约数百万美元。至于私人及私法人所有之外汇，则因申报期限系于十二月底截止，一时尚存观望态度，在第一个月内自动申报移存者尚不多。

增进侨汇

此一月间，侨汇之实际增进情形，我因手边没有参考资料，无从确定。但我深信一定较八一九以前有增，却不会充分的增加，其原因一则正如兑换金银外币者之信任金圆券，握有侨汇者自必同样的信任，故侨汇数量较八一九以前有增，自无疑义；二则金圆券之实际情形，在远处海外之华侨还未必周知，故一时仍难以全部侨汇售归政府，如果金圆券的币值能够长久维持，则全部侨汇当下难为政府所控制，而不致流入黑市。兹将上海新闻报十月十日所载消息一则录出于下，以见梗概："自改革币制以后，侨汇收入已见骤增。据中国银行国外部某负责人说，目前本行每日汇入之侨汇约二十万美元，较改革币制前之每月仅有二十万美元者，已增至三十倍之多。如每日有五十万美元，即每月一千五百万美元，则逃避现象，已可完全消灭。按战前之侨汇收入，最盛时期，每年可达三亿美元，每月约二千五百万美元；现因南洋各地发生战事，荷属限制汇款等影响，即使毫无逃避，亦难与战前媲美也。"

平抑利率

此一月间，市场利率急遽下降。行政院颁布之银行钱庄存放款利率限制办法，有分期减低利率之规定。此项规定确能见诸事实。九月二十四日南京《中央日报》，以上海市场一个月为期之社论中，有下列之一段叙述："二亿金圆加入市场，使银根松滥，而利率从八一九以前的七角八角，降低到七分至九分。一般工厂易于周转，造成生产事业发展的良好机会。"

增进国库收入

此举直接上关系平衡预算，间接上即关系维持币信。我对此特别重视，故于财经紧急处分令发布后之第三日，即以整理财政补充办法提出，经政院决议后，即日按临时条款由总统颁布，原期对于增进税收方面，早日发生效力。同时对于非税收之国库收入，如出售剩余物资及敌伪产业，亦督促主管机构，加紧进行。惟至我出国之日，即改革币制恰满一月时，成效尚未见。其原因一则货物税改按八一九之物价征税，在理应较前此按三个月前之物价征税者超过十数倍，但补充办法虽已颁布，而经管会因恐调整税收势须准许十余种货物加价，或致影响管制，一再决议从缓实施，以致九月底以前货物税之收入丝毫没有增加。二则直接税以营利事业所得税为最要，此项税收前此系一年一度征收，最近虽改为半年一度，仍须迟至年底始有收入。三则盐税率表面虽增加不少，但因上次政府提请立法院调整税率一案，迭经公开讨论，最后决议搁置，俟下届会期再议。一般盐商得知九月以后必须大大加税，趁此尚未增加之时，预行囤积；因之，此次实行调整税率之初，盐商因已囤有低税之盐甚多，一时承销增税之盐当然不多，故第一个月实际增收之盐税为数无几。四则关税除正税依金圆券发行办法调整汇率外，同时加收附税，当然较前大增；惟关税有季节性，税收之多寡应视输入之多寡；此一个月间，输入品较少，而其中重要部分系属美援物资，以应否缴纳关税尚在磋商中，此项应缴之税，遂暂由美援会担保，尚未实行缴付。五则各种规费之增加，原则虽定，而具体办法尚多待各有关部会之订定，故此一月间实际增收亦有限。由于上开各项情形，致各项税收规费，在改革后一个月或四十日间，实际增加之收入，多未达预期目的。此外美军剩余物资，原可大量出售者，又因对于国防部之需要部分范围尚未确定，凡该部需要者皆系记账，一方面在收入上虽增一笔款项，他方面则在国防开支上，亦同样增一笔款项，实际上等于毫无收入，且在范围争议未决时，其他许多物资亦未能提早出售。至于接收敌伪资产，为数本极多，但因散在各地，其中纠纷亦复不少，且向来委托中央信托局代为处理，中央并无专管机构，故处理亦难迅捷。此一月内，经我建议于行政院，就政务委员中指定一人专管其事，以期迅速处理。当经派定何浩若氏专任，正分赴各地督导处理，甫经开始，短时期内，当然未能收显著之效。因此，本项增进国库收入之工作，在我们求达的七个目标中，其成绩之不能满意，仅次于控制国库支出一项。

控制国库支出

此一目标之执行，其成绩在七目标中为最逊；换言之，不仅无成绩可言，简直较前尤为恶化。一由于国营交通公用事业人员之待遇，已于金圆券发行后，较上一月平均增加两倍以上，而交通公用事业之收费仍照上一月之规定折合金圆，竟未增加；因此，以前亏累之数需要国库贴补者，不仅未稍减，实际上且因用人费之增加随而大增。二由于士兵之待遇已随金圆券之发行而增加，但对于名额之核实尚未进行。三由于东北情势紧张，粮价奇昂，购粮款项之追加，为数殊是惊人，甚至追加未成，军事长官已先迫令当地中央银行滥发大量本票，此项本票流入关内，兑取金圆券，不仅影响物价，且大增国库之负担。我因此一再向总统恺切陈辞，谓东北军事长官此种作风如不立予矫正，不仅金圆券初期之大好成绩将被破坏，且恐东北军风纪亦将蒙重大之影响，对于军事前途亦殊不利。总统虽亦以为然，迭经去电矫正，但实际上仍无效果。四由于粮食当局对于征实征借，未能为有效的控制，几全恃购粮为惟一途径；于是购粮之款，不仅时作巨额之追加，且向中央银行迭作巨额之透支，此项透支实际上即等于国库之负担。五由于国营公用交通事业不敢调整价格，于是各大城市，特别是上海市中，民营公用交通事业亦不许涨价，而其由于燃料等需要外汇之开支，已随外汇率调整而大增者，不得不由中央银行予以巨额透支；实际上亦等于政府贴补。六由于各大都市配售粮食不按成本，所有政府供应之部分，均由中央银行以购粮垫款等名义开支，实际亦等于国库负担。七由于国防费之不断追加，均以军事重要为辞，急于星火，拒之不可，许之则负担益重，而国防费监理委员会成立迟迟，且成立之初，亦不易立即发生核实之效。由于上述各项及其他不胜枚举之事实，致国库支出，在金圆券发行后，不仅未减，且有庞大之增加。

以上七项，都是执行财经紧急处分令之主要工作，也就是为求财政经济之稳定必须一一达到之目标。但自金圆券开始发行，以至我出国之日，这一个月间执行的成绩，一至五项皆相当良好，第六项虽由于种种关系，第一个月尚未收效，但假以时日，仍可循序进行，独惜迟一月进行，则国库收入牺牲不少而已。第七项，特别是贴补费和军费之浮滥，实为致命之伤。我之所以强调一面早日按照财政补充办法逐项实施，并加速处理国有资产，一面取消贴补，并核实军费，实因国库之收支平衡对于币值之稳定所关至巨也。我最感苦闷的，就是在我国现行制度之下，财政部长只能主管岁入，而不能主管岁出；因为岁出之发动属于各院部会，而其归纳与初步审核即属于行政院中新设之主计部。因此，我现在以财政部长之地位所能控制国家预算之力量，还不如在张内阁中我以行政院副院长之地位。主计部与财政部对立之局势，在任何国家均未之前闻；因各国编制预算之权责，皆属于财政部，间有在内阁中附设一预算局者，其局长系属专家，而非政务官，与我国规制主计部主计长为内阁之一员者，迥不相同。即在我国国民政府时代，主计处隶属于国民政府，其地位虽高，实际上则初步编制预算之权操自行政院，国民政府之主计处仅汇集各院预算，成为国民政府之一专门机构，而非政务机构，故对于政策上无从过问也。至于目前行政院的组织，财政部长与主计部主计长同为政务委员，一主管岁入，一主管岁出，除两人意见完全相同，或其中一人自愿牺牲意见外，两人意见如有不同，如果迁就主计长的意见，则财政部长将无以平衡其收支，如果迁就财政部长的意见，又何贵有与财政部长并立的主计长。故此种制度实施的结果，不是有一人自甘屈服，便是冲突或僵持，殆为必然的事实也。

十八 ➢ 意外的波折

以上为改革币制后一个月间的实际情形，虽未能完全满意，大体还算获得鼓励。可是一切正在顺利进行之际，忽然发生一种意外的波折。大约在八月二十四五左右，上海大公报揭载一项消息，说八月十七南京有要人获得改币消息，乘夜车赶到上海，一抵上海，不洗脸，也不吃早饭，便跑到证券交易所，大量将永安纱厂股份抛出，获利至千数百亿等语。接着，便有许多报纸根据这消息，作种种的揣测，谓政府每次作重大的金融措施，例如以往的黄金案，都有主持或与闻其事的人，乘机贸利，非严予惩办不可。我认为此次改革币制方案，虽已酝酿月余，但经我极力维持秘密，除总统指定参与研究之各人外，一切均由自己动笔，非至必要之时及与有必要关系之人，绝对不使与闻，且深信所有与闻其事之人，证以一切经过，皆能恪守秘密，忠实可靠。大公报所称最后获得消息，匆忙赶往上海抛售股票之人，在理不应有其人；但为着澄清事实，以免蓄意破坏新币者，得以诬揑政府当局凡有举措皆为私利，因而影响币信。故立即命令财政部上海金融管理局局长及财政部派驻上海证券交易所监理员从速彻查，以期水落石出。因数日尚未查报确实，而外间误会转多，乃加派财政部周参事德伟到沪协同速查。其时监察院亦派有监委孙唐两氏，来沪调查此案，遂由周参事及上海金融管理局予以种种协助，共同进行。大约在九月二日午间，我突接上海金融管理局林局长长途电话，报告调查已有线索，一二日内当有分晓，并询我倘所查结果或致牵涉政府要人，应如何处理。我随即告以无论牵涉何人，绝不姑息，并应立时公开发表，以释群疑。是日下午六时许，我从部中回家未久，突接主任秘书徐百齐自部中来电话，谓已得上海林局长电话，有要事即来寓报告。未几徐氏偕同刚来部中访我的陈君同至，原因是陈君访我后，即至徐氏办公室与彼晤谈，正谈话间，上海林局长来电话，原拟找我，因我他出，故托徐氏转达，谓已查明抛股者系财政部荐任秘书陶启明之妻李国兰，陶入部甫两月，系徐氏旧同学，由其推荐而来，徐氏为免被人误会有嘱陶启明逃避之嫌疑，故于接到电话时，即偕正与晤谈之陈君至我寓所，借以证明其并无通知陶氏之机会。我得此讯，真如青天霹雳，以六星期以来关防极密，以致改币办法公布后，外间舆论方赞扬政府此次之异常机密，初不料竟由财政部中出此漏洞。因询陶氏住居何处，据徐氏称系在部长办公大楼三楼宿舍。我立即电话通知林局长，在陶启明被逮捕以前，暂勿发布此项消息，以免陶氏逃避；惟林局长言已有新闻记者二人获悉其事，虽曾嘱其暂勿发表，恐未必能照办云，电话后，我即偕同徐氏赶到部中，密查陶氏是否在宿舍中，以便立即拘捕；及询悉出外晚饭未返。我乃留部中监视，一面电邀两次长及主管单位首长数人来部相助，并邀首都警察厅黄厅长来部，面请派员会同部中高级人员，在火车站及财部门口守候陶氏。一面亲往翁院长公馆报告，并经商定在陶启明尚未拘捕以前，固当严守秘密，但一经拘获，自应以真相发表，以免外间误会，致有碍于进行顺利之改币工作。守候至十二时许，陶启明始回宿舍，经即予以逮捕；我亦将真相撰为谈话，交中央社于次日发表。次日午前，我因徐百齐为陶启明之介绍人，且陶之获知交易所停业，恰在徐氏由徐次长面嘱草拟电文之后，是则徐氏亦不无嫌疑，遂严辞诘问，徐则力言绝未泄漏此项消息，惟自承不幸陶系由彼引荐，万一传询及彼，断不逃避。我继续说明，万一彼恐牵连而逃避，则不白之冤永难剖释，我此时如将彼拘送警厅，固嫌证据未足，但听彼自由，就公事言实有未妥。彼明知我的意思，乃自请留居部中，由我派人监视，因即自书请求监视以明心迹一纸。于是我即电请警厅黄厅长委派要员，来部监视徐氏行动，并令徐即移居陶启明原住之宿舍中，暂停办公；并面嘱黄厅长，在陶启明侦讯之结果有涉及徐氏泄漏此项消息时，即将徐氏逮捕，并案侦讯。我对于徐氏虽有十余年之认识，见其平素尚能守分，然对于本案绝不稍予袒庇。越数日黄厅长来告，谓陶启明业已供认此项消息得自徐氏，于是我立即书一手条，请黄厅长将徐逮捕。以后一切，竟听法院依法办理。此时京沪各报认为我处事严正的，固有好几家；但趁此机会对我攻击的尤不少。尤以平时对我有特别偏见的某系报纸，极尽其攻击的能事。九月六日上午国民党中央党部举行周会，蒋总裁出席致词，其中有为我主持公道之语，兹摘录于下：

"这次币制改革，我们最足自慰的，就是行政院长与财政及金融当局擘划周密，勇于负责，而且财政当局事先各种文稿，都是亲自抄缮，不致假手于部属，其精勤奉公，更为难得。不幸发布命令之前夕，关于停止交易所等营业的命令盖印，不得不经其秘书之手，因之泄漏秘密，但此完全为其秘书的责任，而且其秘书有关人员皆已逮捕到案，政府自当依法严处。不料有几家报纸借题发挥，对财政当局予以重大严厉的抨击。这件事情，实已水落石出，对于财政部长毫无关系。我们不能以其用人不慎的微疵，而加以重大的责难，反来妨碍政府经济政策的实施。"

蒋先生这一席话发表后，借陶徐案而对我的正面攻击，虽然减少了一点；可是旁面的攻击又随着而起。此种攻击简直是毫无根据，完全出自捏造。一种的攻击说商务书馆在币制改革前夕，曾将一应图书仪器漏夜改码，提高标价，其中含意总是诬我把改币秘密泄漏给商务书馆。其实，我自复员东返之初，在未任职政府以前，即已辞去商务总经理之职，嗣后绝未与闻该馆业务；至于商务书馆有无利用机会改价之事，可将该馆送登各报的声明文一读，便知真相。声明文如下：

“顷阅九月八日贵报所登‘陶案发展露惊人端倪’新闻一则，其中载有‘此间盛传上海商务印书馆于币制改革前夕，曾将一应图书仪器漏夜改码，提高标价，因此，八一九冻结物价后所获得之非法利润至为丰富’等语。聆悉之下，不胜诧异。查本馆图书售价，向由同业共同议定，此次系于八月十五十六两日议定，于十六十七两日实行。至于文具仪器售价，则系依照原出品厂主厂单办理。贵报所载传闻各节，显系访闻失实。相应函达，务祈赐予刊登，以正视听，毋任公感。商务印书馆股份有限公司谨启。三十七年九月九日。”

第二种的攻击，说我在改革币制的前夕，借词缴纳南京市救济特捐十亿元，抛售商务印书馆股份七千股，并谓如仅缴付十亿元救济特捐，无须抛售如许多之股份，难保无乘机贸利等语。且看我嘱财政部秘书处去函更正的内容，便知此项新闻之如何荒谬。去函内容如左：

“本月九日贵报载有本部王部长在八月十七日因缴所认救济特捐十亿元，抛售商务印书馆股份七千股新闻一则，全与事实不符。查王部长致函京市沈市长拟出售商务股份凑足十亿元，缴付救济特捐系八月五日之事。彼时拟出售者为商务股份二十万股，计票面二百万元，依市值每股约法币三千五百元，可售得法币七亿元左右（贵报所称七千股仅值法币二千余万元）。嗣因另行筹得款项，勉将十亿元凑足，经于八月九日将所认救济特捐缴清。此项股票遂未出售。此后亦并无出售股票情事。事实俱在，务请即日查明更正为荷。财政部秘书处启。九月十日。”

像这样一攻即破的谣言，也有人喜欢杜撰，而若干报纸竟不惜篇幅为之散播。足见欲毁我而甘心者之有组织矣。但是事实毕竟是事实；一个人只要自己问心无愧，而且一切举动自信是站得住的，结果终会水落石出。

除上述两项谣言，一经发表真相，毁我者便不再能置喙外，关于陶徐之案，经监察院之彻底调查，与法院之长期侦讯，均证明该案之牵涉范围，仅止于陶徐二人。及真相大明之后，即对我责备最苛者，亦只能说我用人失察。其所谓失察之两点，一则是徐百齐氏追随我十余年，而不知其不可靠，竟委以重任；二则陶启明之任用，事前仅凭徐百齐之推荐，既未传见于前，即到部以后为时两月，亦未与一面。对此两点，若大打官话，则部下犯罪，长官总不免失察，我岂敢辞。若就事实与情理而言，我自不患无辞。一则徐百齐氏先后追随我任事十多年，以其熟习法律，办事能力颇优，而十余年间，从未发见其操守有何不良，故敢于经济财政二部，援用其为秘书；任职以来，亦从无其他过误；但我仍特别慎重，对于无令其与闻必要之改革币制计划，始终未使与闻。直至改币之前一日，财部徐次长令徐百齐起草行庄及交易所休假之命令，在事前我仅如上文所说，把王司长抚洲所拟之稿，交徐次长核定处理，而不知其令徐百齐重新起稿也。本案告一段落后，法学权威某氏对我说，平心而论，只能怪我过分慎重，假使我自始即令徐百齐与闻其事，并嘱彼严守秘密，则以彼过去十余年对我之忠实服务，当不致负义而卖我。意者彼事前对改币案既毫无所知，而临时由徐次长令其起草行庄交易所休假令稿，既未告以实行时日，亦未另嘱严守秘密，以致发生此不幸事件。某氏之论断是否正确，我不愿肯定；但由此可证明我只失于过分慎重，断无任何疏忽之咎也。二则陶启明由主任秘书推荐为荐任秘书，我以其资历甚合，既由主管单位首长推荐，故予核准。至其到部后，我适因改币之筹划及实施工作备极繁忙，且常须在部外会议与研讨，致未暇传见新到部之人员；且以财部范围之广，附属机构之多，其荐任人员之进退，做部长的实亦无暇一一为事前之面试与事后之传见，何况我自到部至改革币制，为时仅两月有半，这一个时期我的工作繁忙，实非言辞所能描写，那里还能顾及这些小事呢？

总之，这一场的不幸事件，对于我个人的打击，关系尚小；因我之勉任艰巨，本已置一时毁誉于度外。至于有人借此想把我推倒，则我之从政，完全为对国家尽其义务，丝毫不涉个人名利，当然没有半点恋栈之意存在。甚至就职不满半月，为恐政策不行，见机而退，业于六月中旬一再提请辞职。如我于九月十三日，在立法院报告改革币制后，对于各立委的临时质询，择要作口头答复，于涉及陶徐案之一质询时，我的答复绝对坦白，就是说："对于改币案事前我确已尽防护机密之责，不幸发生此案，我并没有丝毫偏袒，事实俱在。我个人之出处，完全以国家利益为主，如果国家不需要我当财政部长，我立即引退，如仍需要，也只好勉力为之。"许多立委总算对于我的坦白表示，还肯报以一阵的掌声。不过此次不幸事件，由于乘机攻击者之无所不用其极，结果确有如蒋总统在九月六日关于此事的致词中末段所谓"对于财政部长……加以重大的责难，反来妨碍政府经济政策的实施。"至今回想一下，的确是很可痛心的。本来任何政策之推行，一方面固有赖于内在的办法是否妥善，他方面还要看外在的对象（就是人民）是否信任。在改革币制之初期，的确是办法固已尽可能的求其适应现实，人民也因久受通货膨胀的恶影响，一旦有此重大改革，心理遂为一变，而毫无保留地信任政府。在人民绝对信任之下，政府一切措施，自可期获得百分之百的效果。但此项泄漏机密之事件发生，在任何政治清明之国家或亦不免，只须对负责之人依法惩处，不稍偏袒，实已尽了政府的责任。但我国有一部分的人，过分感情用事，对其所不高兴的人，简直非置诸死地不可；于是一有机会，便大事渲染，并造作种种毫无根据的谣言，然后快于心；一般国民对于新改币制正抱无限的期望，对于政府当局，则因措施而及人，嗣则因人而及措施，方其信任方殷之际，一旦耳目为恶意宣传所淆乱，认为救国之大计，乃为当局者所借以贸利，至少将使其信任心动摇。加以有利害关系之人，因财经案对其自身予以重大的限制，初时震于公论，敢怒而不敢言，及有人散布谣言，诋毁执行新政策之当局，遂得乘机报复，并思乘机破坏新政策，以快其私。故虽不敢公然反对新政策，却可借机会，反对执行或主持此政策之人，希冀一人之去职，或可使政策变质。以上系客观方面的影响。至于主观方面，则新方案甫经实施，正赖有关人员之以全副精神，作不断地注意与努力，乃自陶徐案发生后，各方恶意宣传，不仅对我个人，而且对于财政部全体高级人员，时则捏称某次长被捕，时则扬言财部许多高级人员，因被牵涉而潜逃，纵不致人人自危，至少亦使其精神上受有刺激，认为国家事真不可为，多一事不如少一事。我虽赋性强毅，且一切问心无愧，绝不因此种恶意攻击而稍懈；但人毕竟是人，受了过分的刺激，不免暂将精神转移，且应付此项消极事件，至少也占据了应付积极事件的一部分时间。像这样，一方面之信任稍有动摇，一方面之精神不克贯注，合并和累积起来，都是对于新方案之执行有不良影响的。

十九 ➢ 出国赴会

以上所述的陶徐案，自从破获，以迄风潮平息，约莫经过半个月。在这半个月中，我一面应付积极的工作，一面又不得不分神应付这项消极事件，精神不能贯注，自系事实。可是到了这项消极事件将要平息时，我又须作短期的远行，那就是赴美出席国际货币基金及国际银行第三届联合会议。这一个会议每年举行一次，由美英中法四大国的理事轮流主席。第一届大会于一九四六年在英国举行，由美国财政部长兼任两机构理事会主席，第二次大会于一九四七年在美国举行，由英国财政部长兼任两机构理事会主席。第三届大会于一九四八年举行，轮到我国财政部长兼任两机构理事会主席，集会地点原应在我国，以我国境内有战事，于上届会议闭会前，由我国代表同意改在美国集会。这一次会议虽无何重要性，但我国原应是地主，既已放弃，则借别国地方尽主人的义务，实不应再放弃。查两机构章程明定，以会员国的财政部长为当然理事，理事虽于两机构中各派一人为代理理事，但大会主席则非由理事亲自担任不可。假使我因事不克出席，则本届大会的主席便须让与他国，这不仅有放弃义务之嫌，且对于临时主席之推定或会引起争执。我因为执行财经紧急处分令备极忙碌，原不想分身前往；只以两机构一再来电相促，经与翁院长熟商，认为不得不一行，请示蒋总统亦以为然。此外，还有一个重大理由，即我国新近改革币制，当为世人所深切注意，而此次举行会议之两机构，均与币制攸关，各国与会代表皆为财政金融领袖，趁此一行亦可沟通意见，间接上或于我国有利。同时，因为两旬以来，在国内受了不少的冤气，精神上未免也有些不愉快，许多朋友都劝我趁此一换环境，使精神恢复原有之愉快，则归国后主持大计，当更兴奋。可是朋友之中，除上述傅斯年氏一函，劝我除了能有带钱回来的把握，否则宜从缓外，王世杰氏也极力劝我不宜于此紧要关头暂离岗位。那时候我的确游移莫决，但两机构的秘书长适于九月十四日联合来电，告以已用我的名义于某日招待各国代表及美国朝野人士，务请我如期行到。这样一来，赴会已成骑虎之势，于是从这日起才作出国准备。

我于九月十八夜车离京赴沪。所有财政部部长职务即指定政务次长徐柏园氏代行。我打算在双十节以前返抵首都，计出国之期不至超过两旬。这两旬中间有一个重要关头，就是十月一日之调整物价和税收，与九月底之截止收兑金钞。我除将拟定各种办法，函致翁院长，并经偕同翁院长面呈总统核准外，即以该函副本留交徐次长，切嘱务照所开办法执行，徐氏亦深表赞同，自愿切实办到。我因为预定的办法，已得各方赞同，深信照此实行，财经局面当可继续稳定，如续有必要之措施，则再越十日我便可返国，亲自主持。因此，在启行以前，尚觉放心。

留沪两日，我即于二十一早偕同国际货币基金会我国代理理事席德懋，代表团顾问兼主任秘书张天泽，国际银行候补执行委员张悦联诸氏，乘西北航空公司飞机出发。经过两昼夜之不断飞行，中间仅在日本东京及阿留申群岛之希望岛，阿勒斯加之安可列治各停时许，即于美国明尼苏达地方，更换美国国内航线机，迳飞华盛顿，于美国时间二十二日下午九时左右抵达，由顾大使等中外人士数十人在机场相迓。

会议中

两机构联合大会于九月二十七日召开，会期定为五日。在抵美后开会前的几日，我一方面准备大会开会辞，一方面与两机构主持人商洽会务，并以余暇与美国朝野人士作不正式的晤谈。我此次抵美之初，适美国进行选举，总统及许多议员纷纷离京竞选，国务卿马歇尔氏亦赴欧洲开会。因此，在这几日间，我只与美国财长史耐德，代理国务卿罗维特又美国前驻苏大使蒲立德三氏，各作一度之长谈。美财长谈约一小时，美代理国务卿谈约一小时有半，蒲立德氏则于寓所中晚餐，由蒲氏和我及贝祖贻氏长谈竟夕。史罗两氏所谈，皆关于我国财政，特别是关于改革币制之进展。两氏均极关心此次之改革，表示倘初期的成功能继续下去，当可获得此部之同情，而予以支持。蒲氏则表示对我和翁院长之惊人的奇迹，极度钦佩，但强调由于我国军事之继续进行，非有大量美援，恐难持久。彼建议我国须作有计划的大量外援请求，并谓共和党竞选成功，则我国此次行动的表示与长期的计划，定可获得慷慨而切实的援助。

我对于国际会议之出席，却是破题儿第一遭，而且我不仅担任大会的主席，同时还是程序委员会的当然主席。大会开会闭会两次的主席致词，均可预为准备；但程序委员会则临时发生的问题不少，当主席的不能不临机应变，我向持临事而惧的态度，事前有充分的研究，临时纵有问题，也还可以运用常识来应付。我在国内主持许多大会，也都是如此；相信在国外主持国际会议，除了语言不同和一些开会惯例不尽相同外，其余实在没有什么区别。在二十七日下午举行大会开会式之前，上午应先召集程序委员会。在这个委员会中，各主要国家的理事大都参加。我在这生平第一次主持的国际会议时，总算应付得宜，不仅程序一点没有错，而且对于问题较复杂之处，都很像老手的主席，运用主席的权威而解决了。下午三时大会，出席者含代表及来宾约四百人。首先是我以主席资格致开会辞，为时约三十分钟；内容针对两机构过去的工作，一方酌予解释，一方期望改进。因我固然是中华民国一国的代表，同时也是四十七会员国的总代表，故措辞的内容不得不双方兼顾。为着代表四十七会员国所组成的两机构，我不能不维持两机构过去的立场，而代为解释；为着代表中华民国及与中华民国同样需要两机构今后多予注意的会员国，又不能不期望两机构今后的方针应有修正，与其工作之应有改进。以国际银行而论，其任务原包括复兴战时破坏的国家经济与开发向来落后的国家经济，故其正式名称为国际复兴开发银行。过去两年间，该银行的贷款政策，侧重于遭遇战事，破坏其经济的西欧国家。我此次致词则强调今后以性质言，应兼重经济落后而未经战事破坏之国家，以地域言，则应兼重远东、近东、南美及东欧诸国，庶几名实相副。我这种措词，固可博得向未获有贷款机会之各国同情，却也不致有伤美英法比等国的感情。因此，每一段落都博得各代表的热烈鼓掌。致辞毕，鼓掌声继续至数分钟之久。我致词后，美国首席代表财长史耐德氏，芬兰首席代表、瓜覃马勒首席代表及英国首席代表克里斯浦爵士相继致词。随后由主席指定吉隆坡代表某氏报告上午程序委员会之决议案，经我征询各代表有无意见，旋即以无异议通过。开会式即于此结束。散会后，许多代表，尤其是美国财长史耐德氏，极力颂扬我的措词得体。

是日傍晚，两机构以我的名义举行鸡尾酒会，招待全体代表与其家属及美国朝野人士与驻华盛顿外交团。到者千余人。由我和国际货币基金会总经理谷特氏及国际银行总经理麦克费氏夫妇亲自招待。

以后数日，迭次大会之主持，依照向来惯例，轮流以美英法印诸国的首席代表，依次代我主席一次，而于各该次开会时由我说明请某某理事代我主席。而最后一次的大会，以及还有两次的程序委员会均由我亲自主席。至各项分组委员会之主席，即于第一次程序委员会中分别推定各国理事或代理理事担任。大抵国际会议中，尤其是关于此类专门性质之会议，其重要工作均于程序委员会中预为布置，而各种议案一律先交分组委员会审查；大会仅就大体讨论，分别通过，或复议，或保留而已。最后一次大会后，接着便是闭会式，均由我主席。此次大会除就各委员会提出之审查案一一处理决定外，即由若干理事分别致词，最后再由我致闭会词，词毕，即宣布散会。我的闭会词，系将本届大会议程之结果加以分析，并表示对其执行的期望。为时约二十分钟。

大会闭会日之晚间，由国际基金会及国际银行两机构总经理举行盛大宴会，邀约四五百人。宴会中，除主人致词外，各重要代表均有演说；我和美英法三国首席代表均被邀演说。在这样的际会中演说，必须稍带诙谐，以增兴趣。许多人照例总是讲些笑话或故事，我则就中文“和平”二字的构造和意义加以阐述，谓“和”字左旁为“禾”，右旁为“口”，要和则人人口中须能得食；“平”字系两“一”与一“丨”所构成，而“丨”之左右各有一“、”，彼此对称，征象一天秤，意谓惟均始能平。听者咸大动容，掌声不绝；盖以寓庄于谐，最为得体也。席中美国财长史耐德氏，对我特别恭维，谓以一来自东方之人，即以所说英语，已较其本人之为美国人者远胜。至于此次大会得我主持，于和谐空气之中，表现权威，尤为不可多得云云。

事后，据我方各代表及我国驻美人员所获得之舆论，均认为我此次主持大会，其成功实远较上一次为大，且出乎一般人意料之外。闻开会以前，两机构秘书长与我国驻各该机构之执行委员谈及，大会皆用英语，第一二次大会主席为英美人，当然无问题，今次轮到我国，彼等知我向未留学英美，对我之主持会议，初时似有怀疑，而思作种种之特别协助，以期顺利进行。经我方执委说明我当能应付后，仍将信将疑。及见我主持会议一二次以后，无不惊讶，尤其是对我处理代表间之争议时，能以敏捷的手段，发挥主席之权能，简直是国际会议中一位老手主席。至许多出席代表，由于利害关系之不同，尤其感觉实际主持两机构之美英二国侧重西欧诸国之利益，对于其他地区之国家多未能兼顾；而我在主席开会词中，强调普遍注意，咸认为持平之论，因而表示好感者极多。

会后接触

开会后，我因与两机构之主持人约期，交换关于我国的意见，同时还须为中国问题单独举行一次记者招待会，所以须在华盛顿续留二三日，此外纽约方面远东工商协会于十月六日举行年会，在我出国前已来电邀约讲演，还有华尔街的两家大银行主持人，也电请于我来纽约时约期晤谈。因此，我便决定于十月四日乘车赴纽约，留两三日，改乘泛美航机经檀香山返国，预计抵上海时当在十月十日。次日即可返京。大会后第一日我约同国际货币基金会总经理谷特氏 Camille Gutt 及基金会研究部主任班士坦恩氏 Benstein，交换关于我国改革币制的意见。谷特氏曾任比国财政部长及国务总理，比国改革币制，即彼所主持；班氏系著名货币学专家，有“货币医师”之绰号。经我将我国改革币制方案及与其配合之各种办法详为说明后，两氏相继举其怀疑之点发问，并即由我详为答复。谷氏认为原则与办法均甚妥当。班氏则谓在办法上无可疵议，惟当注意者，在执行是否切实及有无变质。苟能切实执行而战局复不至恶化，深信定能成功，最后谷氏表示，明春拟赴远东一行，甚愿顺道访问中国，并观察执行至彼时有无变动云。次日复与国际银行总经理及放款研究两部主任洽谈该银行能否对我国建设事业投资事；因我濒行承资源委员会及交通部各以建设计划一二种托我顺便与国际银行一谈原则。该行总经理表示，在比较安全地区之建设可以考虑，惟银行资本有限，放款业已不少，对于建设投资大部分须向美国投资者募集，在目前中国军事局势未定，恐投资者不免观望，故较大数量之贷款，或须俟中国局势明朗化，目前恐只能先从较小数之贷款入手，并允酌派专家来我国视察，再行定夺。在此数日间，除于大使馆中举行新闻记者招待会，答复数十记者关于中国之问题外，临时增出一项节目，就是旅居华盛顿的华侨欢迎会，会中我将改革币制与侨汇的关系详为说明，大家才恍然；盖前此尚不甚明白，可见国内侨汇之一时不能充分增进固在意料中也。

我于十月四日下午乘火车赴纽约，抵该地车站时，领馆侨领及我国驻纽约各机构代表在站迎迓者约百人，情形至热烈，殊可感人。五日午晚分别应侨领及我国国营工商业团体之招待，均有演说。在晚间宴会中，主人方面公推孔祥熙氏致词。余演词对于孔氏之酬应语，谓孔氏之老祖宗为孔子，孔子为圣之时者，其子孙当能恪遵祖训，有所举措定能适应时势。孔氏为我国法币之创意及执行者；法币在战时八年间确有其重大之贡献；但彼一时此一时，时至今日已不能无所改革，余之力主改革币制，即以此故，想孔氏目前如仍主持财政，本适应时势之旨，亦必主张改革币制也。盖余事前闻孔氏对改革币制颇不赞成，而其在国内之机关报时事新报，则如上文所述，于八月二十日之社论中，强调孔氏烛照机先，早有改革币制之意，究竟真相如何，于筵席间借此酬应之词，一探其真意。余词毕，孔氏续起表示，强调此时确有改革币制之必要，与深信改革币制之成功。余之演词中，除报告改币大意及四十日来执行实况外，对于国人存放国外外汇资产登记一事，力请在座诸人率先赞助，当然对于孔氏寓有深切之期望也。

六日上午应远东工商协会之邀，对其年会演讲我国改革币制对于国外贸易之关系。余强调任何国家必须有平衡其国际收支之办法，始能维持或扩展其对外之输入；而最可靠之平衡国际收支办法，莫如以对外输出应付对外输入，苟输出不能扩展，输入断难长久维持。输出与输入事业之发展，端赖有稳定之币值。此次我国改革，除应付其他种种必要的局势外，对于输出入贸易亦至有关系云。同日下午应华美协进会之招待，临时被邀讲演，事前毫未准备，乃就我国改革币制之经过阐述约半小时，并欢迎质问。余词毕，询问者五六人，经一一答复，均极表满意。

七日午前与大通银行董事长阿尔特列治氏，晤谈中国财政情况。此君系共和党财政要员，为该党总统候选人杜威州长之左右手。阿氏认为我国改革币制已走上自助之路，共和党如执政，必对我国予以大量之援助，使财政金融益臻稳固云。下午视察我国半官性质之世界贸易公司。该公司在战时为我政府买购物资，成绩甚著。晚间乘泛美机离纽约，八日晨抵旧金山，易机后，即飞向檀香山，晚七时到达。余在彼亲戚甚多，咸偕总领事唐榴来迓，檀香山市长因有会议，由其夫人代表来迓。次日余在檀岛休息一天，受亲戚及总领事侨领等数次之招待。晚赴机场，乘机返国。次日在关岛及东京各停时许，即于是晚九时许抵上海，适为我国之双十节。

二十 ➢ 突变局势之挽救

突变之因

次日上午与财部来访同人晤谈，午间复承中央银行俞总裁招待，始知余出国两旬中，最初十日，一切均能继续以往一月之成绩，而一入十月，渐渐变质，旬日之间，情势愈趋恶化，且恶化甚速。余焦心如焚，即日下午乘火车返京。十一早访翁院长长谈，嗣复与徐次长等详加商讨。余发见此次物价波动，系与抢购物资并行，而抢购之风实起于上海，开其端者为十月四日对于南京路四大公司之抢购，而其他各地区在同日及其以前均无抢购之迹象，是则此次抢购风潮，至少在上海方面系有组织的举动。但无风不能起浪，苟无可资抢购之因素，则抢购不致发生，即发生亦断不致广泛传布于各地。本来经济政策之推行，固不能不兼用政治力量，但政治压力，如过分行使或行使过久，势必引起反抗。我在出国以前，迭次主张合理调整物价，调整后再予冻结，就是深知八一九的物价不尽合理，以政治力量强其冻结，在短时期内固不成问题；但持续过久，难免不引起反抗。此种反抗，在政府强有力之时，还不致过分强烈，或逾越范围，但政府威信如有丧失，则政治力量式微，在式微的政治力量下，而欲强施重大的压力，则人民之反抗力势必逾越范围，一发而不可收拾。在我出国前，政府因改革币制初期之成功，威信甚好，同时战事亦未恶化，对于政治的恶影响还未发生，但我仍欲先事预防，坚主对于不尽合理之冻结物价，必须由政府自动调整，以防反抗力于未然。可惜到了十月一日，政府因一部分人坚信政治力量之恒久有效，又有一部分人监于济南之陷落，人心已有动摇，如于此时调整物价，将致物价益波动；因此，在我行前业与总统及翁院长商定，从十月一日起按照我预拟的办法各条，分别调整物价薪资及税收，届时却未予实施，仅将少数货物之税收先予调整，而不知调整方案应整个执行，始能收连带之效果，至若局部执行，不仅无益，且不免发生恶影响也。又增加税收，与取消贴补，同为平衡国库收支之要着，乃案经决定，迟迟未予实施，甚至十月一日以后仍未实施，以致收支差额益巨，发行数字加大，亦为影响人心与物价之一原因。总之，十月一日已届全盘调整不可再缓之日，而由上述两种人之不同意见，遂未实施。彼时我尚在国外，不克在场力争。十月三日接到徐次长来电，仅报告九月底兑换金银外币之总数，并言收兑金钞延期一月，税收局部调整，语焉不详，正深疑虑，以一星期内即可抵国境，初不知情势一变至此。我返京后，经过一日之研讨，认定（一）此次物价波动之内在原因为一方面未能适时调整物价，他方面未能及早调整税收与取消贴补；（二）此次物价波动之外在原因，就是军事之失败，减弱了人民对于政府之信任，而政府偏不量力，还要继续使用政治的压力，而且此种政治压力之使用，又不是全国一致；于是不使用压力的地方，物价已自由高涨，而使用压力的地方，表面上仍钉住八一九的旧价，以致弄成僵局；（三）此次物价波动的旁因，就是执行经济的制裁，宽严不一，如果一律皆严，人民还不会反抗，及至对于若干人放宽了，自然会惹起不平的反抗；（四）自开始抢购物资之日起，经过多日，政府还没有适当的措施，于是物资愈抢购，币信愈低落，币信愈低落，物资愈抢购，彼此循环不已。对于上述各种因果，要谋挽救，必须把握要点，赶紧再使人心作重大的转变。所谓要点，便是币信。如果人民深知其手上所持有的金圆券，价值丝毫没有低落，则对于物价波动与物资抢购之风，自然会终止。查政府原有之发行准备，本可供二十亿圆发行额之准备；截至九月底为止，发行额为九亿余圆，到了十月十日，充其量不过十四亿圆，而其中用于兑换金银外币者约六亿圆，中央银行各种短期垫款二亿余圆，收兑旧法币等数千万圆；三者合计约九亿圆，其用于弥补国库收支差额者不过五亿圆。固然中央银行垫款中，亦有重要部分将由国库负担，充其量迄于双十节后，政府借发行而弥补国库支出者，至多不过六亿圆，在原方案二十亿圆发行限额中，可供弥补国库支出之十八亿圆，谨用去三分之一。在我筹拟改革币制之初，原期限额内之发行可支持至三十八年六月底。兹以五十日而耗费发行限额三分之一，其原因系应增之税收，其主要部分尚未开征，应减之贴补，不仅未减，且听其大增，同时季节性的收入如营利事业所得税及公债等尚未届收入之时；以上各项倘能将即可实行者立即施行，其余亦从速推行，只要币信可以维持，物价不再波动，则对于平衡国库收支之原预算，仍可于大努力之下予以维持。故关键所在，厥为如何维持币值。维持币值之道不外三者，一是紧缩发行，二是收回一部分之发行，三是保障已发行金圆券之币值。关于第一项，无疑地就是要切实执行开源节流之原则，具体言之，至少要立即按照整理财政及加强管制经济办法之规定。关于第二项，则政府发行之金圆券中有一重要部分，系为收兑金银外币而支出；此项兑得之金银外币依然存在，自可利用此项金银外币，使大宗之金圆券回笼。关于第三项，则金圆券既非可以兑现之金本位，又非可以无限量兑取外汇之金汇兑本位；但如作有限度之兑取外汇，暂以此次收兑所得之金银外币总额为限，以取之于人民者换一方式而还之于人民；人民前此以每一美元兑得金圆券四元，或每两黄金兑得金圆券二百圆，今如能以金圆券四圆向政府兑回美币一元，虽其用途仍受政府之合理管制，应不悖管理金本位之原意，然人民因此一举措已获得政府对其所持金圆券之原值，予以不折不扣之保障，币信自可由此而恢复，而日来轻币重货之狂澜不遏而自遏。况此法一行，则一转移间可以收回大量之金圆券，而由于通货之骤然紧缩，物价亦可不抑而自平。查彼时美币之黑市每元不过等于金圆券十圆，黄金每两亦不过等于金圆券四五百圆，较之法定汇兑率，仅贬值一倍有半。趁此而急谋恢复币值，犹可为也。于是我在十月十三十四两日，先后提出调整物价工资及公务员待遇办法与预结外汇维持币信办法。前一办法系就我出国前提请于十月一日实施之调整办法，而针对此时现实酌为修正；后一办法系以向人民兑得之金银外币大部分，用结汇方式还诸人民，借以收缩通货并维币信。兹将两办法开列于下：

我的挽救办法

调整物价工资及公务员待遇办法

第一条 本年八月十九日财政经济紧急处分令公布时各种物价未尽合理，且由于外汇率之调整，若干种物价不免受有影响；兹决定自十月二十日起，将物价工资劳务收费及公教人员待遇通盘考虑，作一次合理调整。

第二条 各种物品按取缔违反限价议价条例，分为限价及议价两类。

第三条 限价物品括有米面、食油、粮、盐、煤汽油棉花及纱布各种，准自十月二十日起，除汽油按外汇率调整外，均按各该地八月十九日价格增加百分之五十以下，由各该地方政府长官拟定后，电呈行政院核准施行，其设有经管督导员之地方，由督导员拟定，电呈行政院核准施行。

第四条 议价物品括有前条列举以外之国家总动员物资及民生日用品及劳务，准由各地物价评议会议定后，呈由地方政府长官核准施行。

第五条 限价议价之标准，除按实际成本及合法利润外，并得参照外汇率税率及运费调整之。

第六条 国营公用交通事业之收费不及战前二分之一，而无法维持成本者，得酌量调整，由主管机关拟定呈由行政院核准，于十月二十日施行。其须经立法程序者，由行政院咨请立法院完成立法程序后施行之。

第七条 民营公用交通事业之收费过低者，得按实际成本及外汇率税率各因素酌予调整，呈由主管官署核定后施行。

第八条 六大都市配售粮食价格自十一月起，改按各该地粮食限价百分之九十调整之。

第九条 货物税改定税率尚未实施之部分，自十月二十日起一律实施。

第十条 文武公教人员之待遇，自十月起改定，其支给标准以原薪额六十元为基数，超过六十元至四百元之部分，按十分之二发给，超过四百元之部分按十分之一发给。士兵及工役各加给副食费若干元。

第十一条 民营事业员工薪资得酌予增加，但京沪两地所增不得超过九月份应得待遇百分之五十，其他各地所增不得超过九月分应得待遇百分之百。

第十二条 本办法各项之调整，除实施日期已明定者外，均限于十一月五日以前完成。此后非有特殊原因经行政院之决议，不再调整。

预结外汇维持币信办法

第一条　政府就收兑所得之外汇拨出美汇一亿二千万元，供工厂进口商及其他需要外汇之人声请预结外汇。

前项声请向中央银行提出之。

第二条　预结外汇分为左列之四期：

（甲）在三十七年十二月底以前使用者为第一期；

（乙）在三十八年一月一日至三月底使用者为第二期；

（丙）在三十八年四月一日至六月底使用者为第三期；

（丁）在三十八年七月一日至九月底使用者为第四期。

第三条　每期预结之外汇各以美金三千万元为限，依声请人之志愿，分别编入各使用时期，其同一期声请之数超过限额者，依序编入次一期。

第四条　预结外汇之声请，限于三十七年十一月二十一日以前向中央银行提出之。

第五条　预结外汇声请人于声请核准后，按照法定汇率美金每元缴付金圆券四圆。声请第一期者如数缴足，声请第二期者每百元扣缴利息一元，声请第三期者每百元扣缴利息二元，声请第四期者每百元扣缴利息三元。

第六条　预结外汇声请人于缴款后由中央银行给以预结外汇凭单。

前项凭单分为记名及无记名两种，由声请人自行择定。

第七条　预结外汇之用途如左：

（甲）进出口贸易办法附表一各类机器及生产器材，附表二各类工业原料，附表三甲各类货品及附表三乙各类货品；但中央银行外币外汇存款支付办法附表规定暂仍停止输入者除外。

（乙）支付本人或配偶或子女出国求学经教育部核准者之费用。

（丙）支付工商业或工商社团因业务上需要派员出国接洽或考察，经工商部核准者之费用。

（丁）支付本人或配偶或直系亲属继续留居国外之费用。

（戊）支付本人或配偶或直系亲属患病须出国治疗，经卫生部核准者之费用。

（己）支付经财政部核准其他必要之正当用途。

第八条 自第八季起输入许可证之声请人，除有特殊情形者外，应以提供预结外汇凭单者为限。

自三十七年十一月一日起声请出国护照者，除有特殊情形外，应提供适量之预结外汇凭单。

第九条 预结外汇凭单，于本期使用后，尚有余额者，得留供次一期使用。其持有人于每期终止后，并得随时持向中央银行按法定汇率兑取金圆券。

蹉跎与恶化

以上两种办法中，关于调整物价一种，我的原意是第一次想在八月底实行，第二次经商定在九月二十日实行，第三次再决定在十月一日实行，蹉跎蹉跎，以至今日，原可采行主动的调整者，目前已陷于被动调整之地位。我认为十月二十日之调整，实已过迟，万万不宜再缓，否则将来纵想调整，则局势已不可收拾，任何措置，均难收效。此项主张翁院长亦极赞同，并深以十月一日未能按照原议调整为憾。惟以调整之前该使执行管制者彻底认识其必要，俾执行上不致发生困难，原因是上海在改币之初期实施管制，成效卓著，很受各方面的恭维。主持者认为天下无难事，贯彻管制下去，当无不可；前此舆论中颇多主张“严守限价之壁垒”者，即至目前，鉴于抢购风潮之烈，舆论界虽已变更其论调，而认为非作合理的调整不可，但过分慎重者却仍以为久经限价之后，一旦自决堤防，事前不可不有严密准备，故虽一致主张调整，而如何调整，及调整后如何再度管制，与应否继续管制，均成为问题。我的意见则很单纯，且与财经紧急处分令原规定并无差别，仅注意如何解决执行的问题。因为整理财政及加强管制经济办法，本已明白规定，遇有特殊情形，可以调整物价，调整以后，仍予冻结，俟再有特殊情形，始作再度之调整；至于调整税收及国营公用交通事业收费，更为原方案所明定，于八一九后早应实行者；所以我认为调整并非一种新办法，而是切实执行原办法。但翁院长为使各方面合作起见，认为事前须作必要之疏导工夫。遂于十月十六日召集一个经管会议。那时候因俞总裁患病在家，为便利俞氏参加讨论，特在俞氏官舍开会。但俞氏届时仍以病不能出席，委员王世杰氏则出国未返，亦未出席。又关于预结外汇之办法，在我确认为挽回币信之惟一有效办法，同时与财经紧急处分令原意并无冲突，盖按原方案，外汇是由政府对于核准之用途，按照法定汇率供给也。以输入品所需结汇而言，过去每月平均二千万美元，目前极度紧缩，亦需一千万美元，纵不采行此项预结办法，实际上每月仍须结汇一千万美元左右。当输出品踊跃的时候，政府得以收购输出者之外汇，而供输入者所需外汇之全部或其大部分。但输出外汇之能否全部由政府收购，视乎政府给予输出者之汇率是否切合实际。今政府如能以维持法定外汇率，准许人民大量预结外汇，则金圆券之币值自可维持，输出者因其所有外汇易得之金圆券不致贬值，亦必乐将所有外汇交由政府收购，如此则表面上政府虽似须放出大量之外汇，以供人民预结，实即只要币值能稳定，将来用以供给预结之外汇，大部分仍可取自输出者，政府无异成为一居间交易者，借此大量预结之方法，立时收回不下五亿之金圆券，而将来逐月支付者，或为政府前此收购所得外汇十五分之一（因政府在过去四十日间收购所得之外币及金银约值美金一亿五千万元），或为借预结外汇而回笼之金圆券十二分之一，以易取输出者所得之外汇而供输入者之所需。与我此种主张不谋而合者，则有十月十五日上海大美晚报所刊署名 Merchant 者之一篇论文，该文主张即由政府以一亿美元，按照法定汇率售与输入商人，则立时可收回金圆券四亿圆，将来并可获得关税一亿余圆；并强调挽回币值之有效办法无逾于此，此时采行尚不为迟，再迟将无可救药。其人之具体主张虽与我不尽相同，缘彼建议以一亿美元立时出售，我则主张以一亿二千万美元发售预约，而分十二个月兑付，但原则上彼此所见正相同也。

十六日之会议中，我的两方案同时提出讨论。对于调整物价的方案，原则上大家皆认为有必要，惟对具体办法意见未能一致，同时仍有怀疑严格管制后之上海，一旦开放管制后果如何者，因此未得结果。对于预结外汇办法，竟有人大加反对，以为好容易收购所得之金银外汇，在金圆券业已贬值之后，而强按原定汇率结售于一部分之人，难免不为立监两院所攻击，谓为有便利豪门之嫌；同时极力主张保留此项金银外汇，以供购买粮食及军火之用。其他与议者虽不尽赞同以此项金银外币专购粮食军火，但总觉金圆券币值已大落，黑市美元已值金圆券十二元左右，如仍以四对一之法定汇率无限制让人民申请预结外汇，则取之于甲，还之于乙，终不免舆论之抨击。经我详为解释，以所谓取之于人民还之于人民，当就整个而言，无须对各别而言，因为国家的政策为求供需适应，尽可取之于无必须之人，去供给于有必须之人。况此项措施如能实现，币值如能因此恢复八一九之原状，则持有金圆券者，由目前之贬值至三分之一，回复至原值百分之百，人民均因此得到好处，不一定要收回其原已兑出之金银外币。至谓美元黑市已涨至一对十二金圆券，如政府仍以一对四之汇率结售于人民，未免吃亏，则为政不应计较小利，况挽回币值后，于国家于人民均有大利；反之，如币值日落，国家人民交受其害，纵拥有此低价收兑之金银外币，对于国家亦无好处。经我反复申说以后，有人主张对预结外汇之人或予以限制，并先经审查，似可减少流弊和批评。我为着求这大量预结外汇，借以维持币信之目的，不惜酌量变更原有主张。即于次晨另拟修正预结外汇维持币信办法各条如下：

第一条　政府为统筹对外贸易并加强工业器材原料之输入，特拨美汇一亿元，供工厂及进口商声请预结外汇。

前项声请向中央银行提出之。

第二条 预结外汇之用途及其比例如左：

（甲）输入进出口贸易办法附表一各类机器及生产器材占百分之二十；

（乙）输入进出口贸易办法附表二各类工业原料占百分之七十；

（丙）输入进出口贸易办法附表三甲各类货品占百分之十。

第三条 预结外汇分为左列之三期：

（甲）在三十七年十二月底以前使用者为第一期；

（乙）在三十八年一月一日至三月底使用者为第二期；

（丙）在三十八年四月一日至六月底使用者为第三期。

第四条 第一期预结之外汇以美金四千万元为限，第二三期预结之外汇各以美金三千万元为限。依声请人之志愿分别编入各使用时期。其同一期声请之数超过限额者依声请先后编入次一期。

第五条 预结外汇之声请人应为曾经依法登记之工厂或进口商。

第六条 预结外汇之声请限于三十七年十一月十五日以前提出。

第七条 预结外汇声请人于提出声请书时，应按法定汇率缴付声请外汇数量三成之等值金圆券，作为保证。

第八条 中央银行应与行政院输入管理委员会合组审查委员会，对声请人资格及声请数量加以审查，于收到声请书一星期内，分别准驳或核减，通知声请人。

第九条 预结外汇声请人于接到核准通知书后，应于一星期内按照法定汇率，对核准额美汇每元缴付金圆券四圆，随收所缴保证金扣抵，其接到批驳通知书者，即将所缴保证金如数收回。

前项核准预结外汇属于第二期者，美汇每百元扣利息一元，实缴九十九元。属于第三期者，美汇百元扣利息二元，实缴九十八元。

第十条 预结外汇声请人缴款后，由中央银行给以预结外汇凭单。

前项凭单一律记名，不得转让。

第十一条 第八季输入许可证一律改凭预结外汇凭单发给，第九季及第十季输入许可证应尽先发给于持有已到期预结外汇凭单之声请人；如有输入余额始得就其他声请人考虑。

第十二条 预结外汇凭单于各该期使用后，尚有余额时，得留供次一期使用；其持有人于每期终了后，并得随时持向中央银行按法定汇率兑取金圆券。

这一个修正办法，和我日前提出的原办法，主要的差别就是（1）拨充预结外汇之款不说明是从民间收兑得来之金银外币，以免有取之于甲还之于乙的误会；（2）将用途限于工业器材原料等之输入，并规定其比率，凡不属于规定输入之范围者均不许预结外汇；（3）声请人及声请数量皆予限制，并须经过严格之审查；（4）预结外汇总额略减。我所以作此修正，系迁就十六日会议若干人的反对意见，期借以减少反对，而获得通过。其实依我初次所拟的办法，声请人及声请额不予限制，仅将用途限制，则有余资可供储蓄者亦得请求预结外汇，故响应者必更多，甚至前以金银外币兑得金圆券者，倘对金圆券之信用稍有动摇，亦可借此办法兑回外汇，以保币值，而不至借抢购物资，以保币值。较之后来修正之办法，收效当更大。但我为谋预结外汇办法之顺利通过，不惜曲予迁就，以求妥协，因无论采取原办法或修正办法，对于收缩通货与维持币值均能收效也。此办法提出后，翁院长、蒋总统业已赴平，一时不克返京，为着事关重大，拟亲自飞往北平请示；同时并因各方面对于开放限价之要求，而具体办法虽已由我提出，惟众意纷纭，亦有取决于总统之必要。于足迁延了几日，大约在十月二十二三日才飞往北平，逗留两日，才回来。据说总统对于开放限价认为可即实施，嘱由翁院长召集有关人员详为研讨决定，至于以大量外汇准由人民预结，则鉴于彼时外汇黑市又较日前讨论时高涨甚多，大约美金每元已值金圆券二十元左右，如仍以四元对一预结外汇，与实际相距过远，不拟采行。我得了这个消息，正如冷水浇头，且以旬日以来，物价波动益甚，抢购停售之风更烈，此种情势有如火患，星星不灭，已成燎原之状；自我返抵首都，迄今已将半月，当时认为挽救此种局势有如救火，故认为十月二十日全盘调整与事前或同时宣布大量预结外汇，两者并行，币值既有保障，物价自不致再涨，加以合理调整物价，自不难起死回生。今调整案搁置半月，仍须再行讨论，预计非下月初旬不克实施，未来之一星期间，敢信局势必益恶化，而维持币值之措施又不蒙核准，瞻此前途，一切已无希望，本来可以成功且业已初步成功之改币方案，一因未能照原案切实执行，再因军事突趋恶化，而最后挽救之策亦未能实现，以致大好金圆券将一败涂地，不禁痛心万分。我之出任财长，在固辞不获之后，本想为推行挽救财经崩溃之政策，而作大胆之尝试，乃自实施以后，我的政策多次未能贯彻，眼见挽救之策又将幻灭，实无恋栈之必要。因即决计辞职，只以物价解冻办法，翁院长决于二三日内接连切实讨论，不再延迟，我因解冻方式关系国计民生至巨，愿以决去之身，稍留数日，就此一方面为最后之努力，或可稍补万一,一俟物价解冻方案决定，即当正式请辞也。

二十一 ➢ 大转变与负责辞职

上述关于物价解冻方案之会议，于十月二十六、二十七、二十八三日下午继续举行。出席者有全体经管会委员（除工委员世杰出国未返，俞委员鸿钧因病均未出席外）及主计部徐主计长堪，粮食部关部长吉玉，社会部谷部长正刚，交通部俞部长大维，由翁院长主席。会议所得的决议多与我的主张不合，尤其是我主张分别限价议价两类，经一度调整后，新限价仍然冻结，而议价范围则主从宽。但此次会议的结果，实际等于完全取消限价和议价，把过去的经管政策作了一百八十度的转变。其中最可虑的，就是对于其他物品表面上还采取议价，而对于粮食却完全恢复自由市场。委员中也有若干人和我同样地反对此决议，因为一切物价均以粮食为尺度，如粮价完全放任，则其他物品之议价实多此一举。但粮食部部长关吉玉氏则强调该部目前毫无粮食可以控制，不仅民食可虞，尤以军粮无法供应为最大威胁，遂认为无论如何合理地调整粮价，粮食仍不能恢复供应，只有听其自由言价，始可恢复粮源。粮食部过去所司何事，何以造成此种危险局面，姑不置论，但主管粮食之当局如此危言耸听，而久任粮食部长之徐堪氏亦极力赞同关氏之主张，大家只好照此通过。我认为此一道重要防线放弃了，一切将不堪设想，大势已去，力争无效，惟有立即对过去引咎，而对未来不再与闻而已。

散会后，我即回寓，亲自写一辞职书，于次日（二十九日）清早派人送往翁院长公馆，原书录后：

院长赐鉴。敬启者，最近金圆券价值突变，虽有种种外在原因，然云五未能提前返国，坚持适时适当之措置，在责任制之政府中，自属不能辞责。且旬日以来，苦思焦虑，计议多沮，竟夕失眠，精神恍惚，不足以当艰巨。故就过去责任言与将来负责计，均不敢尸位误国。谨此辞职，务恳转呈总统赐准。幸甚幸甚（下略）。

次日即十月三十日，翁院长亲笔复我如下之一函：

岫庐吾兄大鉴。当此国步艰难之会，中央重要地位，惟有依序进行，慎重办理。财长关系特为重要。兄遽请辞卸，弟万难同意。所有请辞原函，敬以奉赵。乞暂勿坚持，至深纫感（下略）。

十一月一日上午，我续作第二次请准辞职函，如下：

咏霓院长赐鉴。昨上辞函，猥蒙退还，并加慰勉，敢不遵命。惟云五考虑再三，仍不得不辞。此次币值突变，原因虽多，然云五为建议与主持改币之人，无论由于计划未周，或议而未行，责任所在，实不能不辞，一也。今后应付局势，似非就财经紧急处分原案作重大转变不为功，云五以主张原案最力之人，信用既失，从事转变，断不能取信于国人，不如易人主持，面目一新，事半或可功倍，二也。财长职责，首在平衡预算，就目前情势言，行将提出之三十八年度国家总预算，支出如此庞大，收入之责端在财部。云五既乏点金之术，自难为接近平衡之计；按宪政先例，财长苟不能平衡预算，实不容须臾恋栈，三也。其他理由尚多，不胜枚举。除仍将昨函奉上外，务祈鉴允转呈总统迅赐令准，公私同感。又云五连日失眠加甚，精神疲乏，不克治事。在奉准卸职以前，自即日起，务恳给假休息。所有财政部部务暂由政务次长徐柏园代理，合并陈明（下略）。

同日下午我又致翁院长第三次请准辞职函，如下：

咏霓院长赐鉴。今晨一缄，计先达览。顷阅报载立委刘不同君谈话一则（随函剪来），可见舆论一斑。弟如不立时辞职，等于恋栈而不肯负责，以恋栈而不肯负责之人，于此艰难之时，膺此艰巨之责，个人名誉纵不足惜，其如误国何？且此次币值突变，人民确受有重大苦难。实际责任谁属，固不必问；弟窃愿代表政府负其责任，使人民能得小小安慰（用刘君语）。千乞原情俯允，迅请总统准予辞职，另选贤能接替。国家幸甚，个人幸甚。

天下兴亡，匹夫有责；见危授命，弟不敢辞。惟留任财部，于国家实有损无益，解职以后，仍当以在野之身，随时贡其一得之愚。公晤总统，并乞婉为代陈，并请鉴原为感（下略）。

次日午前接翁院长十一月一日复函，如下：

岫庐吾兄大鉴。今日两次奉函，坚请辞职。情词恳挚，读之至为感动。弟上月杪请辞院长职务，奉总统坚谕慰留。弟已再上辞呈，请其迅为照准。顷奉大函，弟复专呈上闻，请其察核。惟当此时事多艰，财政关系特为重大。在正式办法经总统明令决定之前，仍盼兄勉仍任事，续为支持，以重公务，实所切盼（下略）。

我接此函后，即日复翁院长一函，如下：

咏霓院长赐鉴。今晨得读十一月一日函复，知弟辞职事已荷同情，并为专呈上闻，感极……。在准辞明令颁布以前，弟虽因病不能照常到部，然职责所在，一日未解除，部务不敢须臾废弛。惟是新政策之筹拟推行，端赖贤能，自非待新任主持不为功。尤以三十八年度总预算之收支平衡，弟既点金乏术，具详昨函，此案即须提出立法院，故新任之发表，万不宜缓，以免有误大计。附剪呈昨日上海申新两报社论，无不以弟当负责辞职相督责，辞严义正，吾人易地而处，恐亦同此论调。弟之坚决求去，与兄之一再请辞，实亦以此为主要原因也（下略）。

过了两日，翁院长面告我，我的辞职已不成问题；因为总统见我态度如此坚决，业已物色替人，劝我勉留一星期，当有分晓。翁氏去志亦甚坚决，深以未能与我同时摆脱为憾，但他说总统已允许他，一俟替人找到，定即准他辞职云云。再过四五日，我获悉继任人选已定，并已商定金圆券贬值之政策，因于十一月九日第四次去函翁院长，请求立准辞职，内容如下：

院长赐鉴。敬启者云五前因金圆券价值突变，负责呈请辞职，虽迭承总统及我公慰留，终不敢恋栈。再三陈请，幸荷鉴原。上星期承面命暂仍维持部务一星期。兹以财政经济紧急处分令不得不作重大之修正，云五为对原案应行负责之人，务请即日转呈总统准予辞职，不仅明示责任所在，并可使修正案之执行益加顺利，则云五虽去职，转于国家为有利也。恳切陈词，不胜屏营待命之至（下略）。

此函去后，果于十一月十一日总统以命令发表，准我辞职，同时命令以主计部主计长徐堪继任财长。我早已准备交代，既见明令，立即往访新任徐氏，请其即日到部接任，以重公务。嗣经商定于十五日接事。通常部会长官交替，少不了为自己所用之人打点一下。我则正如上文所说，到部以后，只用了两三位自己人。现在稍有问题的，只有两人，且均系翁院长旧部，那便是主任秘书赵冠及总务司司长吴培均二氏。因即去函翁院长，请其于行政院中酌予位置。次日十三即得复函如下：

岫庐吾兄大鉴。自兄辞职获准后，徐次长柏园辞职，拟提院会照准。李次长倜君请辞，已复函慰留。赵冠已派为本院简任秘书，吴培均聘为参议，均当分别公文送达。此次金融改革及经济管制工作，始则兄特任其劳，今复多负其责，中外同深钦佩。弟原决定求去，徒以后继未定，以致迁延。当此时事多艰，勉为过渡，仍当坚辞求退，以明寸心也（下略）。

十五日我到部亲自对新任徐部长办理交代后，同日接翁院长送来一函，并聘书一纸，聘我为行政院顾问，经于次日十六作复一函，如下：

咏霓院长勋鉴。昨奉聘书，承聘云五为行政院顾问，如系名誉之职，则云五始终赞助政府，无论在朝在野，此志不渝；对此名义，自亦不敢固辞，但如附有报酬，则万万不敢领受，且并此名义亦不敢接受也。谨此陈明（下略）。

十九日翁院长复我一函如下：

岫庐吾兄大鉴。十六日手书奉查。承允担任本院顾问职务，至感。关于报酬一节，吾兄既坚不领受，自当勉从尊意，作为名誉职。专此奉复（下略）。

以上便是我两年有半的从政经过。现在把我辞职照准的总统府命令公布后，南京中央日报于十一月十二日以《王财长去职》为题所撰之短评，附录于后，作为这两年半回忆之结束：

财政部长王云五氏为财政经济紧急措施之突变，引咎去职。今日政务官有政策者几人？以政策为进退者几人？能进而不能退者又有几人？大家心里都很明白；不待我们赘述。王云五氏来得光明，去得磊落，开责任政治的风气。我们真是衷心赞许。

这次经济改革的挫折，原因很多。东北的军事失利，共党的渗透破坏，投机垄断者的反攻，都有重大的影响。在我们的看法，经济改革不能彻底进行，而中途全面退却，乃使挫折益加严重……

政策谈何容易。政务官以政策为进退，更须具民主政治的风度，尤须其人的生活能任其进退自如。在二千五百年前，曹刿已曾慨乎其言之：‘肉食者鄙，未能远谋。’我们今日可以说：一个人日久惯于肉食，就只能进而不能退了。总统倡导勤俭建国运动的时候，早已指出王云五氏是一个勤俭的楷模。今日王氏去位之潇洒，正足以说明他勤俭的美德，亦即为他政治的风度之内在支持力。

生活篇

我的生活片段

一 ➤ 我的学校生活

［一九五二年四月为台北《当代青年》写］

可怜得很，我的学校生活，一共不满五年，比诸中华民国宪法规定儿童一律受基本教育的六年还有不足。

我出生之年，在前清光绪十四年，在民国前二十四年，当公元一八八八年。那时候科举还未废，新的学校刚要萌芽，但是读英文的风气却颇盛行。假使我是生于屡代书香之家，至少还来得及考几场童试，要是够得上幸运，或者还获得小小的“功名”。假使我是生在那时候所谓“洋务”之家，我或者会入各级的教会学校肄业，要是够得上幸运，或者还会出洋留学几年，捞得一个学位，回国后还赶上一条捷径，猎取洋翰林、洋进士的荣衔。可是我家自从记忆所及的远代以来，没有一位祖宗不是种田的，只有我的父亲童年随亲戚长辈远赴上海学生意，毕生置身于商界。甚至从近人所编的香山（我的原籍广东中山县，旧名香山）诗选，其中所选宋代以来邑人的诗，我的本族人士作品膺选者只有一首，是明代我的一位远族祖所作，他只是一名岁贡生。总算到了清光绪间同族产生了两位秀才，一是我的一个叔祖，一是我的大哥。我家居然出了一个秀才，真是破天荒的奇事；但正因我的大哥破天荒成为秀才，却又不幸于二十一岁的青年早逝，使我父亲受了风水之说所影响，尤其是爱子情深，不愿我蹈覆辙，因此纵然不必强我沿袭屡代的田间生活，至少要我跟他定入商业之途。其次，我的父亲虽久居于洋务中心的上海，却不是当时之所谓洋务人物，也不是基督教或天主教信徒，便没有想到使我入教会学校。

此外还有一个使我早年失学的重大原因，就是由于我的幼年多病。记得在我九岁的时候，不知是否患了百日咳之故，因久咳而一度吐了几口血。那时候西医药还未盛行于我国，纵然在我中年曾经一度的肺部检查，并未发见旧疤，足见我的早年病患不是由于肺结核；但在那时候一种所谓“童子痨”的病象可把爱子情深之父母吓坏了。我有了这样的一种病象，更兼在我十岁的时候，我的大哥不幸去世，所以迟至十一岁春间我才开始入私塾读书。

然在入私塾以前，我并非完全没有读书。因为经我的大哥在家里教读，我曾读过三字经，千字文和四书之一部分。我的大哥是一位典型的旧式读书人，治学很用功，一举一动无不循规蹈矩。他和我们的表兄陆皓东（名中桂）烈士同学。陆烈士思想新，时吐露革命言论；我的大哥深为恐惧。及陆烈士于光绪二十一年因随孙中山先生发动第一次革命，就义于广州；那时候我才七岁，大哥是十八九岁，他常为我道及陆烈士之年少英俊，竟不幸因革命而牺牲生命。在我听到大哥叙述此事的口气，一方面固佩服其就义前的英勇，他方面却似痛惜他走错了路。后来有一日当他教我读孟子，读到“君之视臣如土芥，则臣视君如寇仇”一段话，我经他解说以后，不禁高兴万分。那时候我对于民族意识还没有印象，只是由于中日战争，我国大败，社会传说都痛恨西太后信任太监，乱花国帑供自己的浪费，把人民看不在眼里，这一次打了败仗，我国人民不仅要给西洋人欺负，甚至东洋鬼也欺负了。我听了这些话，此时又读到这两句话，便忍不住对大哥说：“那个西太后正是把我们当做土芥，我们为什么不把她视同寇仇？陆表兄的造反，只是要杀死寇仇，怎算得是造反？将来我长大起来，定也不肯把她放过。”大哥听了这番话，大吃一惊，除力戒我不要胡言外，后来还对父亲说过：“四弟读书还不差，只是防他长大后要走错路。”

大哥去世的次年，我已经十一岁，才开始在上海入一家私塾读书。我的老师姓萧，是我的邻居，也就是我父亲的一位朋友的内弟。他设账在亲戚的家里，收了一共不上二十名的学生。我在那里只读了一年零二三个月，因为次年是一九〇〇年，也就是世人注意的庚子年，拳乱在其上半年便酝酿，大家传说义和团要杀尽外国人和焚毁外国人所住的地方。我们所居的上海有许多外国人，父亲因恐殃及池鱼，决定趁早把家眷送回原籍。由于我们的故里离县城颇远，离省城更远，本着大乱居乡的原则，故有此举。大约在那年的春末夏初，我便随着母亲二哥和两位姊妹离开上海，乘船返广东；也就离开了萧老师的私塾。

我从萧老师攻读的时期内，不知怎样总觉得没有大哥教得好。我读的还是四书，但萧老师不像大哥那样每章每节都讲解大意，而且听我随时发问，有问必答。萧老师的教法注重背诵，背诵不出或是背错的，便打手心。我对这样不加讲解的课文毫无兴趣。同时又怕打手心，不敢不像鹦鹉那样背诵人言。在这样压迫的情形中读书，我虽然侥幸在一年零几个月间没有捱过一次打手心，可是我对于读书的兴趣殊不浓厚，只求敷衍塞责，因此，我自问成绩并不很好。加以萧老师还注重两项科目都是我不很欢喜的：一是做对联，由五言七言以至十余言不等，务求其对仗工，使我觉得毫无意义；二是写楷书和临帖，这也与我个性不合。我的大哥虽然写得一手好字，但他教我读书时，却不勉我写楷书和临帖，一任我自由涂鸦，有了这样先入为主的教学，我对于萧老师的教法，却是衷心不很悦服；在戒方压迫之下，勉强从事，自然不会有很好的成绩。所以萧老师偶然对我父亲说起我，纵然没有什么恶评，却认为我不一定是会读书成名之人，和我的大哥所期许于我者相差很远。

十二岁的下半年我住在乡间，没有读书。到了次年春间，因为拳乱已息，父亲又把我们接回上海。那时候因为迁居了，离开萧老师的私塾太远，而且我对于萧老师的教法不很满意，不愿再跟他读书，便在新居附近一位李老师的私塾就学。这位李老师的作风完全和萧老师不同。奇怪得很，他所处的时代还不易接受新式的教育方法，却主张把要读的书仿佛和现在一般，分为精读和略读两类。对于精读的讲解不厌求详，不仅对于字句的意义丝毫不肯放松，而且对于章法句法一一阐述分明。《东莱博议》的调子，在今日许多人视为陈腐者，在当时看起来，对于初学做策论的学生不能认为无补。李老师常常用此书来教我。其阐述引申之勤在我今日回忆起来也还敬佩。他又教我读《史记菁华录》，也是选读而精读的。此外，他要我准备了《古文评注》、《孟子》、《左传》、《唐诗三百首》、《曾文正公家书》、《阅微草堂笔记》、《三国演义》各一部，后三种听我自己阅读，等于现今所谓略读；前几种由他随时选择讲授，但不讲授时如果我自己看得懂，尽管自己阅看，不很明白的也可向他请教。

李老师的字写得非常好，因为常常有人请他写对联和名片（那时候的名片字体是方寸左右，木刻后印在红纸上；刻名片的店多请善于书法之人代写，视写字者的声望和程度定其酬金的高低，与现在用铅丰排印的小名片不同），听说每年由此收入的报酬不比教书所得的修金为少。对于习字一项，他看了我所写的字，说我写得太坏；但他不主张写小楷，也不强迫我临帖。他除了矫正我执笔和坐位的姿势以外，对我解释字的结构，怎样才算自然，怎的太不像样。初时要我们写方寸左右的字，还要我和两三个程度相等的同学互相批评所写的哪一笔不像样，各用墨笔加上一个叉，再把互相批评过的习字册给他覆阅，应加叉号而漏加的，他用红笔补上一个叉号，不应加叉号而加上的，他用红笔取消那个墨笔的叉号；而且常叫我们互相批评的几个同学立在他的书桌前，由他一一指正。这样一来，我的确觉得所写的字比从前像样得多，纵然我因为不很喜欢临帖，始终不曾写得一手好字，只是对于字的好坏还算能够判别。他常对我们说，字是文字的衣冠，衣冠不一定要美，但不可不整洁。字写得好是书家的事，但字写得像样是人人的事，因此，他自己虽长于书法，却不勉强他的学生都学他的榜样。

关于作文一项，我那时候是学作策论。他除了照例出题给我们作文外，有时也要我们对于所读的书尽量发表自己的议论。有一次我因为阅读《孟子》“舜为天子，皋陶为士，瞽瞍杀人……执之而已”一段，我发表了约近千字的长篇议论，认为皋陶与舜的处置都合分际。我的意见是天子以法治天下，如果自己的家人犯法而纵容，焉能强人民以守法。古时有太子犯法刑其师傅者，表面似乎重法，实则人民犯法既不能以他人代其受刑，何以太子犯法却可刑其师傅为代？这显然仍是重人而不重法。法既因人而别，则法不免失其效用。古时所谓议亲议贵，便是重人而不重法。我以为能够免受法所惩罚的至多只限于天子一人；因为天子是法的最高主持者，用自己主持的法来惩罚自己，事实上是办不到的；而且天子犯法渐多，将另有一种有效的惩罚，那就是汤武对于桀纣的革命，所以顺乎天而应乎人。但是瞽瞍是舜的父；父子有天伦关系，圣人又以孝治天下；父犯法，子为天子而不许执法，固有违法徇私之嫌，父犯法子为天子而执法，则又有破毁天伦戕贼人性之弊；“其父攘羊而子证之”之不合中庸之道，正是此理；因之舜能“窃负而逃，遵海滨而处”实在是两全办法。我这番议论，在目前提出来，殊平淡无奇，然在那时候由年甫十三岁之我提出来，便不免使老师大大惊讶。但他的惊讶不似我的大哥听了我就孟子“君之视臣如土芥，则臣视君如寇仇”所发的议论时那样情形；他是以惊讶的态度来赞许我的。李老师本来对我有好感，读了此文以后尤对我另眼相看。

有一次李老师的弟弟远道来探望他，住在李老师的私塾里约莫一月。我称他为师叔；这位师叔听说是一位举人，在某地方做候补官，究竟他是什么官我那时候全不懂。据李老师介绍我和师叔初见面时，他似乎说了关于我的许多好话，同时又对我说师叔的文章、学问比他好得多，尤其是写的字人人称赞。师叔对我也很好；在这一个月内，每当我来塾早了一些，同学还未到齐时，师叔常常走出来和我单独闲谈。从他口中我听到了不少关于做官的恶习。辛苦读书和很有学问的人简直无法和有钱而侥幸考试中式，或请“枪手”（就是冒名替考的人）而中式者比拟；尤其是近来公开捐官，有钱的人不论是否草包都可做大官，而有学问的寒士却久久坐冷板凳候补。他对我说，他年纪相当老了，朝气几乎全消，早年壮志不复存在。国家前途惟寄托在后起之秀；他对我很有希望，除听了李老师称许我能用功而有思想外，他说还懂得看相，认为我将来或不是一个平凡的人，要我好自为之，但望我第一不要畏难，第二不要自满。我听了这位师叔的话，很为感动；也就不自揣，很想将来有机会能为国家尽一点力。到了师叔要离开上海重返其候补的地点时，他仿佛要对我留一点纪念。我的小名，本用“日祥”二字，入私塾读书时也没有改名。师叔却自动为我取了一个别字，就是我现在所用的“云五”二字。他说这意义是本于“日下现五色祥云”的故实。他问我是否赞同。在我同意之后，他立即替我写了方寸大小的“王云五”三字，说将来找一个好的刻字人刻出来，便可用为名片。其实一个十三岁的儿童，哪里用得着名片。不过这位师叔的美意，我不忍忘怀，不仅至今仍使用这一时作为别字，现在作为名字的两字外，他给我写的三个字保存到我十七岁开始用名片的时候，真个应用起来，许多人见了都说这个名片的字顶出色。

我在李老师那里受业的时期内，还有一件使我至今记忆犹新的小事。上文已经说过，当我从游萧老师的时候，由于萧老师注重做对联，我认为无何意义不感兴趣，但因被迫不能不学，也就懂得一些。在李老师那里，他偶然也叫我们做对联，但不很注重，更不强迫；因此偶然做起来倒也有些兴趣。李老师私塾所在地的虹口青云里一带的里弄，都为广东人聚居处，由广东人所设的私塾听说有十几家。不知怎样常有些称为某某文社的出了上联悬赏征求最佳的下联，所有应征的对联都由出题的文社聘旅居上海的广东籍科第人物评定优劣，对于高列前几名的分别给奖。发榜时张贴于青云里总弄的入口处，并燃放爆竹志庆。这样的每隔两三个月举行一次。在我随李老师读书一年有半的时期内，已经见了不少次。应征者什么人都有，私塾中的高材生，附近里弄中通文墨的居民，甚至私塾的老师也有应征的。

有一次，当我在十四岁的上半年，所出的上联为“菊放最宜邀友赏”。这个上联太平凡，因之下联要得奖必须有其特点，否则以平凡对平凡，人云亦云，将无法判别高下。李老师看了这个上联后，一日对我说，做对联本不是什么学问，我平时并不注重；不过这一次征文的冠军奖品是一套袍褂料，不能不算优，听说应征者特别多。他以为这样一个上联人人都能对得相当工整，冠军是不易断定的；因此，要想高列前茅，惟有心思的人能别出心裁，才有制胜之望。他说我和另一位同学均有相当细密的心思；他问我是否愿一尝试，但他说为着他生平最恨考试时的“枪替”，他断不能为我们的作品润饰，只是我们定稿后不妨给他一看，认为是否值得应征。我们两人都遵照他的指示，费了几日工夫，我提出我的下联为“苏来奚后慰民思”，是本着孟子“后来其苏”与“奚为后我”之意，把“苏”字照其最初的意义为芥草，与“菊”字趁合，而其用法却不作为草类。李老师看了这个下联几乎要跳起来，连说:“好极！好极！难得你有这样心思和气魄，我的眼光真不错；只要评阅的人真有眼光，保你高列三名以内。”而对于那位同学所作的下联，李老师似嫌其平凡，不很鼓励他应征。后来他有没有应征我却记不清楚了。我得了李老师这番鼓励，固然不敢自信，却也不甘自馁。在静候发榜的时期内，心里不免患得患失。可是像这样近乎投考方式而静候发榜之事项，在我过去六十五年的生涯中固然是第一次，也就是第末次；今后余生恐未必有类似的遭遇，因为在我生平无论入学与就业从来没有经过考试而候榜的。

真是巧得很，在爆竹齐鸣，文榜高张时候，我的名字竟列冠军；在数百名应征之人当中，想不到第一锦标竟被一个未满十四岁的私塾学生夺取了。这不仅使老师和我的父母都很欢喜，我自己内心也窃窃私喜，后来听说还有人打算替这个小孩子做媒呢！

但是高兴的最高峰往往丛生着不少的荆棘；人生的遭遇固往往如此，我生平的遭遇尤有如定律。由于家庭的特殊关系，使我不得不于十四岁的下半年开始半工半读，就是白日里充当学徒，晚上入一所英文夜校读英文，于是我便永久脱离了中文的学校生活，而转向另一种生活了。

我开始读英文，是在一所夜校。那个夜校的校长而兼惟一教员的吴先生是广东人。据说他日间在一个英国律师事务所当翻译，晚间办这所学校。校址在英租界南京路附近一家酒庄的楼上，把连接三幢的房屋拆通了，成为一间很大的讲堂，同时可容学生约两百人，实际上他的学生几乎满了这个讲堂。在这些学生中，以程度言，从初学英文字母的以至读到第五六册读本的都有；以年龄计，从十三四岁的儿童以至四五十岁的中年与半老年不等；而这些形形式式与程度不齐的许多人都挤在同一讲堂内。学生到校可在一排排的长桌和长凳上自己选择座位，但是接近讲台和黑板第一排座位必须空着，原来是留给轮到授课的一班学生所用的，至于上课的顺序，大致是程度最浅的最先，最深的最后。尚未轮到授课的学生都在自己选定的座位上准备功课；已授课后或即离校，或仍退回原选定的座位上继续准备功课，或旁听他班学生的功课。在这样像茶馆式的一间讲堂，挤满了约莫二百人，在教师未开始授课时，固然是读书声和谈话声混在一起，嘈杂不堪。即在开始授课后，照章除在授课的一班学生得依教师吩咐朗诵所读功课及答复考问外，其他各班学生是不许发出读书之声音，尤其是不许谈话的；但由于学生人数之多，流品之杂，授课时不许读书和谈话的标语虽然遍贴讲堂的四壁，事实上读书声或会降低一些，喁喁细语仍时有聚蚊成雷的状态。因此，除了坐在第一排的学生，因接近教师的席位能够听清楚讲读的声音外，其坐在较后几排的只能看见教师的嘴和手在动着，简直没有听见他说什么。较能用功的学生，想在本班的功课以外还听到比自己高一班或低一班的功课者，便只好抢先坐在第二三排的凳子上，因为那里还勉强听得到授课的声音。反之，有些欢喜谈话的学生却争取最后几排座位，可以和几个知好的同学实行茶馆式的消遣。吴先生虽坐在或站在讲台上，可以居高临下，对于后排学生的举动看得清楚，但所能看到的只是他们没有张嘴附耳或动手，却无法听到他们的声音，正如他们无法听到吴先生教书的声音一般。因此，同学间对于前面第二三排和后面第二三排的座位共同起了两个雅称，前面第二三排称为“前包厢”，后面第一二三排则称为“后包厢”；简直把戏院的名称搬到学校的讲堂上了。我初入那个学校时，不知就里，只拣空位而坐，既不择前后，也不愿意找同伴；因为我认为来此既以读书为目的，横竖在授课时都有轮流移坐第一排的机会，而在自己准备功课时，更用不着和同伴坐在一起，以免闲谈分心。后来得了一些经验，便尽可能赶早到校，在“前包厢”内争取一个座位，借此兼听比我高一班的功课。

初时我对于同班的学生都不认识，但同班毕竟较易相稔。我虽然不愿和他们于未授课时坐在一起，以免如上文所说的谈话分心；可是有好几位同班的学生因我对于功课还能用功，在教师考问功课之时都答得出，而他们或因事忙，或因授课时候没有听得明白，往往在下次上课要受考问的时候不得不临时抱佛脚；所以在自由选择座位之际，自动要和我坐在一起，把不很明白的功课向我请教。因此，我虽想避开他们，他们却使我无法避开。经过了相当时期，我们便由同班同学而渐渐相稔起来。其中几位年纪都比我大得多。他们不仅在校内对我很好，散学后也偕我一起出校，偶然还请我在附近的点心店吃些小食。我因好意难却，吃了他们几顿后，觉得礼尚往来，专要人家会钞是不合情理的，也就有一二次由我争做主人，抢着会钞。有一次情形可就不同了！一位年纪近三十岁的同班同学，说是一家商店的管账，中国书读得还不差，薪水收入听说还好；可是英文读得太不成，特别是发音错误很多。他几乎每日都要我把功课重教他几遍，因此对我特别亲切，请我吃点心的次数最多。某晚下课稍早，出校后他带我和另一位约廿岁的同学逛马路，走了一些时，他忽然对那位同学低声说了几句，便对我说要请我们到一家地道苏州点心店吃点心。我推说时间已不早，我要回家。他和那个同学左右把我夹着，硬说已将到该店，何必过门而不入呢。我毕竟年事太轻，不懂世故；而且我那时虽没有其他嗜好，但口馋好吃，在所不免，因此便随他们摆布，给他们领进一条很热闹的弄内。此时我方有些怀疑，质问他们为什么这家点心店设在弄内。他们说，这是人家所做的地道苏州点心，因为做得很好，远近驰名，不必设在马路上也不怕无人过问的。在我将信将疑之际，他们把我带到一家门口点着一个大玻璃灯，用红漆写上几个字，一瞥眼我只看见“书寓”两字的。他们把我一拥入门，随着还把我拥进一个房间，里面有两个打扮得很妖娆的女子笑面相迎。我一看这情形，纵然对于“书寓”的意义不很明白，直觉上总认为这不是一个正当的地方；便正式质问这两位同学，带我来此做什么。他们和房内的两个女子都哈哈大笑起来。其中一个同学说:“你是最欢喜读书的，所以我们带你到这所‘书寓’来，好让你拣些心爱的书读一读。”我听了这话，深知上了当，但一来是比较要好的同学，二来事已至此，和他们翻脸，徒然供他们谈笑资料；于是乘机把脸孔一变，落得随和一下，笑着对他们说:“我不是傻子，不过你们不应该骗我啊！”经过了我这一句话，局势马上轻松起来。两名妓女和我的同学尽情调笑一番，其中夹着多次对我的取笑。最后，他们真个叫了一些点心回来，让我吃了一顿，才让我先回家。

抵家时，已在十一时后；这是我有生以来独自出外回家最迟的一夜。我的父亲晚饭后出外访友早已回来，我的母亲平时总是在我上课回家后即上床，这一夜因我回家迟了两小时以上，两老不免担心我会遭遇什么意外，幸而那时候上海还没有汽车和电车，路上的意外惨祸还不多。但在倚闾而望的老人心中，一分钟简直像一点钟那样久，不仅因此使我母亲迟睡了两小时以上，而且累她焦虑万分；我的父亲向来虽睡得稍迟，也是同样的关心。等我抵家门之时，用不着自己掏出钥匙开门，父亲已在大门半开之下朝外张望了。我一入门又见着平时早睡的母亲坐在门内不远。这时候我在精神上所受打击，真是活到十四五岁最大的一次，用不着父母盘问或责备，我立即想“自首”；但又觉得在夜校读英文虽没有多大进步，毕竟比不入校读书为好，深恐“自首”以后，父母不能谅我此次举动并非出于自愿，仍不免顾虑到匪友的诱惑，而终止我的学业。我在那个穷急的刹那间，面红耳赤，已表示了不打自招的征象。但我总算有一点急智，立即对父母说，我是给巡捕（外国租界警察的称谓）捉到巡捕房（警察所）了；因为放学后走路回家，途中尿急，遂在马路僻静处小便，想不到后面走来一个巡捕，把我捉到捕房去。本来罚了一块银元，就可立时放出来；但因巡捕头没工夫问话，我在捕房候了一小时以上，才得到问话的机会，结果因我年纪轻，减半罚了五角钱，还诰诫一番，然后被释放。我这一番谎话，说来有声有色，而且一个十几岁的少年初次犯了违警罪而受罚，面红耳赤，逡巡不敢直言，后来知道瞒不过，才直说出来，按诸当时我的神色状态，却甚合情理。因此，我的父母都给我瞒过，不仅不责我当街小便以致被罚，而且还对我很同情，怕我受惊，又问我有无给巡捕打耳光，和捕房里的情形，问长问短地说个不休。幸亏我一扯谎就扯到底，尚能自圆其说。也幸亏旧日安分守己的人，以一生不入衙门为好人。我的父亲那时候虽年近五十，在上海住了三十几年，从来没有因案入过捕房，此中情形自然一无所知，对于我的谎话也就深信不疑，我母亲更不必说了。最后，由两老安慰我一番，大家才就寝。在我上床时，已是午夜十二时后；按照我家当时的生活情形，一年当中只有阴历除夕守岁才睡得这样迟，此外真是一年中不会有第二次的。但我上床后，因受了这样的刺激，特别是向来不敢而且不愿在父母面前扯谎的，这一次竟然破天荒铸成这样的大错，愈想愈受良心的谴责，深觉还是把真相明告父母为好；因为到妓院不是我的本意，于心无愧，在父母之前直认了，于心尚安。至于父母是否因此生疑，那是另一问题，至少是我自己的良心可不负责。记得曾见过人家一副对联写着：“岂能尽如人意，但求无愧我心。”我颇服膺此语。在他人的意见或不易取得谅解者，尚可置诸不计，况亲爱如父母，只要我能说实话，他们终会谅解的。我自问年纪虽小，平素做事尚有些决断；为什么这次却如此糊涂，对父母说谎呢。于是自怨自艾，辗转反侧不能成寐；而于妓院之事虽颇痛恨该两同学，却认为不是自己之错，用不着难过。次日特别早起，一等到我的父母起来，便把昨晚迟归的实情与说谎的动机都向两老“自首”。两老听了这番话，倒很高兴，他们都深信我不会冶游，而对于说谎的动机也深为原谅，惟要我今后交友加意审慎而已。一场风波也就宁息。

我在这所夜校读书的时期一共七个月。依我说过的该校环境下，读书是不会有了不起的成绩的。我总算跳了一班，就是在英文读本第一册讲读了一半左右，升到较高的一班，改读英文读本第二册，还加上一本纳氏文法第一册。但我对于未正式读过的功课并不生疏，因为几个月以来，我除在第一排座位听讲本班的功课外，还在退返“前包厢”时，兼读比我高一班的功课呢。我为什么要离开这个学校呢？这绝不是由于上文的插曲，致使父亲不放心让我继续下去。其实他听了我自首以后，毫不介意；而且那两位同学也没有什么恶意，只是对我寻开心，到了那个插曲演奏后的次晚，我把那一夜回家后的经过和次晨的“自首”情形一五一十对他们说明，请他们尊重我，不要拉我下水；而且我还板起面孔，装出少年老成的态度，劝他们好好读书，不要再到那些地方胡混。那位商店管账很受感动，他郑重地说：“你这位小弟弟不仅在英文功课上做了我的先生，而且在做人处世上也能做我的先生了。”他还说，以我的志愿和勤学，能够改入一所正式学校，全日读书，前途定不可限量，因此他力劝我放弃日间的学徒生活，改入日校。真想不到，这样一位可做“损友”的人，竟一变而为“益友”；我后来摆脱夜校，改入日校，也多少受了他的鼓励。一有机会我便对父亲提起要入日校读书。后来因为我的二姊回广东出嫁，父亲和二哥都在上海任职，不能偕同回里。那时候我已是十五岁，处事还带几分老练；父亲要我陪同母亲和二姊乘船经香港返我们的家乡。这样我便和那个夜校脱离，并向习业的所在请了半年假。

在我十六岁的春间，我跟母亲和二姊的丈夫同来上海。我的姊夫家境颇好，他在读书历程上比我幸运得多，他比我大四岁，在乡里的经馆读书到十七岁，考过一场县试，没有考中，后来到香港读了两年多的英文。十九岁回家结婚，次年春他的母亲留着我的姊姊在家中相伴，却使他跟我母亲来上海，住在我家中，和我一起读英文。我心里非常欢喜，因为有了这样一个机会，我至少有辞可借，请求父亲准许我和姊夫一起在日校读书。果然到了上海后，由于我的请求，和母亲的赞同，父亲便满口答应了。记得在这年四月间，我和姊夫同入虹口的守真书馆读英文。这是美国教会所办的一所英文专修学校。主持校务而兼教最高班功课的是一位美国牧师的太太，而牧师先生除讲道外却不担任功课。此外还有两位教员，一是牧师先生的女儿，是跛脚的，扶着一支手杖行走；另一位是中国人王医生，他在北洋医学堂毕业后曾留学美国一些时。该校分设八级，第八级程度最浅。四五六七八级的功课以由王医生担任为主；一二三级功课则由牧师太太与其女担任为主。听说牧师太太的学问很好，其女也是美国大学毕业的。我初入该校时插入第六级；我的姊夫则入第五级。该校的升级不限时期，每月经过一次的考试，如果成绩特优都可以升级。我在第一次月考后，由王医生把我提升到第五级，和我的姊夫同级。到是年七月暑期前，我已经升到第四级。下半年继续入学，记得经过十月底的考试我又升到第三级；而年终大考后，决定下年度开学时我可以升到第二级。第二级的功课是美国波尔文读本第七册，还有英文的世界史和世界地理；算学则有初等代数和平面几何。这一段的读书时期，算得是我的学校生活的黄金时期，因为三位教师都待我很好，特别是王医生给我的鼓励真是不少。在第四级以下的功课，除一门美国史外，全由王医生教授；而由第四级升至第三级，因大部分功课改由美国教师讲授，本来是不容易跳级的，王医生却特别为我推荐；同时我于是年十月升至第三级，听讲还算合格，不能不归功于我对是年暑假两个月时间之善为利用。英文比较上还容易躐等，但算学可不能如此，而史地的知识也不能欠缺，须经过考试及格才能升级。我在上半年得了王医生的鼓励，连升两级，打算在下半年至少也跳一级，但因功课愈深则愈难，绝不敢妄想连升几级。在暑假中，我购齐了第三级所用的各科课本，把最难自修的代数前半部和平面几何的一部分，靠自己的摸索，来学习和演算。在第二个月考的十月底，经过了考试后，我幸列全级第一，因此王医生向牧师太太建议把我提升到第三级。当经牧师太太亲自出题把第三级正在攻读的课程给我考试，据说除世界地理一科成绩稍差外，其他均在第三级一般水准之上，算学尤为特优。因此我便获得此次破格的升级了。到了阳历一月间举行的年终考试，我也侥幸名列前茅，牧师太太认为在下一学期我可升入第二级。

在这短短的一学期有半，实际上，上课不满八个月，我从第六级升到第三级，最后又有升至第二级之可能，固然是那时候那所学校的升级制度给我莫大的鼓励，但我对于读书机会之难得而尽力利用，也是重大原因。加以我的求知欲很浓厚，无论入了那一种学问之门，总觉得很有兴趣，不止希望能够一步步深入，还想探访其邻近的蕴藏。当然好胜之心人皆有之，少年时代之我怎能成为例外。虽然我绝不敢有骄色，嫉忌我的同学也不很多；却有一位我的世交，当我入校时他本在第五级，高我一级，后来我升到和他同级。记得在一次月考中，考验英文读本的成绩时，各学生都站在教师面前，排列成行，各人背后有一张座椅，由教师依序提出一个生字，给轮到的学生拼字和解释意义；答案满意的仍然站着，答不出或答错的便须坐下，最后仍站着的一个人就成为这一科考验的第一名，而最后坐下之一人为第二名。我在那次考验该科时，和那位世交是最后站着的两人，因为只剩下两人，教师的发问便对两人轮流而发，竞争颇热烈。我却满不在乎，因为我是初次升入本级的，纵然考个第二名也无关系，但那位世交向来很用功，成绩为全级冠，给一个新升级的人压倒未免有些难堪，情绪也就异常紧张。倒是那些坐下来观战的同学们悠闲而感觉有趣；这次竞争的结果，我是胜利了。这位世交精神很沮丧，王医生真是一位好教师，一面安慰他，一面还教我和他握握手，好像是比赛足球后，胜利方面的队长对失败方面致意一般。但其后加上算术及英文法两门的成绩，他毕竟居第一，我居第二。我倒因此安心一些，借此免招他的嫉忌。可是暑假后我们二人均升入第四级，又作了一次相类的竞赛，结果我列第一，他却退居第三。下半年我续由第四级升第三级，他留第四级，而且当我离开第四级后，他不仅未能考列第一，却转而落后。据说他的天才本不差，平时又肯用功；但受上次挫折后，心理突然变态，远不如前此之用功，同时对我痛恨有如仇敌。因此，我常常觉得任何竞争过烈的考试制度，使人刺激过深者，皆有修正之必要。我那位世交，听说后来很潦倒，我偶一回忆，殊觉不安。

好景不长，世事本来如此；我的一生，甚至在少年求学当中仍不能免此，这似乎是冥冥中注定一般。上文说过，我已于十六岁的阴历年底考升了第二级，满拟过年后便入该级上课，假使我的努力结果不致落空，下半年当可升第一级，在该校便算登峰造极，将来有没有再深造的机会纵然不敢预必，可是在这一个学校的学业总不难完成了。但在春季开学前我又遭遇一个波折。原因是我的父亲所经营的商业不时有与外国人往来及通信情事，最近几年间由二哥助理此种工作。此时二哥在外间获得一个相当优美的位置；父亲为着他的前途，只好让他离开，一时间找不到适当的人代任其职。同时父亲知我年来英文颇进步，虽然年纪小一点，能力却还胜任，因此便要我从十七岁开始的年头，停了学业帮助他。他征询我的意见，我心里虽舍不得离开该校，更不愿从事商业，但事实摆在面前，我如不来相助，要父亲另行物色适当而可靠的人恐怕也不易办到。为了这样，宁让自己内心难过，不愿使老人家不欢，我就答应下来，只说我对于读书颇有兴趣，商业却不很适宜，将来父亲随时另行觅人，最好在半年以后仍让我去读书。父亲也就应允了。在此半年之间，我白天协助父亲，晚间，甚至日间稍有暇，总是一书在手，努力自修。这时候我已渐养成对环境苦斗的习性，认为小时候由于多病不能早读书，童年在私塾读中文，刚有进境，又辍学改为半功半读；好容易在最近大半年内入守真书馆读英文，成绩尚不差，忽又辍学；这或者是我的命运使然，但我不甘屈服于命运，决借自修而补缺憾，加以在守真书馆读书的一个暑假内借自修而获致相当成绩，此项成绩得之艰难，弥觉珍贵，故毫不自馁。到了那年五六月间，因想在暑假后再入校读书，暗中征得我的姊夫同意，由他代替我为父亲助理，好让我入学校。但是学费一项，我既不能替父亲出力，更何忍要父亲出钱；于是决计另谋自给。幸而有人介绍我在一家英文夜校当助教，每月有二三十元收入，自计足敷日间入学之需。我对这些事项都已布置妥当，便先与母亲商量，得她同意，并允向父亲疏通，果然一说便成。于是是年暑假后，我便入上海的同文馆修业。

同文馆是一位英国老教师布茂林 Charles Budd 先生所设立。他来中国多年，在北京的同文馆当教员，后来该馆停办，他便来上海，自己创办这个学校，沿用同文馆的名称。其所设学科固以英文为主，但是历史、地理、普通科学以及经济学、论理学无所不教，甚至愿学拉丁文的学生，他也能教。据说各科目的程度系按照英国中学校，以能投考英国剑桥或牛津大学为准，按程度分为五班。我初入该校时，插第二班读了三个月后，布先生说我的程度可入第一班，问我愿升班否，我当然认为是求之不得的机会。该校虽分五班之多，而除了布先生一人唱独角戏外，只有一位助教，实即是英国式的教生 Monitor。教生的任务是每星期以六日的上午替布先生教第三班以下学生的一部分功课，还可在每日下午布先生教第一班学生时随班听讲。我升入第一班的四个月以后，由于原任教生某君应某省高等学堂之聘，担任英文教员，我幸而被布先生拔充教生，以承其乏。我担任教生时期内，因有了薪水，而且免缴学费，便把英文夜校的助教一席辞掉，俾能利用晚间的时间多多自修。我在同文馆做了七个月的学生和十个月的教生，可说是我的学校生活中第二个黄金时期，尤其是任教生的时期读书的机会最多，在学问上的收获也最广，具详我所另写“我的图书馆生活”一文，兹不复述。总计我以学生资格读英文的实际时日，有吴先生的夜校七个月，守真书馆八个月，同文馆也是七个月，合计为二十二个月，此后我便不能有入学读书的机会了。但是我对于有形的学校生活虽已终止于彼时，而无形的学校生活则继续不断，以迄于相距半世纪的今日。

二 ➢ 我的图书馆生活

[一九五二年二月为台北《学生半月刊》写]

我在学校的时期很短；我在图书馆的时期却很长。我不是职业的图书馆馆员；但我大半生消磨于图书馆的时间恐怕比一般职业的图书馆馆员尤多；一个职业的图书馆馆员至多与一二十所图书馆发生过关系，而与我有关系的图书馆至少有几千所。这究竟是怎样一回事，且听我叙述一下。

与我最先发生关系的图书馆，是英国布茂林先生的私人图书馆。他是我在少年时的英文教师。我在十七岁（民国前七年，当公元一九〇五年）的上半年开始跟他读书，经过实际上七个月的工夫幸而被布先生拔充教生。每月领薪水二十四元，还可于每日下午布先生教授第一班学生的功课时随班听讲，而且随时可以作文请布先生评定改正，自己读书有问题时也可向布先生请教。我任教生约一年；在这期内我确实获得不少的进步，特别是由于开始利用布先生的私人图书馆。它所藏的当然都是英文书籍，为数约六七百册，范围却很广，各科各类无所不包，其中还有一些外国人所著关于中国的书籍。我的家庭并不是书香门第，纵然我的大哥破天荒中了一名秀才，却不幸早逝。他纵然有几部旧书，也都存在广东的老家里。在上海的家里只有我父亲购藏的一部同文书局版二十四史算得是有些价值，此外简直没有什么对我有用的书籍。我自己从十四五岁以来虽也零零星星买了一些书，可是都以中等程度各科目的自修参考者为限。现在有了这样的便利，仿佛是乡下人进城，见着什么都心喜；又仿佛是过屠门之人，都想大嚼一顿。因此，我就常在他的书室里盘桓，把每一本书都翻阅一下。得了他的同意，每隔几日必借一本书回家阅读；又为着怕他自己要用，所有借出的书都不敢耽搁过久，遂养成一种赶快读书的习惯。好在每天下午是我自由随班听讲的时候，第一班的功课我或已读过，或觉得自己阅读比听讲快得多，倒不如利用这些时间自己补读，可以腾出较多的时间，去读每次向布先生借取范围远较广泛与程度高深的书籍。因此，在每日下午布先生独自上课的时候，我不是躲在他的书室里，把用不着借回家去或者不便借回家去的书籍作闪电式的阅读，便是在家里把借回来的书细细阅读，夜以继日，有时还开夜车读至十一二时才睡，而其中一部分的读书时间却是躺在床上，渐渐也就养成上床后，不读书不能入睡的习惯。

这时期内，我读的英文名著，第一部是遵照布先生指示的马可莱氏英国史；这是两厚册的巨籍。布先生对我说，纵然不注意这书的内容，其文章也是最值得一读的。的确，这部书读完后，对于我的英文着实有很大帮助。此外的书大都是由我自己随好奇心与兴趣而选择，偶然也请教一下布先生。举其类别和重要书名来说，在经济学方面有亚当斯密的《国富论》（严又陵氏译本称为《原富》）；在社会学方面有斯宾塞的《社会学原理》（严译名为《社会通诠》）；在法学方面有孟德斯鸠的《法意》；在自然科学方面有达尔文的《物种原始》：在哲学方面有埃儿曼的哲学史，有柏拉图的对话，有休谟的人类理解；在政治学方面有穆勒约翰的《代议政府及自由论》（后者严译称为《群己权界论》）与卢骚的《社约论》；在教育方面有斯宾塞的《教育论》；在历史方面有克莱尔的《法国革命史》及英人某氏的《中国》。但对于文学方面，我除了培根的论文集、马可莱的论文集、弗兰克林的自传、布恩的天国历程与阿拉伯之夜（即《天方夜谈》）几种名著外，其他颇不感兴趣，特别是对于莎士比亚的戏剧和米尔顿等的诗，虽然布先生很劝我一读，我总觉得不如其他之有兴趣，勉强一读，也就放下。这或者是我不能成为英文学家之一原因。

还有一件很奇怪的事。我自从离开了不满三年的中文私塾生活，对于国学既没有根底，对于国文也还不很通顺；却因开始念英文，这几年间在校中所读与在校外自修都限于英文及新的基本学科，致把中国文史简直置诸脑后。自从得读英文的《中国》，使我感觉对中国史的兴趣，于是把家中所藏之一部二十四史随便翻阅。由于我国的正史都是纪传体，一时摸不着头脑，遂买了《通鉴纪事本末》与从日文汉译的《支那通史》各一部，读过后得了一些线索。又因《史记》不只是第一部的正史，而且听说其文章最好，便从对《史记》的阅读，而开始涉猎中国的史籍。同时，在读英文的《国富论》、《法意》等社会科学名著之时，获悉有严又陵氏的译本，取而对照，觉严氏的译文典雅颇有为我所不尽了解，转不如英文原本之易读；因思中国人读中文不能如外国文之容易，实属可耻，遂决意多读中国古籍，以雪此耻。这是后来的事，不关本题；然其动机竟为此一时期的外国图书所激发，殊值得毕生的回味。

在我十八岁的下半年，因有一个机会接受上海一英文专修学校之聘，代替那位别有高就的校主担任一切的功课，每月有将近二百元的收入。虽然因此失去了布先生的指导和对他的私人图书馆的利用，但我却从新的图书资源，就我的卧室开始建立自己的一所图书馆。我每月骤增了一百多元的收入；那时候每一元的效用比战前不知增加几多倍，比诸现在更不必说。当我在同文馆任教生时每月所得的二十四元，除以半数献给我的母亲零用外，自己支配的十二元已经绰有余裕。此际每月所得也是照样处理。一个年甫十八的少年，除了偶然和几位少年朋友吃些点心外，别无其他嗜好可以花费这许多钱。于是我自己支配的半数每月剩余约七八十元便都变为书籍。那时候的英文专修学校，除星期日休息外，星期三和星期六的下午也停课；而这两个下午我总是消遣于北京路一带的旧西书店和河南路福州路一带的中文书店。这些旧西书店多从拍卖行把外国人回国者的家具什物和书籍一起买回来。它们对于家具什物都还识货，自能待价而沽；但对于西书既不知其内容，便只凭外表装订之优劣与书籍的新旧，胡乱定价出售。我在布先生那里当教生的一年自动阅读的书颇多，对于西学已略窥门径，于是某书有用，某书无用，便不致随其外表而定；因此，在那里搜购西书往往获得很有价值的名著，而代价之低往往在原定价十分之一以下。至对于中文书籍既由读英文书而引起兴趣，也常常向扫叶山房等购石印古书，广智书局等购日文翻译书，文明书局、商务书馆等购新编各种书；所以不到一年我便积聚了中外新旧的书籍好几百册。我个人独居的小小卧室居然堆满了三壁图书，奠立了在大陆“沦陷”前总计不下八万册的私人图书馆之基础。

在此时期，我的私人图书馆中突然增加了一部三十多巨册的大英百科全书，那是由商务印书馆的西书部代理，而可以先行取书分期付款的。记得每月付款为十二元，约于两年内付清。我得了这部装潢华美，印刷精良的大部书，不仅为我那时候的私人图书馆大大生色，而且对我个人以后至少二十年间的读书兴趣影响了下少。本来我之读书没有一定目的，又除在同文馆任教生之一段时期外，并没有得人指导；因此便随一己的兴趣与求知欲之浓厚，而且个人由于自修的磨练，理解力也颇强，对于任何一项新的科目在入门之始都不感什么困难；而这部大英百科全书得来并不容易，且系按月付款，无时不使我重视其代价；于是我从那时起接连约二年之内，几乎每日都把这部书翻读二三小时，除按各册顺序翻阅一下外，对于前后相关的条文更就索引所指示，依类阅读无误。结果，除了许多人名地名无关重要者略而不读外，所有重要条文几乎都曾涉猎。这样的读书方法，博而不专，原是很愚拙的，在那时候有些知好和学生获知此事，颇加赞许，认为难能可贵，我那时听了这样的批评也不以为忤，可是现在回想一下，不仅把这两三年间自己读书时间的一个重要部分占据了，而且由于博而不专的习惯养成，使我以后约莫二十年的自己读书常常变更其兴趣与学科，结果成为一个四不像的学者，否则以我对于读书的兴趣，自问理解与记忆均不差，纵然没机会进大学之门，至少也可以靠自己专攻一种，而获厕于专家之列呢！

我在十九岁秋季后，改就中国新公学英文教席，嗣因中国新公学仍并入中国公学，转就该校任教，迄于辛亥革命上海光复之时，其间四年，月薪较优，任课之钟点也较少；在较后的两年间又兼他校功课与报馆撰译，月入更多。因之，聚书之能力更强，读书之需要也更殷。及民国初元我先任职于南京临时政府，继随政府北迁；那时候上海寓所的藏书已达六七千册。除把必须之一部分随带至北平外，我在留北平服务之五六年间，退食之余仍不辍读，仍继续聚书，并开始收集木版书，与法政经济社会之英日文著作。及民国五年南返，合平沪两地的藏书，计已在万册以上。从此时起，迄于加入商务印书馆之时，其间四年，由于第一次欧战后外汇汇价大跌，美金一元仅当我国国币七八角，于是向外国购买新出版书籍的价格至廉；同时我对各科学术都有了门径，也就得以极廉之价选购最精要之作。加以最近数年渐能读法文及德文书籍，故于中英日文的藏书外，还参入若干法文及德文著作。

像这样凭借私人图书馆而读书，到了民国十年我开始担任商务印书馆编译所所长以后，便有所改变。由于该馆原有的涵芬楼所藏旧书二三十万册，英日德法文书籍五六万册，隶属于编译所而由我主持；于是我对于图书馆之利用，不仅范围大大加广，而且可以按需要而大量增购。未几商务印书馆董事会议决拨款新建馆屋，将涵芬楼藏书公开阅览，更名为东方图书馆，而由我主持筹备。我认为图书馆之公开，首须作合理的图书分类，以便检取书籍。我国旧日的四部分类法失诸粗疏，专供旧书的分类，尚觉不适于用，况现代图书馆皆兼收西方新籍与其译本，及近人对新学术的著述，其不能以旧分类法为之统驭，更属显明。涵芬楼之所藏固以旧籍为多，新书与各国文字之图书亦复不少；要采用何种分类法始能统驭中外新旧之图书，实有亟予研究之必要。

我平素不自量力，对于主管工作的当前问题，尤不肯放弃。经过相当研究之后，遂作成“中外图书统一分类法”。这方法不是一种发明，而是建筑在美国杜威氏的十进分类法的基础上，加上若干点缀，使更适于中国图书馆的应用而已。美国是图书馆学最发达的国家，其各种分类法多为世界各国所采行。据其图书馆学专家卡特氏说：“图书分类至少须符合两个条件：（一）需要按着性质相同的分类，换句话说，就是按照图书内容在科学上所占的地位而分类；（二）须把所有图书按照它的种类分别陈列起来，务使同类的书不要分开，不同类的书不要搀入。”这的确是很适当的定义；对于一种图书分类法之是否完善尽可按此义而加以鉴衡。

我国的图书分类，最古者当推汉朝刘歆的七略，就是把图书分为辑略、六艺略、诸子略、诗赋略、兵书略、术数略、方技略七大类。其后历代均稍有损益；直至唐代才有所谓四部分类法，就是把图书分为经史子集四大类。自唐以来，这分类法也时有变动；至清初修四库全书，虽把细目增订了不少，根本上仍不脱经史子集的分类法。从表面上观察，这虽似按性质的分类法，但细加研究，多少还是倾向于形式的分类法。例如经部的书经本是一部古史，诗经本是文学，春秋也是历史，三礼都是社会科学，论、孟也可说是哲学，若严格按照性质分类，当然是不能归入同一类的。但旧法分类的原则，因为这些都是很古的著作，而且是儒家所认为正宗的著作，便按着著作的时期和著者的身份，不问性质如何，勉强混合为一类。关于子部呢，也是同样的情形，把哲学、宗教、自然科学、社会科学各类的书籍并在一起。关于集部，尤其是复杂，表面上虽皆偏于文学方面，其实无论内部属那一类的书籍，只要是不能归入经、史、子三部的都视为集部。所以四部之中只有史部还合乎按性质的分类；不过目录学因没有相当的部可入，也就归入史部，这一点似又与依性质分类的宗旨不符了。

外国图书按性质的分类，可说是发源于希腊的亚里士多德。他主张把学问分为历史、哲学、文学三大类，后来英国哲学家培根再把这三大类各分为若干小类，就成为西方图书分类法的滥觞。演进至今，由于学术的发展日益精细，图书分类法也日益详密。虽国别不同，专家不一，其分类的大原则总是按照各种图书在科学上所占的地位而定。至于分类的形式就是用以代表类别的符号，大概有三种：第一种是以字母作符号；第二种是以字母和数目作符号；第三种是完全以数目作符号。用数目作符号之典型分类法便是美国杜威氏的十进分类法，各国采用之者颇多，即在我国也颇流行。一因十进具有最自然的顺序，由千而百而十而单位而小数，秩序井然；二因字母所代表者为一种学科的西文名词的简写，对于不谙西文之人自不便利用。但是杜威氏的分类法虽有种种便利，却因其对于中国特有的图书不易容纳，而且由于他以西方为主体，对于有关中国的事物只留给一个很微小的地位，在以中国书籍为主的我国图书馆是不很适用的。因此，国内图书馆专家采用杜威氏方法者往往加以多少的改变；或于十大类之外，增加若干大类以位置我国的经史子集等，或合并杜威氏原有的若干大类，腾出其地位，以容纳中国特有的图书；或者外国书照杜威氏分类法，中国书则另按一个系统而分类。这些虽也是补救的方法，但是中外的学术本有可沟通之处，却因分类法之作梗，硬把性质相关或相同的书籍排列于距离很远的地位，这不只是在参考上很不方便，而且强于中西学术间划一鸿沟，尤为不当。此外，由于中外图书分别排列之故，甚至一本西文书译成中文者也不能不与西文原本远离，另按中国书籍来分类，并且陈列在距离原本很远的书架上。为了这种种的理由，我一心三思以中外图书统一分类为大原则，而认为只要在科学上的类别相同即须归在一起；不仅原本与译本绝对并列，即我国古籍的内容在科学的类别上与西文某些著作性质相同者也当并列。同时，凡已按杜威氏分类法编号排列的外国文书籍，亦不因中国特有书籍之插入而有变更其地位之必要。

我很侥幸，在数月来念兹在兹的心境中，偶然得着一个补救的方法，能够增加无量数的新类号，却丝毫不变动杜威氏原定的类号。我因为幻想怎样创造新类号的方法，有一天偶然看见邻近新造的房屋钉上门牌；这所房屋是介于一百八十三号和一百八十四号之间，因此它的门牌便作为一八三号 A。我从这里忽然得着一点启示，以为房屋的号数既可用 ABCD 等来创造新号码，那么图书馆的分类法也何尝不可仿照这意思。因此，对于为中国特有书籍所增加的类号，我一律冠以一个“十”号以别于杜威氏的原类号，同时杜威氏的原类号还是一点没有变动；例如杜威氏分类法中用以表示国别的小数，美国为 . 一，英国为 . 二，法国为 . 三，中国向被列于东方各国之下作为 . 九一。现在依我偶然发见的方法，便可将表示中国的小数 . 九一改为“十一”，因此本来置于最末位者即可移于最前，而对于杜威氏用以表示其他各国之小数仍保持不变。此外，关于中国的书籍，除与西方学术相同者仍归入于杜威氏原定的类号外，其大同小异者概仿上述的原则，分别以“十”，“廾”，“士”三个符号冠于与杜威氏原类号相同者之上，而分别置于与其大同小异之西方图书之最近距离处（详见我所著的中外图书统一分类法）；于是不仅译本与原本绝对放在一起，而中国古籍与西方图书性质尽同或大同小异者，无不分别置于相同或接近之地位。这便是我所称为中外图书统一分类法的大旨。

有了这样新补充的（我不敢冒称为发明）分类法，我遂开始督同涵芬楼各同人，把原藏及新增的中外图书，彼时合计不下五十万册者，除了善本孤本向不公开阅览者照原状保管外，所有准备公开者一律依中外图书统一分类法实行分类编目，结果证明依此分类法每书各有一定地位，无论从分类的卡片上或在书架上检阅均甚便利；加以那时候我先有四角号码检字法的发明，对于图书馆索引片的编制排列，可使检查极为迅速便利。该馆筹备经年，卒于民国十五年三月正式以东方图书馆名称公开阅览，而由我以兼任东方图书馆馆长之地位继续主持。以其藏书之富，在当时全国几首屈一指，并为我国公开的私人图书馆树立楷模；于是好学之士每日来馆阅览者至为踊跃；而国内图书馆界人士远道来上海参观，以资取法者亦络绎不绝。直至民国二十一年一月二十八日中日闸北之战，该馆馆屋与全部藏书尽毁于炮火，其服务乃中绝。这是后事，兹不赘述。

我在过去二十余年间深感图书馆的重要，现在既有此机缘亲自将东方图书馆整理公开，于是次一步骤仍是推己及人，想把整个的大规模东方图书馆化成无量数的小图书馆，使散在于全国各地方、各学校、各机关，而且在可能时还散在于许多家庭。我的理想便是协助各地方、各学校、各机关，甚至许多家庭，以极低的代价，创办具体而微的图书馆，并使这些图书馆之分类索引及其他管理工作极度简单化，因而以微小的开办费成立了一个小规模的图书馆后，其管理费用可以降至于零。这一事经过了一年有半的筹备，遂于民国十八年四月间具体化，而开始供应于全国，这便是“万有文库”的印行。兹将我为印行“万有文库”所揭橥缘起摘述于下：

“图书馆之有裨文化，夫人而知。比者国内图书馆运动盛起，而成绩不多遘。究其故，一由于经费支绌，一由于人才缺乏；而相当图书之难致，亦其一端也。以言旧籍，则精刻本为值綦昂，缩印本或竟模糊不可卒读。以言新书，则种类既驳杂不纯，系统亦残阙难完备。因是，以数千元巨费设置一小规模之图书馆，而基本图籍往往犹多未备。抑图书馆目的在使图书发生最大之效用，故分类与索引之工作洵为必要，当此图书馆人才缺乏之时，得人已非易易；幸而得之，然因是不免增加经常费用，或使经常费消耗于管理方面者，反在添置图书之上。凡斯种种皆图书馆发达之障碍，亦即文化发达之障碍也。不佞近主商务印书馆编译所……数载以还，广延专家，选世界名著多种而译之；并编印各种治学门径之书，如百科小丛书，国学小丛书，学生国学丛书，新时代史地丛书，与夫农工商师范算学医学体育各科小丛书，陆续刊行者既三四百种，今拟广其组织，谋为更有系统之贡献，除就汉译世界名著及上述各丛书整理扩充外，并括入国学基本丛书及种种重要图籍，成为万有文库，冀以两年有半之期间，刊行第一集一千有十种，都一万一千五百万言，订为二千册，另附十巨册；后此且继续刊行，迄于五千种，则四库旧藏，百科新著，或将咸备于是。本文库之目的，一方在以整个的普通图书馆用书贡献于社会，一方则采用最经济之排印方法，俾前此一二千元不能致之图书，今可以三四百元致之，更按拙作中外图书统一分类法，刊类号于书脊，每种复附书名片，依拙作《四角号码检字法》注明号码。故由本文库而成立之小图书馆，只须以认识号码之一人管理之，已觉措置裕如，其节省管理之费不下十之七八；前述二种之障碍，或可由是解除乎？……”

该文库第一集先后售出约八千部，其中由各省政府备款大批订购，分发各县，使向无图书馆者，以此为基础而成立之，其已有图书馆者，亦借此充实之。公私团体仿此办理者亦不少。统计借该文库第一集而成立之新图书馆，至少在一千五百所以上。

其后，在民国二十三年九月，我又编印“万有文库第二集”二千册。第一集所由组成之丛书为数十有三；第二集所由组成者为数仅四，其重要区别，则在一方面加重“国学基本丛书”与“汉译世界名著”之分量；前者由百种增至三百种，后者由百种增至一百五十种；又一方面以“自然科学小丛书”及“现代问题丛书”二种，而代第一集之农工商医等小丛书十一种。总之，第二集之分量远较第一集为多，程度亦较第一集为深。这个第二集先后售出约六千部，对于借万有文库而成立之新图书馆给予很大的新力量；而对于向已成立之其他图书馆及私人藏书，皆为极有价值的补充。

自从民国二十一年一月东方图书馆被毁以来，我无时不以恢复该馆为己任。因此，在是年八月商务印书馆整理复业，景象颇为乐观以后，我便逐渐为复兴中的东方图书馆搜罗中外新旧书籍，迄于二十六年八月中日战事蔓延至上海之时，总计已收得书籍三十余万册。旧书方面以所收丛书为多，因于二十四年三月刊行丛书集成初编百种，计四千册，与万有文库一二两集合得八千册。我打算俟万有文库二集完成后，续印万有文库三集二千册，凑成万册之数，而我的初志也就可以达成。不料文库二集与丛书集成初编尚未出齐，中日战争已发生；在战争初期，虽仍小规模继续印行，惟完成之功却迟至民国三十五年战后，此则由于战争阻碍无可如何者也。

按我国所谓丛书，由来颇古。钱竹汀说："荟蕞古人之书，并为一部，而以己意名之者，始于左禹锡之百川学海。"按学海之辑，在宋咸淳癸酉；而俞鼎孙之《儒学警悟》则刻于宋代嘉泰间，在学海之前又数十年，真是丛书之祖；但二者虽有丛书之实，尚无丛书之名。其更前之笠泽丛书，则为唐代陆天随个人的笔记，其自序称为丛脞细碎之书，虽有丛书之名，实非丛书。至于名实兼备者实始于明代程荣之汉魏丛书，而继以格致丛书，唐宋丛书等。降及清代，丛书之刻，愈多而愈精。有仿刻宋元旧椠者，如黄氏之"士礼居丛书"，孙氏之"岱南阁丛书"是；有搜罗甚广，子目逾百，卷数逾千者，如鲍氏之"知不足斋丛书"，伍氏之"粤雅堂丛书"是；有由官府刊刻者，如"武英殿聚珍版丛书"是；有专收郡邑著作者，如"盐邑志林"、"金华丛书"是。张之洞曾经说过："人自问功德著作不足以传世，则莫如刊刻丛书以垂不朽"；可见学者之重视其事。迄于最近，就各家的丛书目录所载，丛书已多至数千种；但一察其内容，则名实不符者十居五六，删改琐杂，比比皆然。张之洞又说：“丛书最便学者，为其一部之中可该群籍，欲多读古书，非买丛书不可。”但是丛书种类如是纷繁，内容如是庞杂；苟下抉择，多购既糜金钱，滥读尤耗精力。我于复兴东方图书馆时期内，先后搜罗优良之丛书数百种，益以涵芬楼旧藏善本孤本的烬余丛书数十种，综合起来，尚称完备；乃就此中更为精选，去取之际以实用与罕见二者为准，而以各类具备为范围，分为普通丛书、专科丛书、地方丛书三类，每类各区为若干目。普通丛书中，宋代占二部，明代二十一部，清代五十七部；专科丛书中，经学、小学、史地、目录、医学、艺术、军事诸目合十二部；地方丛书中，省区郡邑二目各四部。总计所选丛书百部中，原来含有子目约六千种；但因一书往往为二以上之丛书所收，今综合刊印，遂去其重出者约二千种，实存四千一百余种；又原来所含卷数共二万七千余，删去重出后，实存不满二万卷。经此删汰，纵使版式绝无变更，对于购读者已省其资力与精力三分之一；况改按经济的方式重排，并一一增加句逗，其所节省的资力精力尤多。此百部丛书所含子目四千一百余种，因名称生僻者甚多，旧分类法失诸粗疏，亦不能示其正确的类别。我费了几个月的工夫，将这四千一百余种书籍悉按其内容，依中外图书统一分类法作正确的分类，其足以助阅读者之按图索骥，迥非模糊不清的分类可比。试举一例以明之，如《镜镜詅痴》一书，旧分类法入子部杂家类，实为清初醉心西学者所著关于光学之书，故依新分类法改列于自然科学类物理门光学之下，则性质显然。

以上所述，不外说明我以一己对于图书馆之热烈需求，一旦有了机会，主持彼时全国最大的出版家，与最大的图书馆，因而推己及人，而有上述的贡献。现在于结束本文以前，拟补述两事，都是我与图书馆的关系。

其一，是关于我在美国国会图书馆读书的一段故事。那是在民国十九年夏初，当我第一次出国之时。我于十八年秋间一度向商务书馆辞去编译所所长之职，改任中央研究院研究员；旋因商务总经理鲍君去世，董事会推我继任，固辞不获，乃以就职后立即出国研究管理方法为条件。此行为期半年，历日美英法德比荷义八国，沿途参观工厂，访问专家，自系应有之事；但到了美国国会图书馆，因其藏书丰富为世界之冠，乃以十一日的全时间接连在该馆阅读一切有关科学管理之书刊。承该馆东方部主任 Dr. Hummee 竭诚招待，为我觅得一临时研究室，专供个人之用。我在此十一日之间竟得涉猎约九百种有关科学管理之书刊，乍听起来，似不为人所信，但一经解说，则在他处绝不可能者，在该馆实有其可能。第一，该馆之书刊目录片对于内容皆有握要的记述，依类别或其他而检得某书或某期刊所载的论文后，立时可从各卡片上的提要，发觉其是否与我所欲研究者符合。经此初步之检阅而剔除者当占半数以上；假定尚有四百种书刊必须借到研究室中阅读，则于借书单上填明书号及签名后交与借书管理员，在很短的时间内所借书刊便陆续输送至我的研究室。假定书籍与期刊各占半数；其中所借的期刊因每段多有显明的标题，一望而知某段不合需要，可以不读；又假使平均剔除其二分之一，则必须阅读者，姑定为等于期刊一百篇之论着；每篇平均以五千字计，一百篇等于五十万字，三日工夫当可读毕。至于书籍二百种中，假定小册子占三分之一约七十种，平均每种四十面；其他一百三十种的书籍平均每种二百面；两者合计为二万八千余面。查欧美新刊书籍多有详尽的索引，除必须全部毕读之书籍或小册占极少数外，其他皆可先检索引，获悉某某章节当读，假定当读者占五分之一，则只有五千余面当读，读时又可按其性质与关系，分别为略读与精读。假定精读者占五分之一约一千面，略读者占五分之四约四千余面，则当精读者与当略读者各占四日，连同阅读期刊之三日，恰为十一日，这样的计算，是否符合当时实在情形，因历时久已难记忆清楚，只能作合理的估计；假使此项估计不差，则以十一日而涉猎九百种书刊，固非不可能。又国会图书馆备有自助餐室，入馆阅览者得以清晨八时到馆，晚间十时离馆，中间不必出馆一步；且每一研究室皆设有电话，可利用以与外间交通。因此，我在这十一日之间，几乎以全部时间在馆读书，在紧张时往往以一日作二日之用。至于借书还书亦极便捷；借书除在卡片室写具借单，自行办理外，亦得在研究室中写填借单，由服役者代为借取。借到之书均附有一端红色及一端蓝色的卡片，如将红色一端露出书外，则馆中服役者见之，必为取去还库，而索回原借书条置诸桌上。一切简直无需自理，真是方便。

其二是我的藏书几尽为共党抄没之事。我自民国五年由北平返上海，迄二十六年八月中日全面战事发生时，其间二十年继续收集之书籍，连同前此已有者，计有木版书约三万册，铅印及景印书约四万册，各国文字书籍约七千册，合起来将达八万册。铅印及景印之书所以大增，其重要理由则为我自主持商务书馆编译所以来，所有商务出版书籍照例都送我一部，只此一项便不下二万册。木版书则自居留北平之时开始收集以来，返沪后时有增益，但增益最速者莫如在民国二十二年迄二十六年夏之一段时期。在那时期我为复兴中的东方图书馆，作有计划的大量收购图书。关于旧书之收购方法，因商务书馆的分馆遍设于全国各地，遂令其就地索取各旧书店书目，寄到上海后，我即使人逐项剪开，分贴于卡片之上，再按四角号码排列，于是某书在某地某店有何版本，定价几何，皆一目了然，于比较优劣后，再属各该分馆索取样本寄来复核。那时候我对于旧目录学已有相当研究，更因对东方图书馆所藏善本之观摩，益以由各地索到样本的比较，于是对于版本之学也日有进步。在为复兴中的东方图书馆收购古书之际，由于我在十年来养成爱书之癖，间亦为自己趁便添购一些。彼时由于商务书馆在我一手主持之下，复兴甚速，除恢复损失外，获利颇厚，我个人照章获得的分红也不少，而这样额外的收入也都变成书籍。及中日战事发生，我分赴香港长沙及重庆，主持商务书馆业务，其初期在香港停留之时日较多，遂以一部分藏书运来香港，计先后运达者约六千册，尚不及全部藏书十分之一。及太平洋战事突发，我幸而赴重庆出席国民参政会未回香港，得免于难；然而藏书在沪与在港者，存亡皆在不可知之数。在重庆时期，我首先向商务书馆的西南各分馆征集历年出版的图书全分，运渝保存，供编辑参考与翻印之用；又为避免空袭损失，特别保存在南岸汪山上之疏散房屋，后来我的家眷由香港脱险抵渝，也住在那里。每周末我上山居休假，全副精神便使用于这些书籍上；初时把它们整理分类插架，使成为图书馆式，后来便尽量利用以供阅读。为着有了这样一个图书馆，我一有暇时便常上山；又为着频频上山之故，遂利用两脚步行登山。我们的山居，在汪山之最高峰，由南岸至此为程约十五里，攀登的石级不下三千步，其中有张家坡者，须一气攀登三百八十余级。我从南岸步行上山历时约七十分，下山只需五十分；往往上午上山，下午下山，一日之间行山路三十里，丝毫不觉其苦，因而对于爬山一事颇赢得小小名誉。我常对人说，我自己备有一辆十一号的汽车，不用汽油，只消费一些汗；这确系事实。我前往上海时，因为商务书馆供给我一辆汽车，也算是有车阶级，今竟不花钱而获得自备的汽车，不能不拜图书馆之赐。而且此举还有一个极可贵的副作用，就是二十六年春初在商务书馆同人的一个聚餐会后，有人发起大家称一下体重。我高列第三名，为一百七十八磅；在重庆住了几年，体重降至一百四十磅以下。这样的减了约莫四十磅的体重，却使我的精神和身体更为强健；反之，在二十六年那次聚餐的同人中，体重高列第一名的张君，计二百十余磅，第二名鲍君，计二百零几磅，他们的年纪都比我小，但是不幸都在胜利复员以前，先后去世，而且第四名体重之李君，约一百七十磅，后来因我的体重大减，竟拔号而占取第三名的地位，不幸也于前年先我而逝。由这样看起来，我的体重大减，得力于爬山运动，而爬山运动主要是图书馆生活所促成，若果体重确与寿命长短有关，则我今日之余生也应拜图书馆之赐了。我在重庆居留的四年内，要读的书，在中文方面幸而有上述的一个图书馆，还不成问题；最苦者乃是西文书籍，既无从购买，只有向人借用。我所借书的地方有两处，一是美国新闻处的图书馆，又一是汪山邻居的张公权君；但张君上山的时候往往和我不同，前往借书也不免往往落空；美国新闻处借书较易，但限期颇促，我一到城里，便忙于馆务和其他事务，借书还书也就不很方便。后来有一个机会，于民国三十二年冬参加访英团，前往英国。那时候的行程是飞越驼峰，先至印度之加尔各答，在那里暂住几日，准备行装。我所领得的治装费便大半消费于购买新出版的英文书籍。说也笑话，这些书籍都可以在英国购得，但我却不肯放过这一个尽先的机会；除了把所购的书大部分寄回重庆外，还舍不得暂时离开其中若干种，以之加入长途飞行的行李中，以便沿途阅读，并准备于抵英初期无暇购书之时可供早晚阅读。到了英国以后，一有暇便往各书店访购书籍。团员中温君与我有同癖；遂常与我结伴以书店为暇时消遣之处。温君系剑桥老学生，在英朋友很多，他的余暇至少有一部分用于私人朋友的往还上。我则除偕温君共同行动外，还有许多独自的行动；因此，我之访求书籍的消息渐渐传入英国当局的耳朵。那时候，今外相艾登氏也任外相，当他为我们饯别的时候，致词中对于我们访英团每一人都带些幽默性的颂扬语。其提及我的时候，便以在伦敦徘徊于各新旧书店，搜罗丰富，深信我此行所得，不仅于回国后可供一己的消遣，而且他深信英国人也沾了光，因为从这些搜罗所得的新著作中可以看见英国在战时的艰苦和努力，以我在著作及出版界的老资格，定能为英国作不待请求的有力宣传。艾登氏这一番话果然不错。在我返国后不满四个月便先后出版了访英日记及战时英国两书。访英日记的内容至少有十分之一是有关于书籍的记载。后来我又写了一本英文的访英日记，由那时候英图驻华大使薛穆氏为我作序，其中也强调提及我的嗜书癖。在这短短的访英期内，我总共收集了六七百册的新旧著作，把我节省下来的旅费完全消费于此。后来这些书籍得英国宣传部之助，陆续为我运至重庆，于是我便有了一个不大不小的英文图书馆了。

写到这里，我不得不一述我从十八岁以来迄于六十二岁离开南京和上海之时，我的私藏图书的命运。这些图书除了事前借存于某学校约二万册以外，南行随身携带仅占极少数，其他都分别托人保管，俾得便择要转运南来；却因局势转变太快，而所托之人或由于畏祸，或由于其他原因，似乎都没有尽其受托的责任。及京沪相继沦陷，由于共党宣布我为战犯之一，便实行抄家，于是我留在京沪的藏书，除借存某校及战事初期移至香港者外，悉数遭共党掠夺，至于借存某校者，终久亦定被掠夺；故实际上的损失当占我的藏书全部百分之九十以上。

三 ➤ 我怎样自修

[一九五二年七月为台北《读者半月刊》写]

许多人因为我没有受过正式的学校教育，却也略窥学术之门，认为我定有什么自修的妙法，所以往往要求我发表怎样自修的经过，特别是有关自修的方法。其实自修对于我只是一种家常便饭，不仅没有什么惊人妙法，甚至经过也很平凡。最近被迫到仿佛无可逃债一般，只好坦率报告一下。

我首先要说明，就是自修必先有动机；如果没有强烈的动机，纵然肯自修，也难免一曝十寒，未必能够持久。我以为——而且是我亲自体会的——自修的动机不外两种。其一是求知欲；其二是由于不能顺利发展求知欲的反应。求知欲是人类有生以来无不具有的。儿童之喜欢玩具，喜欢听故事，便是求知欲的初期表现。稍长，喜欢看电影，喜欢读怪诞小说，以及喜欢闻见任何新奇的事物；也就是求知欲进一步的表现。求知欲既出于人性，禀诸天赋，本来用不着怎样提撕，只要不加以压抑便自然而然会发展不已。但是凡百学科无不含有新奇的内容，毫无疑义适应于求知欲，其兴趣本来不减于看电影，或读怪诞小说，或见闻任何新奇事物者，为什么读历史者对于上接古人的兴趣，读地理者对于纵观大地的兴趣，读自然科学者，对于探索宇宙秘奥的兴趣，读社会科学者对于研究人群关系的兴趣，以及攻读其他种种学科者对于诉诸想象、感情、理智种种的兴趣，多不能如看电影或读怪诞小说等同样深切，甚至有时还会感觉厌恶呢？无他，这并不是由于求知欲的缺乏，只是由于求知欲受到压抑罢了。究竟谁压抑求知欲呢？

说也奇怪，压抑求知欲最力者不是别人，却正是提撕求知欲最力之人。这些提撕求知欲最力之人，无疑是学校的教师；他们的目的是要学生们多识多知，其动机原甚纯良，可惜他们所采用的方法未必是同样纯良，甚至还会引起不良的结果。这些动机纯良而方法不免错误的负责人多半是小学校的教师，其次便是中等学校的教师和教育行政当局；大学校的教师可说是负此责任最少者，但教育行政当局不免也要负部分的责任。

小学校是求知欲发展的初基，而在这里受压抑也最易，其压抑的影响也最远大。小学校的功课不能算是太繁重，如果施教的方法配合得当，则儿童的求知欲在这阶段能够健全发展，只要升入中等学校后不致遭遇特殊压抑，那真是一生受用不尽。可惜有不少的小学教师，由于对他们的学生期望过殷，督责课业往往不免过严。固然体罚现已不适用，但辞色之严，诰诫之切，往往使小学生误认读书不是自己的乐趣，而是他人的好处一般。善良而安分的学生虽或能遵从督责，认真攻读，但其心目中已渐视读书不在满足求知欲，而以尽其应尽的责任为主。至其他学生对于督责的反感，将由不感兴趣而进至厌恶的程度，视其反抗性的弱与强而差别。

到了中学，则除施教方法的关系外，还有课程的繁重，往往使中材的学生顾此失彼，望而生畏。如果教师不严，则不少的功课读了等于不读；特别是外国语文，结果不是养成有名无实的习惯，便是经过了若干次的期考后，由于成绩低劣而感觉灰心，当然更说不上兴趣了。但如教师督责过严，强中材学生以其所难，则求知乐定必变为尽责苦。于是许多极饶兴趣的中学课程而有合于求知欲者，却因过分繁重以致丧失兴趣。因此在中等学校阶段内求知欲所遭遇的压抑，由于课程繁重者，殆较教师之督责过严尤甚，而教育当局，对于课程标准之订定也就不免要负一些责任。

大学校设教之有碍于求知欲者，当然以课程繁重为主因。然而学生经过了小学校与中学校两阶段对于求知欲的压抑，到了大学校，除极少数人外，习于求学为尽责之感者比比皆是。

假使求知欲转变为责任感，则在学校以内能够百分之百尽责之人，在其毕业离校以后，既不再负有继续研究的责任，自然而然会把研究松懈，或竟放弃了。这本来是不足怪的。反之，如果求知欲能在各阶段的学校中一贯维持与发展，则不仅毕业后，甚至毕生将继续发展不已，正如饥思食，渴思饮，一息尚存，不会中止。

求知欲既然与自动研究，换句话说就是自修，有如此的重大关系；因此一方面固绝对不宜压抑，他方面还要加以培养。培养之道莫如顺其性而导之以自动。教育之道有如领导儿童走一条新路，尤其是曲折崎岖的路径。如果每次走这条路都由领导者在前走，或由领导者与儿童并肩而行，使儿童亦步亦趋，那就虽经多次的领导，一旦失却领导恐仍不易认识路径。反之在领导了一次以后，即使儿童在前走，领导者尾随于后，到了三岔路口，让儿童就其记忆与常识自行抉择，如有错误始予矫正；或者对于年事较长，于所走的路已有多少经验者，甚至一次的领导也可以省却，只于出发之前予以一纸地图，或临时草一简图，经指示后，让其径自按图探索；如此则一次之领导，甚至不加领导，亦可使不致迷途，较诸使儿童依赖成性，不作自动抉择与探索者，其认识途径之难易，诚不可并论。本此原则，以实施教育，则教者费力小而学者得益多，盖人性无不愿为自我的表现，若强令像盲从一般，事事依赖他人，定然不感兴趣，也就不会努力；反之，如能鼓励自动，则由于自力之结果，苟有所得，当然高兴万分；纵然不免有错误，然一经矫正，互为比较，则差别的印象加深，理性的判断亦显。

此一原则若采用于学校教育上，则教师对于学生的任务不外几项。一是提示范式，使之触类旁通，举一反三；二是说明原则，使之循此原则而走向于具体；三是解释疑惑，有疑问者予以启发；四是观察自动作业，随时加以矫正。至于灌注知识之传统方法，如非必要，当以尽量少用为宜。

以上所说皆有关于自修之第一动机，至于第二动机，即由于不能顺利发展求知欲而起的反应，我亲自体会特多。我在学校内修业一共不满五年，而且这五年的学业是断断续续的，大致分为五个片段，其中最长者不超过一年半，最短者只七八个月，而片段之间相隔都在半年以上。在这样的修业情形中，上一段之所学到了下一段续学时难免不被荒疏；但我在事实上并不如是。我在这五片段的学校课业中，除第一二两段之间没有什么进步外，每次辍学不仅没有荒疏学业，而且获有相当进步。因此到了下一片段，我的程度转较上一片段辍学时提高一些。侥幸得很，我那时候所进的学校，并不是正式学校，没有受现在我国学校不许躐等升级的拘束，不致因中断学业而大吃亏。这固然是那时不正式学校给我不少的便利，但如我在辍学时期中抛下书本，不肯自动进修，则纵然有此便利，我也无从利用。

我在辍学期间能够自修，实在是对于不能顺利发展求知欲的反应。我的反应有二。一是自己的求知欲颇强烈，而在各片段的学校生活中总算侥幸没有遭遇教师的压抑。然于修业兴趣正浓之际，突然失学自非所愿，故辍学中无时不作再入学校的准备。二是我平素颇好胜，认为他人所能者我亦未尝不能；在学校中我的成绩向不下于同学，一旦不能继续学业，遂努力对逆境奋斗。这便是我对于自修的出发点，及经一二度的自修而收效，得了鼓励，信心益增，久而久之，更养成一种牢不可破的习惯。但我究竟用什么方法而获得自修的效果呢？

我对于自修的方法，由于乏人指导，实际上所经过者多是试验与错误的阶段。假使要我提出我所习用的一些方法，只好作如下的概述。

一是时时利用字典词典——我对于自修外国文，稍有怀疑，总不肯轻轻放过，必取字典词典检查一下，方才放心。这样，在初时不免多费一些时间，但为长久打算，不仅没有多费时间，反而节省不少时间。在开始时多翻字典词典，把向来不认识的某些单字词语认识清楚了，下次见着同样的单字词语便不再有怀疑，在阅读上定然快得多。而且同样的单字词语屡见不一见，只有第一次翻阅字典词典时略费工夫，以后每次便都节省时间。但在中国文字方面，则因旧日按部首法排列的字典词典，检查上费时颇多，且有不易检得者。我在自修时，对于意义不明了者虽也不肯轻轻放过，然对于形声字的读音，认为大致可以推想而得，往往为节省时间，不向字典检查，后来发觉我的读音不免因此偶有错误。由于自己深感中国文字之检查困难，故推己及人，后来在民国十四五年间有四角号码检字法之发明，其目的，即在使检查中文字典词典能如检查西文字典词典同样便捷。

二是自己设法修改作文——我读外国文名著时，认为某一段有精读而仿作之必要者，于熟读数次以后，往往将该段文字译为中文，经过了一星期左右，则就所译中文重译英文，译时绝对不阅英文原文，译毕始与原文比对，于文法有错误者即查照原文修正，于文法无误而用字遣辞不如原文精练者亦参酌修正。这样一来，我对于英作文便无异获得一位无形的良教师。后来我自修中文，除了认为必须熟读背诵者外，对于某些用不着背诵的，我问亦把它译为英文，放置了若干日，再从英文重译为中文，然后仿照英作文的方法，持与原文比对修正。又那时候白话文还未盛行，但我偶然也仿中英对译的原则，把若干篇古文译为接近白话的浅近文言，过了些时，再重译为古文辞，以资比较。

三是读英文时特别注重文法——在我初读英文时即已对文法甚感兴趣，后来辍学自修，也极注重文法。我认为中国人学外国文之目的，首在阅读其名著。由于中外文体与结构之差别很大，如果不注重文法的研究，则阅读时将不易彻底了解文义。在我的少年时期，所谓直接教学法尚未流行，但到了现在我仍觉得直接法虽较便于会话与写作，然若漠视文法，结果不免使人知其然而不知所以然。我靠着文法的研究，对于冗长而曲折的句读颇能剖析清楚，不致有何误解；反之，我虽然没有机会接受直接数学法，但也不致妨碍我对于会话和写作的运用。

四是用比较的方法来读外国文书籍——我初读英文的学术名著，如赫斯黎的《天演论》、孟德斯鸠的《法意》、斯宾塞的《社会通诠》、穆勒约翰的《群己权界论》，都曾取严又陵氏的汉译本，对照阅读其中之若干部分。这样一来，对于原意更能深切认识。又我读英文之目的，早就怀有翻译介绍的志愿，故取他人所译以与原文比较，自为应有的举措。但我对于国文开始自修，却由读了典雅的严氏读本而激发，已另详“我的图书馆生活”一文，兹不赘。后来我研究法文和德文，从略能阅读之时起，便设法购取已有英译本的法文及德文名著，初时系比较阅读，稍后则先阅法文或德文原本，遇有不很明白的文义才取英语本比较。记得我按这方法比较阅读的第一本法文名著便是雨果氏所著的 Les Miserables（《悲惨世界》），由于法文与英文近似处颇多，这本法文名著在很短时期内我便读完了。至于第一部德文名著与其英译本比较阅读者记得是席勒氏的 Die Jungfrau Von Orleans（《圣女贞德》）。

五是阅读科学书籍自编表式，以明系统——在我自修各种科学时，辄就课本内容，随读随编表式，使极繁杂的内容得借此而简化与系统化。这些表式无异全书的提要。全书读毕，全份表式亦构成。不仅在事后翻阅，全书鸟瞰复现于眼前，其尤关重大者即在自编表式之时，对全书内容既可加深印象，又能纲举目张。

六是自修数理，特别注重演算与解答——在我购读这一类书籍时，首先以习题最多而附有答案者为准。由于数理的定义简括，自修较难明了，故往往同一科目同时并用两种同程度的课本，以期互相发明。书中所附习题不仅逐一演算作答，甚至两种课本的习题我也不因其程度相同而稍忽略。

我还有一种习惯，就是在明了课本中所示的原则后，对其演算的方法，并不过分注重，却喜欢按此原则，就自己认为适当的方法，而逐题演算解答；最后持与书末所附的答案比对，如果不符，再从课本所示方法，以找出我所用方法的错误。在我自修解析几何的时候，记得所用课本是美国温德华氏的英文原本。某日在无意中在旧书店购得一本该书的演算详草，这原是专供教员用的，不知怎样会流入旧书店里。我获得此书，固如获至宝，但我在演算时，绝对不先参阅，纵然自修者能先参阅当然会更易了解的。反之，我在演算后查对课本所附答案，而发见有何错误，仍不立即检阅详草，必须经过数次演算仍与答案不符，才不得已而利用详草。我常常认为凡事非经过自己最大的努力，是不应遽行借助于外力的。这可以说是我对于自修的一个重大原则。

七是充分利用索引——我读毕一书，其书末附有索引者，我无不逐项检阅。对于特别重要的题材，常按索引所示复检一遍。如此则某一题材分见于若干处者，可借索引的指示而获得前后贯串。

八是时时编制资料卡片——我平时读书所得要点，辄就其原有标题或自拟标题，一一分记于小卡片上，附注书名与其所见页数。这些卡片各按标题的顺序排列，如此则许多书籍中同标题的资料，都借卡片的作用而连串起来。以后随时有需参考，只须一检卡片，则凡经涉猎过的资料毫无遗漏。日积月累，这些卡片多至数万张，无异构成一种最完备而切于实用的百科全书。可惜这副卡片现已随我的藏书而陷于不可知的命运了。

此外我用过的方法，一时也记不清楚，姑举此数者为例。但在结束本文以前，我不能不一提函授学校对于我的自修的帮助。我在二十至三十岁之间，曾经先后加入两所美国的函授学校。一是万国函授学校，又一是喇沙尔函授学校。在前者我所研究的是土木工程全科。我对于普通以上程度的物理学与算学知识多半是从此一种的函授课程而获得，关于工程方面的课程，特别是属于基本方面的，我也修习了不少。但进至实用方面，该校因我仍在教书，力劝我改业，向铁路或其他工程机构找一个可供实习的职位。那时候我教书颇孚学生之望，既然不能离开教席，也不愿自己托人找事，只好在读了全课程约三分之二后便放弃了。因为已付过的学费还有三分之一可利用，我便借此改选了关于应用化学的几个学程。在后一学校我所读的是法律全科，总算读完了，而各科的成绩分数都很高，本来我已具有应考该校所给法学士学位的资格，但按照规定须得美国驻华两名法官或律师监考，而由该校把最后试验的题目寄给他们。我因那时候居住北平，找美国法官或律师不很容易，而且花费不少。又此种学位获得后，在我国固不能发生任何作用；而我之为学，系以满足求知欲为出发点，既不为名，也不为利，经过考虑以后，便自动放弃此项权利。但此一全科的课程对于我以后的为学与治事，确实发生不少的作用；并且借此基础，自己进而阅读了不少关于法理学与政治学的名著。

我向来对于自己所遭遇的困难与获得解决困难的方法，往往会联想到与我处境相同的无量数他人，因此，一有机会辄推己及人，想助他人解决与我同样遭遇的困难。举例来说，由于自己在少年自修时检查中文字典的困难，后来便花了几年工夫发明四角号码检字法；由于自己在青年时期不易获得图书馆的便利，只好靠自己辛苦所得，日积月累地建立一所私人图书馆，于是后来用种种方法助人广设图书馆，有如“我的图书馆生活”文中所述；由于自己从前不认识古体字，后来也费了好几年工夫，创作一种新法，编成一部古体大字典，正拟问世而原稿与制版皆毁于炮火，资料亦多散佚，虽幸存景印清样全份，而战后六七年间尚未获得出版的机会；由于自己曾受函授学校之益，后来主持商务印书馆编译所时，因该所原已开办一英文函授科，乃扩而充之，增设国文、算学及商业函授各种，最后更利用我所主编的大学丛书数百种，增设大学程度的许多函授学科，以开办未久，对日战事发生，致不能有相当发展，战后我即脱离商务印书馆，也就无从重整旧业了。

四 ➢ 我的修养

[三十五年五月为重庆邮政储金汇业局讲]

修养这个名词，范围颇广，定义不一。我认为似可作修身养性的复合语，姑且就此根据谈谈。

什么是修身？大学经文“古之欲明明德于天下者，先治其国；欲治其国者，先齐其家；欲齐其家者，先修其身；欲修其身者，先正其心；欲正其心者，先诚其意；欲诚其意者，先致其知；致知在格物。”就这段话观察一下，修身介于大学八条目之间；从致用方面说，它是齐家治国明明德于天下的起点；从工作过程说，它是格物致知诚意正心的终点。无怪乎大学经文又说“自天子以至于庶人，壹是皆以修身为本”了。

什么是养性？孟子尽心章“存其心，养其性；所以事天也”；据程子的解释，所谓心、性、天三者原是一物。从理而言谓之天，从禀受而言谓之性，从存在于人者而言谓之心；正如孟子所说“尽其心者知其性也，知其性则知天矣”；因此，我们对养性一辞所下的定义，似可说是：“顺着天赋的自然性，使作正当的发展，而不使有悖于天理。”

假使以上所下的定义尚不大谬，则无论何人都要以修身为本，都要无悖于天理；故修养当是人人应有之举。

但是修养之目的怎样才能达到，换句话说，应该采取何种修养的方法，才能达到修养之目的呢？

古今中外学者名人，对于修养的方法都有很好的主张；一因时间所限，一因被指定以我的修养经验为范围，所以我就专从一己的经验谈谈。

我的修养方法是很简单，综合说来，只有四个字；分别提出，只有两名词；这就是“读书，习劳。”

读书有益于修养，那是没有人否认的。一卷在手，仿佛面对数千年前的古人，或是面对万千里外的学者，向他请教，和他商榷。前人辛辛苦苦获得的精神财产，和远方的同时代人辛辛苦苦开辟的文化资源，都可借书本的媒介，供我利用，丝毫没有吝惜。对于修身方面，许多成功的大路，和失败的曲径，都由书本上很明白地启示于我们。对于养性方面，许多做人的正则，应变的良法，以及悦性怡情安心立命的因素，都由书本上很慷慨地赐给我们。有了这许多的好处，本来人人都应该欢喜读书。就是退一步，专从兴趣方面讲，因为读书可以满足人类的好奇性，而且引人到许多的奇境；有了这些新辟的奇境，更增加人类的好奇性；所以愈读书也愈有兴趣。可是从实际观察，人们并不像上面所说都喜欢读书，对于读书都有兴趣。反之，许多人还以读书为苦，大多数人至少没有感到读书之乐。因此，读书人和喜欢读书的人便不多。举一个具体的例子，前几年我曾统计过，全国出版家一年的营业总数量，和英美烟公司在我国一年中的营业数量相比，结果还够不上他们三分之一；这究竟是什么缘故呢？就我数十年对于教育的直接和间接关系，敢大胆地断言，是由于教育方法的失当所致。我国旧式的书塾教育，凭着打手心的强迫方法，固使本来很欢喜读书的儿童，对于读书发生厌恶；即现今的新式学校，表面上一洗旧日书塾的弊，然而功课的呆板，平时不能循循善诱，鼓励学生的自动读书，到了考试时期，顿然严格起来，偶不及格，便予留级或开除，其处置之严，有如法官之对犯人，无形之中，已于一般学生心中至少种下了读书只不过是履行义务之一种观念；因此，纵然是所谓好学生，只不过肯尽其读书的责任，而不知享读书的乐处，其他更不必说了。等到一出校门，读书的责任已尽，哪里还有许多人自愿继续读书，尤其是在镇日职业上的工作疲劳之后，还肯抽空自动读书呢？我常说一句似乎荒谬的话，就是说曾经受过正式学校教育的人，其能自动读书的，在比例上远不及没有机会完成正式的学校教育，或是简直没有机会进学校的人们。为什么这些不幸的人们较为喜欢读书呢？照我的推测，第一是因为人类有一种反抗不平等的本能，凡未能完成正式学校的教育者，或是没有机会进学校者，大都由于处境之不良，对于有机会进学校者或能完成正式学校教育者，不免因艳羡而感觉自己处境之不如人，往往起不平之感；这种反抗不平等的本能，便成为努力自学的一种动机。第二是在学校时期愈短的人，其求知欲的本性所受不良的影响也愈少；因此，求知欲的发展也愈顺着自然的轨道。就我个人的经验而论，我今年虽已五十多岁，自从离开那很短时期的学校教育以迄现在，不下四十年，这四十年间，我无论处着什么样的环境，尽管一二日不吃饭，却不能一日不读书。我现在学问虽然很浅，未能成为一个专家；可是我所涉猎过的专门学问至少有三四科，我所略读过的书至少有二三万本；虽然因为四十岁以前，滥读各科的书籍，没有一定的目标，以致成就无多，可是读书兴趣之浓厚，自信超过百分之百。最近十几年，自从发明四角号码检字法以来，觉得一个人的精力有限，无目的地滥读书，纵然在修养方面还算有益，而于致用效率方面，实在是大大的吃亏，所以一反前此读书的方法，往往以几年的长时期，研究一个很小的题目。在许多人或以为由博而约是治学自然的结果，但在我则总觉今是而昨非，深悔我若能在过去四十年间勤学不厌而全赖自力的读书，集中于一专科，到了今日至少也可成为一个有相当地位的专家，何至像目前这样不名一家呢？在我个人之喜欢读书既完全由于上述的两种原因，就是反抗不平等的本能和没有受到不良影响的求知欲；我深信许许多多和我一样的人，在少年时期所受正式的学校教育极少，或是完全没有机会受学校教育，只要他们不为其他的恶环境所影响，他们断没有不喜欢读书的。照这样看来，仿佛学校教育所给与于人的，还不足抵偿其所剥夺于人的，这话固然说得有些过火，但是学校教育未能引导学生自动读书，总是不可否认的事实，实有从速纠正之必要。纠正之道固然多端，但原则上不外鼓舞并巩固学生读书的兴趣。要达到这目的，消极上当尽量扫除学生以读书为苦或认读书系由强迫的观念；积极上当因势利导，使学生渐渐养成自动读书的习惯。试举一个积极的例子。我以为各级学校中现行制度最足以养成自动读书之习惯者，莫如大学校高年生所做的毕业论文，可惜许多学校还不能切实注重，仅仅敷衍门面，所以效力还不很大。十年前我曾发表过一种似乎奇特的意见，主张初级中学和高级中学的学生在他们毕业以前，都应各选一个专题，写一本有系统的书稿或是长篇论文。因为写这书稿或长篇论文，在教员指导之下订定大纲，便须靠自己向各种书刊中选取材料，间或更作实地的调查和研究，照此办法，一来可以多读书，二来可以组织思想，三来可以练习文字。从前读书人主张做节记，固然也是很好的方法，但节记的性质是杂乱的，虽可帮助记忆和练习作文，却因没有中心的问题，又缺乏系统的组织，未能养成自动地搜罗资料和组织其资料的习惯。反之，如能择定一个中心题目写一篇有系统的论文，则读书选材既有目标，自然而然地会翻检有关系的图书杂志，如果得到相当材料，正如淘沙得金，其快乐可想而知；如果得不到相当材料，正如饥思食渴思饮，其欲望之浓厚又可想而知。经过这一次或几次的认真训练，则读书的兴趣必油然而生。

现在谈谈习劳的问题。近来通行的名词，把“劳”与“动”两字联合起来，实则劳是动的结果，动即是劳的原因，要谈劳，当先谈动。试看一个初生的婴儿，两手两脚无不乱动，加以时时啼哭，也就是声带的动。年纪稍大一点的儿童，多喜欢东奔西跑，手舞足蹈，这也是动。当他们得到一个玩具的时候，总喜欢把它拆毁，不肯好好地放着，这也是动。因此，动原是人类的本能，其不愿动的，不是由于患病不能动，便是受了特别的压制，不使其动，以致习惯渐成自然。年纪长大的成人，不大喜欢动的，原不是他们的本性如此，不过因人为的习惯甚久，以致变易本性罢了。但是许多有车阶级的人们，平素很少机会动他们的两脚，然仍往往在安坐的时候，自然而然地会把一条或两条脚胫轻轻地动荡起来；这是动的本能之复现。一个人能有天赋的头脑手脚，都应该充分地利用，使各有适当的活动。可是习惯上有许多人不常利用其手脚，又有许多人不常利用其头脑，甚至有些人对于头脑手脚全不利用。社会上向称常常动用头脑者为劳心，常常动用手脚者为劳力；古人有劳心者治人，劳力者治于人之语，仿佛劳心劳力应划分为二，这是不对的。劳心、劳力两者原分不开，应使之平行发展。一味劳力，绝不用脑，脑固因运用少而失其效用。一味劳心，绝不运用手脚，手脚也要因运用少而呆笨，将来汽车多了，大家以之代步，恐怕天然的腿脚也要变样的。所以我认为所谓劳心阶级仍须尽量多用手脚。

关于我的习劳经验，几十年来，每日除了睡觉和吃饭的时间以外，工作和读书便占了其余的全部时间，近来在工作和读书之外，还喜欢步行，在重庆往往一日之间，上山下坡定上几十里的路，一点不觉辛苦。

现在因时间所限，不能多说，总结一句话，我近来作了一个标语，就是“人要有文明的头脑，却不可无野蛮的身体”（千万不要听错了，变成野蛮的头脑，文明的身体）；前一句代表读书的结果，后一句代表习劳的结果。生当现今的“中华民国”，人人都应该多读书，能习劳；一个理想的公民是要脑部和臂腿同等发达的；“中华民国”的前途，也就寄托在这个基础上。

我以为多读书的人，精神一定愉快，心境也就镇静；当兴趣浓厚，精神有所寄托时，虽临大难关头，都可忘怀，所谓泰山崩于前而色不变者是也。身体强健的人，意志坚定，就不怕困难，且可克服困难。去年十二月八日，我刚要动身回香港，临时因战事终止，然而三分之二的家属和十分之七八的事业，都陷于港沪，人孰无情，当然有些难过，但我却于片刻以后镇静起来，对于无可为力者听之于天，而于力所能及者，即在后方复兴商务印书馆之责，尽我最大的努力。我主张“听天而不靠天”；这就是说，在人力无可为之时，应听之于天，但对于人力有可为之事，却不可稍微放弃职责。耶稣对撒旦说“不可试探上帝”，就是这意义；换句话说，纵应极端信赖上帝，却不可放弃人力，以试探上帝之能否救助。

修养的结果，也就是“事前有备，临时无惧。”

五 ➤ 两年的苦斗

［二十二年十二月为上海《东方杂志》写］

本文是以我个人的立场，叙述商务印书馆自民国二十一年一月二十九日遭日军炸毁，以迄现在约莫两个年头的经过情形。这时期中，商务书馆的经历最苦，而其奋斗也最力；结果便从一堆余烬中，造成一个新的局面。我个人在这时期的商务书馆中总算是一个极有关系的人；因此商务书馆所受的苦，我也一一尝过，而且因为自然人是有情绪的，其所感觉的苦，当然远在法人之上；又因为自然人是活动的，在奋斗过程中所出的气力也比法人更为具体化。即如去年三月至七八月间，我为着解决商务书馆的人事纠纷，受了旧同人方面很剧烈的攻击；后来又因为有些股东不很明白真相，以为我对于旧同人既能以公司的巨款接济，而于股东的利益却未能兼顾；因此也有对我深表不满的。我记得在那时期中胡适之先生从北平寄给我一封信，其中有一段说：“南中人来，言先生须发皆白，而仍不见谅于人。”这真可以表现当时的景象。现在商务书馆表面上渐复旧观，而且有许多事件反较遭难以前有进步。从前攻击我最烈的一部分旧同人，也不分畛域，重新进用，与我携手同为商务书馆致力；而一般股东对于我的举措，似乎也较能谅解。甚至本年三月间，商务书馆股东会中，并承主席提议，在场股东赞成，向我表示谢意。这真是使我受宠若惊。同时有许多关心和同情于商务书馆的人士，见其复兴很速，往往过度的归功于我，也使我受之有愧。总之，我从前种种挨骂，不见得因为该骂；后来受人恭维，也未必值得恭维。或者从前骂得过分些，后来也就不免恭维得过分些。依同一理由，现在如果受着过分的恭维，将来或者还不免过分地挨骂，这都是意中事。我以为一个人要想做事，不独要吃得苦，还需要脸皮厚；不过那副脸皮以外，须有一个良心和它陪衬才好。

我在这叙述中，因为要适应东方杂志社的要求，作为我的自传之一片段，便不免夹着许多主观的话。又因为在百忙中随意写下去，措词未能谨严；往往把公司的事，过分地加重个人的色彩；又有时把个人的意见，过分地作为公家的决定。这是要商务书馆的前辈和一般读者加以原谅的。

接着我便要揭开这两年苦斗记的幕了。幕的背后表现着散布在将及百亩地方的工厂和货栈，完全付诸一炬；数千职工都感着失所和失业的痛苦，千数百股东都忧虑着血本的无着；千百万等待着供给读物的人们，都太息着丧失了供给之源，其中一部分的人从前不甚满意于这个被毁的机关，现在却都变更态度，一致表示同情。这时候上海四马路一间事务室内，挤满了无数喧嚷和哀泣的人们，或要求救济，或询问将来办法。但是这种喧嚷和哀泣的声音，总掩不住十里外传来的枪炮声，尤其是炸弹声。室内有一个终夜未曾合眼的人，一方面应付这许多人的要求和呼吁，一方面倾听外间的枪炮和炸弹声，一方面内心正在打算，趁此摆脱一切，以谋一己的安逸和一家的安全呢？或是负起一切责任，不顾艰苦危险，不计成败利钝，和恶劣的环境奋斗，以谋打出一条生路呢？结果他竟然下了最大的决心，他虽然在这个机关只是一个极小的股东，他和这个机关的关系也不过十年，比诸许多同事们毕竟还是后进。他如果趁此卸责，或者尚不至有人责备他，同时他还有八十多岁的老父，将及八十岁的老母，以及尚在提抱的幼儿；他明知肩负这种责任，可以陷他于极度的危险，使其全家老幼失所倚赖。但是他一转念，敌人把我打倒，我不力图再起，这是一个怯弱者。他又念，一倒便不会翻身，适足以暴露民族的弱点，自命为文化事业的机关尚且如此，更足为民族之耻。此外他又想起，这个机关三十几年来对于文化教育的贡献不为不大；如果一旦消灭，而且继起者无人，将陷读书界于饥馑。凡此种种想念，都使他的决心益加巩固。他明知前途很危险，但是他被战场的血兴奋了，而不觉其危险。他明知前途很困难，但是他平昔认为应付困难便是最大的兴趣；解决困难也就是最优的奖励。

以上一段话，恰好代表民国二十一年一月二十九日商务书馆遭难后第一日的情形，和我个人的心境。这种心境，经过二十九那天通夜的继续思考而益坚决。于是我个人两年来的苦斗史便由此一念而起。

在这约莫两年的时期，假使我能够养成做日记的习惯，可记的事真是太多。现在事后追隐，而且在百忙之中，自然是挂一漏万的了。姑就记忆所及，概括为下列的几项：

（一）人事纠纷的解除；

（二）复兴的筹备；

（三）复兴后的人事问题；

（四）复兴后的生产问题；

（五）复兴后的编辑计划。

第一，人事纠纷的解除。商务书馆上海各机构原有职工三千七百余人，其中一大部分住居闸北，战事发生时，不独多年倚为生活的商务书馆总厂完全被毁，甚至室家财物也多同罹此劫。除少数向来住在租界的安全地带者外，其余都从闸北或闸北附近逃出来，有些还算把细软的东西随身带着，有些简直是身外无长物。他们除了少数有亲友住在租界者外，大都靠当时寸金寸土的旅馆做安身处；但是寸金寸土的安身处不是不名一文所能置身其间的。因此，他们都纷纷拥到商务书馆设在安全地带的发行所来要求救济。但在这炮火连天的时候，所有银行商店一律关门，金融尽行停顿，我和商务书馆的其他当局者，虽然痛心于数十年基业一旦被毁，有亟谋挽救万一的必要；但是眼前见到许多流离失所的同人，大家都认为救人是第一件大事，商务书馆自身的救急和善后，都暂时丢在脑后。所以我们第一件工作便是分头向各银行的后门钻入，去商量暂借若干现款，借以救济正在流离失所的同人。结果即于商务书馆被第一炸弹而发火的一小时内，宣布发给各同人每人救济费十元。这十元的数目似乎不多；但若把三千七百乘起来，便成为三万七千元的巨数现金，在那时候确比平时十倍此数尤为难得。许多同人得到此难得的十元救济费，三数日内总算解决了食宿的问题。但是永久的问题又怎样呢？在这寸金寸土的租界安全地带中，开支至少当倍于平时，而来源又将断绝，久留只有增加消耗，故惟有从速各回乡里是一条生路。因此，我们仍是一心一意把救济旧同人作为第一件大事，结果于二月一日即商务书馆被难的第三日，向董事会商定，各同人除已付清一月份薪水外，每人加发半个月，这数目差不多就是十万元。又商定同人活期存款在五十元以下者全数发还，五十元以上者其超过五十元之部分先筹还四分之一。这样一来，又是二十余万元，两共三十万元以上。我们在这万分困难之中，筹付这般巨款，原想使滞留上海每日耗费不赀的各同人，得以早日回到他们比较安全的乡里；但是旧同人方面有些不明真相的，以为商务书馆仍当继续筹款救济，因而观望自误者颇不乏其人。而人事的纠纷，也就随之而起。其实商务书馆当此巨劫之后，财产去其大半，不独无救济的余力，即以清理债务而论，当时可以运用的资产仅足以偿还全部债务三分之一。我当时所最注重的为旧同人在商务书馆所存的款项，因为这是许多旧同人历年辛苦所积聚，当此陷于失业恐慌的时候，为求免除同人不幸中的不幸，自须极力设法，把这些存款尽先全部偿还。但这些存款总数，仅占商务书馆全体债务之一小部分，如果商务书馆一蹶不起，以致破产清算，则按照剩余资产摊还债务，各同人不独无从获取救济金，甚至存款或尚不能收回三分之一。我当时还有同样注重的，就是商务书馆的复兴与旧同人的职业关系，假使商务书馆不能复兴，则不独上海各机构原有的三千七百余同人将不能有再行进用的机会，甚至那时候未受直接损失的分馆分厂同人约二千人，不久也因公司之解散而同遭失业。但是巨劫之后，要图恢复，非先清理不可。如果依照公司法规定，将所有债务同时清理，则诚如上文所认，旧同人一时的和永久的损失都很大。而且照这样清理，以后纵能复兴，也须重新组织公司，势必迁延时日，对于教育界、读书界的供应也不能不长期停顿，固有的地位也就随而丧失。我再四考虑之后，认为要使旧同人的存款得以全部偿还，要使旧同人于领回全部存款之外还可得到相当的补助，要使旧同人将来有再为商务书馆服务的机会，要使商务书馆得以早日复兴而保持其对于教育界读书界的地位，不得已只有采行一种应付非常局面的方策。这方策在当时的各同人看起来，都不免认为我的手段太辣，都认为这将致各同人于绝地。其中较为激烈的少数人，铤而走险，都要和我个人过不去。这种的心理，就各同人的立场言，原不足怪。这种过程，我也早已料到；甚至当一月二十九日午前，商务书馆刚被炸毁，我在发行所受着流离失所的同人所包围的时候，我在内心的打算，也经预料到。但是我以为在打仗的时候，往往置诸绝地而后得生存；在房屋被毁以后，必须拆除，方能重新建造。而且在那时候，商务书馆如果不自动地为局部的清理，恐怕还不免被动地全部的清理；因为商务书馆经过这一次重大的损失，各方面的债权者原可随时干涉其支付款项的自由；设不幸而有此事实，则同人的存款清还，和尽先进用，与商务书馆复兴的希望均成泡影。反之，如果一面借解除纠纷为复兴的准备，以维持其他债权者的信任；一面以同人关系解除为理由，先将同人存款全部清还，并酌加补助；这样一来，商务书馆当时可以运用的全部资产，便可完全支付于旧同人方面，而不受其他债权者的干涉。结果自去年一二九被难后，至同年八月一日复业前，商务书馆先后发还旧同人的存款计八十余万元。与种种补助旧同人的款项六十余万元合计共一百五十余万元。而用以清偿其他债务的款项，不及二十万元。这种处置，在这种情势之下，对于旧同人实至有利。但是我是就全体同人的总利益及永久利益着想，各同人则不免专就个人一时的利益着想，其立场不同，遂不免群起而集矢于我个人。计自去年三月十六日商务书馆董事会议决总馆业经停职各职工全体解雇之日起，至八月一日复业之前后，半年以内，我无时不受辱骂和威吓。好几次因为外间攻击我太厉害，许多亲友都力劝我摆脱商务书馆，以免名誉扫地。我答以只要良心过得去，脸皮尽管厚些。又有许多人劝我必须详加驳复，以免社会误会，我也因为同时须对付旧同人和其他债权者，如果根据全部的主张详加驳复，纵有利我个人一时的名誉，转有碍商务书馆复兴计划的进行。所以除了一次简单声明立场外，对于任何攻击我的文字，概置诸不复。到了四月初间，少数旧同人对我之攻击益形恶化，致有种种不利于我的盛传，而且实际上还接到了不少的恐吓信。正当其时，不幸我的老父弃养，又有许多亲友劝我趁此躲在家中守孝个把月，避过风头，这是绝对没有人怪我不负责任的。我以为临难图苟免，不是我们应做的事；而且常听我父亲教我尽职负责的话，如果借父丧而避责任，不独与平素主张不符，且无以对先父。因此，我便不惜短丧废礼，于四月十一日在上海申新两报刊有下列的启事：

先父礼堂公于本月八日午后七时一刻晚膳中突患脑出血，越五分钟即弃云五而长逝，享年八十有一。云五与内子儿女寡嫂姊妹等皆随侍在侧，奉母命于十日下午三时安葬于万国公墓。先父交游广；云五服务社会垂三十年，同事同学知交亦綦众；理宜一一讣告。惟先父生平于善举虽不惜倾家，于庆吊辄视为侈靡。去岁先父八秩大庆，云五以高年难得，而椿萱并茂，尤为人生罕觏之事，亟宜称庆，稍尽人子之职；顾先父以云五任事商务印书馆，同人多至数千，稍有举措，势将扰及多人，力戒不许。家母亦甚赞同。云五始遵命而罢。今先父虽已弃养，遗教犹在，不敢稍违。况值兹国家多难，尤不宜耗物力。故葬前不敢告丧，葬后亦不开吊，所有赙赠概不敢领。云五并禀承先父克勤尚实之旨，于安葬之次日，忍痛任事。凡我感友幸矜谅焉。王云五泣启。

以上句句话都是事实，但其中还有一件事实，在当时却不便明白表示。这就是当商务书馆发表解雇办法，劳资问题紧张而一部分旧同人正在集矢于我个人的时候，我不愿借丁忧名义，躲在家里推诿责任；后来纠纷稍平，有人告诉我，当这启事注销之时，许多人觉得可异。也有些反对我的人，见我这种不漂亮的举动，颇有转念到我当时的主张未必是为着私利的，因此对于我的反感反而和缓了一点。这究竟是不是事实，我却无从证明。

第二，复兴的筹备。上文已经说过，为着各方面的利益起见，商务书馆有从速复兴的必要。故虽在种种纠纷之中，和希望极微之际，我无时不着手于复兴的筹备。我们在遭难后第一种积极的工作，就是使各分馆在紧缩下维持营业。因上海总栈房全毁，供给断绝，故就上海发行所所存的少数书物和各分馆所存的书物，从事合理化的调剂。即以各分馆半年间的营业收入，作为复兴用款的基础。第二种的积极工作，就是利用香港和北平两个平时生产力无多的分厂，暂时代替上海被毁的总厂，从事于大规模的生产，分别拟定精密的生产计划，使这两厂于增加极少的设备后，可有六七倍于向来的生产力，俾秋季开学时学校教科用书及较重要的参考书不致断缺。自去年三月即开始实行此计划，经过种种的困难，卒能于秋季开学时将此项书籍大致补充齐备。这与商务书馆的复兴关系极为重大。假使这件事没有办到，则去年八月上海发行所复业将无书可以发售，各分馆虽继续营业，实际上亦将无业可营。因为我们出版界一年中有两个最重要的营业时期，就是春季和秋季开学的时期；商务书馆出版物的范围甚广，其中教科书一项自初小以至高中无不齐备，大学校教科参考书籍也有多种；如果在总厂被毁之后不即就这两分厂设法印书，则秋季开学时教育界固重感书籍供给的困难，商务书馆也一蹶不振，其影响于前途极大。我所以在总厂被毁未久即计划秋季用书的供给，就为着这个缘故。记得我开始作这个计划的时候约在二月中旬，距商务书馆总厂被毁不过半个月，其计划之完成约在三月上旬，费时共约二十日。那时候商务书馆的资财能力和时间都受着极紧缩的限制，故于秋季开学时各种用书的需要数量和各书馆的存货及可销数量，都不能不作精密的统计。因为力量只有如许，某一书的供给过剩，势必致另一书的供给不足。若在平时有种种簿册报告为根据，计划自较容易，但在总务处及总厂被毁之后，历年簿册报告均不存在，凭空计划，实感困难。后来无意中在我的大衣袋里捡出一本手册，其中载着些不甚完全的旧纪录，从此推算起来，便渐渐地得到大概的统计。这本手册，至今我还认为是一种无价的锦囊，因为许多被毁的旧统计资料都可直接或间接得自其中。可见平时的笔记实有很大的功用啊！我既然从此推算得秋季各种用书的约数，第二步便打算如何使那设备不全向来能力薄弱的香港、北平两厂，可以担负此项临时重大的使命。当其时好几位同事都以为非多购机器不可，只以款项支绌，不能随意购置。适有英国某机器公司，为表同情于商务书馆，愿廉价售予大宗印刷机器，并允将其货价分若干年摊付。同事中多以其条件特优，主张大宗购买。我以为生产增加不尽靠机器之多，只要能尽物力和人力，即以香港、北平两分厂原有的机器，也未尝不能担负此项非常的工作。后来折衷诸说，略购少数机器，订明分期付款。那时候我曾预言，总厂机器被毁后加以修理尚可使用者，或不在少数；将来战事停止，如能着手修理，恐尚有多余的机器可以出售。想不到这预言现在竟成事实。且说香港、北平两分厂的原有机器和临时添购的几部合并起来，比诸上海总厂原有者不过十分之一，而添购机器中也有运到较迟，秋季开学以前不及利用的，从表面看起来自然是无力担负秋季用书的全部。但是我本着尽物力和尽人力的原则，并按其需要的先后缓急详加计划之后，似尚无力量不称的弊。计划既定，于是从三月中旬起委托重要职员，带同计划分驻香港、北平两厂，代表那时候的善后办事处，督促所定生产计划的实施。果然到了去年八月总馆复业和各分馆继续秋季开学的营业时，那两个小小分厂所印成的教科参考书籍数量，和我于半年以前在上海所拟的计划简直无大出入。这固然由于两位代表和两厂职工的努力工作，但在这种种隔膜和纷扰之中，我的计划居然能有百分之九十以上的正确，至今回想起来，心里还觉得很大的安慰。

第三，复兴后的人事问题。商务书馆前此为着万分不得已的缘故，在善后期内将所有旧同人全体解雇；但其本意绝不愿抛弃多年相依的旧同人，故于宣布解雇之时，曾自动向官厅及旧同人郑重声明，将来如能复业，当根据团体协约法的规定，按照需要酌量进用旧同人。查团体协约法对于雇主雇用工人所能加以最大的限制，就是于其所雇用之人数中有十分之八属于与有协约的团体，但专门技术人员及学徒使役等均不受此限制。截至本年十一月底，商务书馆先后进用的职工，除学生不计外，共一千三百七十八人，其中只有六十九人在一二八以前未尝服务于商务书馆，其余之一千三百零九人均系旧同人，占全部进用职工人数百分之九十五，较诸团体协约法所规定百分之八十的限制超出甚多。足见我在限制以外仍是尽量进用旧同人，也就可以证明从前之主张解雇，实无抛弃旧同人之意。

谁都知道商务书馆在一二八以前劳资纠纷颇多。我常常以为这些纠纷的原因虽很复杂，但公司方面用人不当与赏罚不明，实亦不能辞一部分的责。故惩前毖后，于复业之前，对以后的人事问题考虑特为周详，并因应现在的特殊局势，立下了几种特殊的规定，现在择要说明如下：

（一）人事委员会 商务书馆在复业的初期用人无多，而待用的旧同人极多，为免除瞻徇情面力求公允起见，我把进用职工的权委托于特别组织的人事委员会。这委员会的员额为七人，除主任的姓名公开，书记系由人事科长当然兼任外，其他各委员的姓名均不公开，俾得自由行使职权，不受任何影响。所以复业后进用的一切职工，除副科长及编译员以上者由总经理直接决定聘请外，其他均先提交人事委员会核议，然后决定。依此办法进用职工，我虽不敢说其尽能公允，但至少要比诸由各主管人员自由任用，较为慎重一点。

（二）回避制度 一个国家机关，用了许多父子兄弟做职员，在前代本为制度所不许。到了民国，虽然制度上不加禁止，却也不为舆论所赞同。但是一个工商业机构用了许多父子兄弟在一起办事，则赞成和反对的都各有理由。赞成者以为可使在职的人增加其对于这个机构的感情，而且父子兄弟同在一起办事，于公家的规律以外，还可多一种私人的约束。反对者则指摘其为引用私人，互相回护，以致无能力者可以幸进，不称职者也有人包庇。商务书馆在一二八以前，父子兄弟同在一起办事的很多，闻竟有一家五人同受雇用者；这自然有其好处，也有其不好处。去年八月商务书馆复业时，我对于进用职工方面，定下一个原则，就是父子兄弟已有一人进用的，其他概不进用。我所以作此决定，除了一般人所指摘的理由外，还有另一重大理由：因为一家的人如占有两个以上的进用机会，则他家的人势必减了一个以上的进用机会；当此复业伊始，用人少而待用之旧同人极多，倘没有这种规定，将更感用人之不公允。我这种回避制度施行之始，同人中虽不免也感觉有些不便，但是十余月来，习惯渐成自然，在此特殊情势之下，其效用固很着明，即在平时想来也是利多害少的。

（三）女职工 商务书馆在一二八以前，有女职工八九百人，去年八月复业时，所有女职工概从缓进用，直至本年三四月后始渐渐在某部分进用少数女工，而且以尽先进用寡妇或未嫁女子为原则。其理由是因女职工对于生计上的负担不如男职工之重，尤其是商务书馆旧日的女职工多系在职同人的妻女，为着使一般旧同人有较公允的进用机会，故有前述的办法。至于寡妇或未嫁女子所以尽先进用，亦因他们对于生计的负担较诸有夫妇女更为迫切的缘故。

（四）馆外工作的旧同人 商务书馆复业后的上海各工厂都系临时租赁

的房屋，地址很为迫狭，因此附属的工作如装订一项初时并没有举办，现虽在印刷厂中附设一个精装课，其所担任者大都为布面精装的书籍。此外大都委托旧同人在外间所设的装订作场代为办理。这也是维持旧同人生计的一种方法。现在旧同人倚此为生计者，不下四五百人。其他如中文排字的工作，上海制版厂对于这一项的生产力已较一二八以前更大，但是为着维持一部分未经进用的旧同人生计起见，我将铸成的铅字约二十副，以信用方法及特别低廉的价格，售给二十组的排字部分旧同人，并于相当时期内，供给他们充分的排字工作，然后分期就所得排字工价陆续将铅字售价收回。期满后各该组的排字工人便如耕者有其田一般，都成为排字者有其铅字了。这一项也有一百多人，和装订作场合计，则在外间靠商务书馆为生活的旧同人不下六七百人。

（五）同人待遇 我在商务书馆复业时拟定了一种同人待遇的通则，就是最高级者薪水较前减少，办事时间较前加长；中级者薪水较前不减，时间也加长；低级者在可能范围内务使薪水有增无减，办事时间不增不减。其理由，一因高级的同人当以身作则，首先牺牲，其他则依次递减其牺牲程度；二因低级的同人须维持其最低的生活程度，故除不努力或技能不佳者外，其收入总以有增无减为原则；三因一二八以前各部分办事时间长短不一，有短至六小时者，有长至八小时，现一律改为八小时；向来低级同人的工作时间最长，故不增不减，其他从前依次递减者现在却变为依次递加了。

（六）同人心理的改革 商务书馆复业之初，我们有当前的一个大问题，就是对于旧同人进用的程度，和用人的宜多或宜少。因为一二八以前商务书馆的劳资纠纷是很著名的，所以往往有人认为商务书馆的旧同人不好对付，此次劫后复兴，虽曾由公司宣言，依团体协约法的规定进用职工，除学生使役外，须有百分之八十为旧同人；因之，颇有人建议复业后用人愈少愈好，俾旧同人的成份也随而减少。也有人建议，暂时不设工厂，宁将生产工作委托外间代办，以免再陷于一二八以前的工潮。我的主张却与此相反，所以上海先后成立了三个工厂，凡是自己能办的事，总以自己担任为原则；其为自己所不便担任的工作，如装订一项，亦如上所述先委托旧同人代办。至于已经恢复的部分，如有需用职工的必要，也无不尽先复用旧同人。这种种办法在有些人眼光里，或者是一件很危险的事。但是迄今我常常得着很大的安慰，就是旧同人之再经进用者，大多数都能服从规律，热心任事，无论生产营业或其他部分都是如此。或者以为这是由于进用时格外慎重选择之故，其实也不尽然。当我们进用职工渐多的时候，如对于技能和性情两项一律求全，这是不易办到的。因此我们为着技能的缘故，往往对于平素认为性情不易指挥的人，也不惮进用；甚至从前和我过不去的人，如为公司所必需，我也绝无成见，准其进用。我有一种特性，我的朋友高梦旦先生称之为“善忘”，换句话说，就是昨日是我的仇敌，今日可以即变为朋友。我既本着这种宗旨进用职工，自然对于其人过去的历史也是善忘的。不过再行进用之后，有功固必赏，有过亦断不宽容。结果那些最为一般人所不放心者，其认真工作与服从指挥，较诸他人且有过之。我认为这实在由于心理上的改革所致。这种心理上的改革，一部分固然是由于一二九巨劫的刺激，大部分还是由于制度的更新使人有努力自效的希望。大抵有能力的人，从前因为屈居下位，而且鉴于赏罚的不明，便自然而然地另谋出路。现在如果不顾旧嫌，予以自效的机会，其加倍努力自系意中事。故我以为赏罚不明，虽至驯善者不免起怨望；赏罚明，则任何人均不难就范围。

第四，复兴后的生产问题。商务书馆劫后，所有总厂的存书存料全部被毁，机器只有在第五厂的一部分幸存，不及原有机器总数十分之三；历年出版各书的母版，事前搬运于安全地点赖以保全的不及原有母版总数十分之一；所以在复业以前和复业以后的最要问题，就是怎样恢复生产。而且因为存货罄尽，所需要的供给较前更多；故不仅要恢复生产能力，还须大大的增加生产能力。照常理说起来，增加生产能力当然要添置机器或是多用工人；但这两件事均非钱不办。商务书馆被毁后，既没有加招股本，也并未发行公司债；所赖以经营者只有劫后剩下的小小资本，和社会人士对于商务书馆的同情和信用。因此，机器之无力添置，自不待言。至于增加工人使失业的旧同人多有再进用的机会，这虽是我所主张，但是一部机器只要二人工作的，如改用三人，便不合于经济的条件；又设备上不应有某种工作的，如果勉强添办，也下合于经济的条件。在这种物力人力均受有限制的时候，本来只要能恢复往日的生产能力已自不易；可是自从去年十月以后，上海各工厂陆续成立，迄今不过一年有零，商务书馆现有的印刷力却等于一二八以前两倍有半。中文排字的力量，除委托外间代办者不计外，也倍于从前；此外还有许多种工作的生产力，均较前有加无减。截至本年底为止，所有被毁重版的书籍多至三千余种，而劫后新出版者不下一千四百册。然而专就印刷一项而论，商务书馆现有的机器仅当从前百分之五六十，工人亦不及从前之半；而生产能力却当从前之二倍有半。印刷工人的平均取入，按照本年七月份和十一月份的平均统计，较一二八以前增加至百分之四十二。制造成本却较前低减不少。这种种的事例，似乎是互相冲突的，现在却并行不悖。不独劳方资方两受其利，而且可用较少的资本，较少的设备，而得较多的生产。推原其故，不外能尽物力与人力而已。所谓尽物力，就是使机器不要睡觉或躲懒，从前商务书馆的机器虽多，但一天只八小时工作，其余十六小时都不做工，和睡觉无异，而且在那工作的八小时内，也没有使各机器尽其应尽的力量。譬如某机器的构造，本来每小时能生产若干，但因机器的运用不得当，或因工作衔接上之不得当，便可使这机器在八小时工作期内失去其一部分的效用。现在我们一方面使各机器在可能范围内都轮班工作，一昼夜二十四小时不停；这样一来，一部机器便等于三部机器。此外又设法使其运用得宜，并使工作衔接，于是现在的一部机器便不难等于从前四部机器的功用。上文说我们现以等于从前百分之五六十的机器而生产等于从前百分之二百五十，就是这里推算得来。所谓尽人力，譬如从前一部机器在原则上本来可以两个人运用的，因为不肯尽人力的缘故，便用了三个人，甚至四个人来运用，那凭空添出两个人的工资，不是使工厂多一种非必要的支出，以致制造成本加重，便是使其他两人的应得工资给这凭空添出的两人分去了一半，以致各人的收入减少。现在我们不过使每一机器都由必要的人数担任工作，于是一转手间，工厂的制造成本既已减轻，工人的收入也有增进。又从前因为赏罚不明，以致工人不愿尽力工作，现在一面施行公允的按件计值制度，一面使特别努力者有受奖励的机会，不努力者有受惩罚的可能，这也是尽人力的一种重要原因。照这样说起来，物力和人力两方面既都有进步，则以少数的设备得多量的生产，工厂成本减轻，工人收入加多，都是当然之事。商务书馆在上海的三个工厂和北平香港两个分厂一律办理成本会计，其结果发见一种显明的特例，就是公司制造成本愈轻的部分，工人的收入也就比例上愈有增加；反之，公司制造成本愈重的部分，工人的收入也就比例上愈无起色。其原因至为显明。大抵办过成本会计的人都知道，每件工作的间接开销，往往比直接开销多。直接开销大都是工人的收入，而间接开销却与工人利益无关。如果能够将间接开销减至最低度，结果既丝毫无损于工人，而且因工厂节省较多，还可有余力以酌增工人的收入。但是要减轻间接开销，其程序也很复杂；因其中至少括有（一）机器的折旧和利息，（二）间接原料，（三）动力，（四）房租，（五）管理费等项。故要达到减轻间接开销的目的，第一必须使机器尽其力，而增加产量；第二必须使房租动力及间接原料等适于必要的程度，勿使耗废；第三必须使管理部分的能率充分，可以少数消费管理大量生产。所以制造成本如能减轻，便含有生产增加的意义。反之，如果不问成本，只图形式上的生产加增，势必于机器力量尚未充分利用之时，添购非必需的机器，或是不问职工的工作能率已否达于相当标准，而一味无限度地添用职工。照这样地增加生产，恐生产愈增，工厂的基础愈动摇，一般职工亦未见有利。这种弊病，在一二八以前的商务书馆，实在常常犯着；恐怕国内其他工厂与此同病的也还不少呢。

第五，复兴后的编辑计划。商务书馆是一个出版家，不是一个单纯的印刷家；编辑计划对于出版家关系极为重大。我们印刷上的生产能力虽然大大扩充，如果我们在编辑上没有计划，结果不过成为一个印刷家，不能算是出版家。商务书馆在距今三十七年前，以印行华英初阶等书而起家的时候，实际上不过是一个印刷家，不能算是出版家。后来组织编译所，为着辅助那时候最初颁行的新教育，开始编辑所谓“最新教科书”，商务书馆的地位才由印刷家而进为出版家。其后继续印行中小学各种教科书和辞源、四部丛刊、百衲本二十四史等，商务书馆遂随着编辑计划进展而成为国内最大的出版家。去年复业后，因历年出版的书籍八千余种悉数被毁，母版保存的也不及十分之一，如按一般营业的原则，自宜以全副生产力量从事于被毁各书的重版。但是我以为出版家的职责当不断地以新著作供献于读书界，如果我们复业后的二三年内专印重版的书，无异成为一二八以前商务书馆的贩卖所或印刷所，至少在这二三年内不能认为是出版家。所以去年复业之初，我即决定保留一部分力量专供新出版物之用。自去年十一月一日起，宣布每日出版新书一册的计划，同时并复刊东方杂志等四种定期刊物。当我宣布这计划时，便有不少的同事怀疑我不自量力，也有些人以为我没有就营业着想。我认为日出新书一种不过是最低限度的一项贡献；我们应做的事还有很多，所以在宣布这计划之后，更进行其他几种计划。

第一，就是按照新课程标准编印一套比较完善的中小学教科书，这套书连同教学法教本等共三百多册，业于本年秋季开学以前完全出版，使实行新课程标准的全国中小学校都能如期获得相当的教育工具。

第二，就是编印大学丛书，以为提高吾国学术、促进革新运动之一助，经与全国著名大学校及学术团体合作，组织大学丛书委员会，草拟大学校各院必要的科目，然后分别缓急先后，拟定于五年内编印第一期大学用书四百三十二种。此在我国尚属创举，以劫后的商务书馆肩任此事，更觉不自量力；只以在商务书馆遭难之后，益觉学术救国之必要，此举极不容缓。幸得各大学及学术团体之赞助，迄今才一年，已经出版了大学丛书八十多种，今后更当努力进行。

第三就是编印小学生文库，为全国儿童增进其自动读书的机会，而为自动教育之倡导。全书五百册，本年内可以出版三百五十册，此举于儿童读物的贫乏固然补助不少；又因儿童有求知的渴望，而无辨别的能力，多读好书便生良好的观念，多读无益的书便至终身受着不良的影响；所以该文库对于量的供给以外，尤特别慎重质的选择。

第四，就是编印万有文库末期应出的书，查万有文库内容书籍二千册原定分五期出版，一二八以前已出版四期，除第四期存书大部分被毁尚可重版外，所有第五期应出之书四百册，大多数没有存稿，于是不得不重新征集或分别托人编著，经过许多困难，本年底当可如约出版齐全，以完成三四年前我所发起编印万有文库的工作。

第五，就是影印古书以保存孤本，即如此次与中央图书馆筹备处订约景印的四库全书珍本便是其中的一例。四库全书的景印，十余年来经高梦旦先生等的擘画，功败垂成者两次。本年三月间中央图书馆筹备处复以此来商，商务书馆复业未久，重版待印的书极多，新版待印者数量也很不少，故就经济能力和生产能力言，本不必担任此项工作，但以此事计划多年，功亏可惜，而且鉴于四库全书因东省之沦亡又已丧失一部，及今而不速将孤本先行景印，将来文献散佚，与文化至有关系。故不顾困难，遂与订约印行，其后，因目录学者的意见分歧，惹起极大的论辩，我总是保持着以最后成功为目的，其他皆非所计。现在幸已开始摄影，十年来经几许波折，终算实现有期。而于景印四库珍本之外，并与故宫博物院订约景印惟一孤本的宛委别藏，又与国立北平图书馆订约借摄该馆所藏的善本，与涵芬楼烬余的善本参合景印，分期陆续发行。

叙述得太冗长了，就此终止罢。在终止以前，或者还有人想知道一个无能力的人怎样应付这般困难的局面。我的答复是："无论怎样无能力的人，只要肯把全副精神应付一件事，多少总有一点的成就。"我本来是毫无嗜好的，社会上的应酬也极少，一二八以后，简直完全谢绝。我生平视为最快乐的，只有读书和做工两件事。除了每日睡觉六七小时外，其他的时间都完全给这两件事支配，任它们互为消长。一二八以后，我把读书的时间多牺牲一点，于是别人以每日八小时工作为最高度的，我便可以十五六小时来工作，结果无异两个无能力的人一体合作。俗语说，两三个臭皮匠可以合成一个诸葛亮，固然说得过分些；但无论如何，两个无能力的人合作结果，总可以等于一个稍有能力的人。并且一个人专做一件事，无论其人怎样愚钝，结果也可以因熟练而生巧。不过无能力的人做事，纵在正常的局面，往往也要遇着困难；若在非常的时期，更不必说随在都是困难。如果一遇困难，便作消极态度，则任何事都不能有成。我有一种特性，就是对于任何困难，决不稍感消极，并且偏喜欢把困难的事作为试验，以充分兴趣，研究其解决方法。万一能够解决，便认为这是惟一的最优厚的报酬。既然不为其他报酬而卖气力，所以只知负责，绝无怨望。在这过去两年的苦斗中，因为往往出力不讨好，甚至还要讨骂，许多人都说我太不值得，我自己却没有这种感觉，专以所做事的成功为惟一目的。然而我毕竟是一个人，不能没有人的感情。我自己承认生平有一个很大的缺点，就是"小不忍"这三个字；换句话说，就是比较大些的不满的事情日积月累地隐忍着，偶然遇着很小的事，便一触即发，无法按住性子，因此而使生平的事业失败了不少；就是在这两年苦斗的程途中，也因为这"小不忍"三个字，空耗了不少的努力，这是我常常要诰诫自己的。

六 ➢ 八年的参政

[一九五二年五月为香港《自由人半月刊》写]

这里所谓参政，是指我膺选为国民参政会参政员而言，并不包括以后的短期从政；但政治协商会议与国民参政会有密切关系，而我之参加该会议多半是由于参政会的关系，因此，也就括入于本文的范围，至于以参政员地位而参加的种种工作，当然并入叙述。

国民参政会系民国二十七年四月所组织，以集思广益，团结全国力量，以利抗战建国为目的。第一届的参政员额为二百名，均由政府遴选聘任，其所代表者，或为省市，或为特区，或为海外侨民，或为政团及文化经济界。由于遴选的来源不同，参政员遂分为甲乙丙丁四种。我是以代表文化界的资格而膺选的，故属于丁种。第一届国民参政员丁种中，除括有中国共产党领袖七人，青年党及民社党领袖各若干人外，余皆为文化工商界知名之士，其中并有不少无党派者，而我也是无党派人士之一。

参政会第一届第一次大会于民国二十七年七月六日在汉口举行，适在日本向我卢沟桥进攻周年之前夕。那时候采议长制，以汪精卫为议长，张伯苓为副议长。参政员凡能出席者无不出席，会场充满了团结抗战的气象，党派的成见和宿恨，至少在表面上已为国家观念所掩。我平素非必要不发言，加以当此国难关头，国家既然给我一个建言的机会，自不敢轻率发言，而对于应说的话，却也不稍顾忌。又因事关国家大计，会议虽忙，事前对于所有议案无不一一阅过，预为考虑，所以在这次大会中，我的发言次数虽不多，以有上述的立场和准备，更因口齿尚清晰，发言亦适可而止，绝不过分冗长，以讨他人厌恶，故同人对我的印象似乎都不差。

这一次参政会召开后，不久武汉便沦陷，政府西迁重庆，建立陪都。从此时起，直至抗战胜利，首都迁回南京为止，历届历次参政会都在重庆举行。参政员任期为一年，但国民政府认为必要时，得延长一年。前后四层的参政会组织和选任方法迭有变更，大抵人数渐有增加，而代表省市的参政员也从中央遴选者渐改由地方议会选举，惟丁种参政员仍由中央遴选，始终未改。我由第一届起，先后四届均被选为参政员。自第四届起，并被推选为主席团主席之一。依参政会的规定，参政员改任公务员后应即辞职，但主席团之选任不以参政员为限，仍可于改任公务员后继续担任。因此，我于三十五年五月出长经济部后，当然辞掉了参政员，却仍兼任参政会主席团主席之一，直至三十六年下半年，才与王世杰君同时自动辞去此项兼职。

在我列名于国民参政会的时期中，先后计八年，统括一下我的工作，计出席大会约十次，任驻会委员三年，任主席团主席约两年，被选代表参政会赴英国报聘约三个月；宪政实施协进会成立，我被选代表参政会参加；参政会经济动员策进会成立，我也被选为常务委员。现将各项工作分别略述如下：

对于出席大会，因为照章每年虽有两次，而由于交通不便，实际上往往一年只开一次，平均两年合开三次。每次会期初为十日，嗣改为十四日，而提案往往多至三四百件，可是我的提案特别少，恐怕在参政员中我算得是提案最少之一人。以对于大会发言而论，我也不能算多。但在重要的讨论中，我往往不肯放过，结果我的主张往往也获得通过。

参政会设驻会委员若干人，于每次大会闭会前由参政员中互选之，因为两星期开会一次，故非能留居会所所在地者不克担任。在太平洋战事发生以前，我因商务书馆的生产重心在香港，不得不常留该地主持业务，故除参政会召开大会时我方由香港飞重庆出席外，平时却不能长驻陪都。及太平洋战事发生后，我常留重庆，从此时起便被推举为驻会委员，直至当选加入主席团为止，因主席团照章在闭会时主持驻会委员会，故无需兼任驻会委员也。驻会委员会的任务，主要是听取政府各部会的施政报告，并提出质询，当然也得建议于政府；后来职权扩大一点，还加上调查政府工作的任务。因此，我在常川居留重庆的时期，便先后以驻会委员及主席团主席之一地位，不断和政府接触，而正式的或非正式的略有建白。

参政会自第二届以后，改议长制为主席团制。依修正国民参政会组织条例的规定，置主席团，由参政会选举主席五人（后改为七人）组织之，其人选不以参政员为限；参政会及其驻会委员会开会时，由主席团互推一人为主席。因为轮流主席的关系，我在每一次大会中轮任主席不过两次左右。可是对于最后一二次的会议，大家总要我主席，甚至有时还要我加任一次的主席。原因是我已获得“开快车”的绰号，换句话说，就是在我当主席的时候，议案通过特别迅速。本来议案处理之迅速，与主席确有不少的关系。我对于讨论时发生的波折，尚能随机应付；因此，许多不必要的争执，在我主席时颇能避免，会议的时间也就节省不少。参政同人对我任主席时，似乎都还满意，可是在某次会议中，因我坚持会议规则，违反了少数人的要求，遂遭遇一位绰号“大炮”的参政员抗议，高呼“主席专制”及更换“主席”，而随声附和的也有些人，议场秩序一时颇骚乱。我一点不为所动，镇静主持，结果还是我胜利了。经过这一事件后，这位参政员对我倒特别客气。

在我留居重庆的时候，曾一度代表参政会报聘英国。事因民国三十一年间，英国国会为着中英比肩对日作战，思有以增进两国的好感，遂组织国会访华团，以上下院议员各二人，其中保守党占二人，自由党及劳工党各占一人，来我国访问。我国政府为报聘之故，于三十二年冬由国民参政会及立法院组织一访英团，以参政员四人及立法委员一人构成之。遴选的结果，参政员方面以王世杰、胡霖、杭立武和我担任；立法院方面则以温源宁担任。我们于三十二年十一月十八日由重庆启行，三十三年一月二十八日离英；在归国途中，我和温杭二君折往近东，访问伊朗土耳其及伊拉克三国，于三月十八日返抵陪都。在英国时我们备受其朝野欢迎，并招待前赴各地参观。我于英国上下两院联合招待会中代表访英团致词，并曾出席各地民众欢迎大会讲演。在伊朗土、耳其和伊拉克的访问中，招待亦极热烈，为期虽短，所得印象颇深。归国后，我曾以见闻所及，著作访英日记中英文本，及战时英国，共三书，均由商务印书馆出版。

英人重现实，现实时有变，故英国之对外政策亦时变。当我国对日作战之初期，以沿海沦于日人掌握，遂恃滇缅路为惟一之运输通路，英人竟不惜封锁此路以取悦于日人；及太平洋之战由日本突然掀动，英属之香港新加坡及马来西亚同为日人所攫，乃起而对日宣战，并与我并肩作战，于是一改其态度而亲我，其国会访华团之率先派遣，固有由来。及我等报聘，其欢迎之热烈自在意中，其前任外相之西门爵士，对于战前之中日关系辄有不利于我的主张；我等访英时西门氏已转任上议院议长，迭与我等晤见时，无论为私人的谈话，或公开的演说，皆一反其前此之态度，对我国之亲切远在他人之上。本来外交只讲势利，无所谓道义，我则以为英人所表现者且较他国人士为更显著；但对外政策虽如此善变，其对内政策则强毅不移却有足多，且战时艰苦应变尤足取法，因此我于三十三年四月间对于国民参政会驻会委员会的报告，称道战时英国之能人尽其力，物尽其用，地尽其利，而其克收速效与大效，则不得不归功于英人遇事以采公平的原则，科学的方法与守法的精神三者。

参政会第三届第二次大会中有一个很重大的决议，就是关于提前实施宪政之决议，于是三十二年冬即由国防最高委员会接纳这个决议，在该委员会之下设置宪政实施协进会，以推进宪政之实施工作为任务，其会员除以国民参政会主席团为当然会员外，由国防最高委员会就国民党中央委员，国民参政员及其他富有政治经验或对宪政有特殊研究之人士指定三十五人至四十九人充任，并置常务委员九人至十一人，而以国防最高委员会委员长为本会会长。我那时候是以国民参政员的资格被指定为会员之一，并被指定为常务会员。该会于三十二年十一月召开第一次大会，我首先提出“提前实行提审制度案”。我认为“世界上立宪国家，其人民权利之最基本者，莫如身体之自由。所谓身体自由即非依法律不得逮捕拘禁或处罚，其因犯罪嫌疑而被逮捕拘禁者，本人或他人得声请法院于若干小时内提审；我国五五宪草亦有此规定，其提审期为逮捕拘禁后之二十四小时内，此与一般立宪国之原则正同。惟查各地方警察或其他机关滥用职权，无期拘禁人民者时有所闻，为奠立宪政基础，提审制度自有早日实行之必要。此一建议案，在蒋介石先生以兼本会会长主持下，即日通过，交常务委员会讨论具体办法，虽实现之期迟延颇久，但此一决议却是一个正式的根据，后来我在访英归来时，应宪政实施协进会之邀，于三十三年三月二十七日对全国广播，又以实施宪政的先决条件为题，就在英国的观感而发挥宪政的要义，大意谓：“英国宪政之如此巩固与完善，自有其道，而其所以致此之道，似可视为任何国家实施宪政之先决条件。此种先决条件有三：第一是地方自治；第二是法律主治；第三是人民的基本自由备受尊重。……英国人的一般见解，以为民治的宪政能否达到目的，在于人民之是否有权选举其所欲选之人以组织政府。然欲达上述之目的，则人民须能自由批评政府，能自由集会讨论政治，并能避免政府违法的逮捕与拘禁。”

参政会第三届第一次大会决议在本会内设置一个常置机构，初名为经济动员策进会，以辅助国家总动员法令及战时经济法令之实施，并协助推动其各级业务，以期切实管制物价，巩固经济基础为宗旨。全体参政员皆为会员，设会长一人，由国民参政会主席团推定；设常务委员二十五人至四十一人，由会长就会员中指定。又为工作便利起见，得设分区办事处，每处设主任一人，并得酌设副主任，均由会长就常务委员中指定担任。嗣又改称经济建设策进会，组织仍旧，并决定将后方分为川西、川东、西北、湘粤桂赣、及滇黔五区，每区设一办事处。三十六年一月各区办事处同时成立。滇黔区办事处主任原经兼会长蒋介石先生指定褚参政员辅成担任。褚先生因事一时不能前往昆明主持，遂改由蒋会长指定我暂住代理。那时候滇省情形颇特殊，许多人认为中央有所举措，都不易在该省推行。我因固辞不获，也就不自揣度，受命前往，但陈明蒋会长以一个月为期，以免妨碍商务书馆的业务。我留昆明的一个月中，对于中央政策与地方情感，总算维系得还好，而于经济管制也奠立了一个颇为满意的基础，于我在留昆明的期间，幸而把狂涨一时的物价平抑了不少，尤其是对于粮价一项，与省政府合作平抑，尤著特效。一时颇为西南联大的许多朋友所称许，并以我能不卑不亢执行中央政策为奇迹。褚老先生于是年一月十七日致我一函，中有“阅报知台端已于二日抵昆，限价工作进行顺利，足见大无畏之精神可以克服一切也。”

我在昆明经过这一个月协助滇省府实施限价的结果，就实施的研究与经验，于二月间返抵陪都后除详陈蒋会长外，并以“从限价到平价”为题写了一篇文，由东方杂志发表。在此文中，我强调下列各点：（一）限价固须因地制宜，却万万不可各自为政，致发生邻地物价冲突之弊；（二）限价须注意连系性物品之关系，勿使一物品之限价有碍于他物品之生产；（三）管制物品的种类不可过于繁琐；（四）立法要宽，行法要严，一改我国流行“立法严行法宽”之习惯；（五）限价之物品必须同时限量发售，以免因供求不相配合，而破坏限价的防线；（六）惟有增加生产与节约消费并行，始能使限价功效持久。文中对每一要点，均就观察所得，举证实例。

我从昆明回渝以来，对于参政会经济建设策进会的工作仍不断努力。在三十三年八月二十八日该会经济建设组常务委员会曾向蒋兼会长提出经济建设原则建议书，即由我主稿，虽经各常务委员略有修正，大体仍不脱我的原主张。该建议书计列原则十八项，分别加以说明。兹将原则摘列于下，以见我当时的主张：（一）经济建设宜由国家计划，而尽可能范围容许人民经营，俾可配合国策，迅速发展；（二）工农并重，俾取相辅并行之效；（三）重工业宜早日建设，以植工业建国之基；（四）工业上各主要部门务宜配合，俾可顺遂进行；（五）工业主要原料宜预筹供应之充分，以固工业基础；（六）水陆运输宜加速建设，并自筹交通工具之供应，以利交通；（七）铁路建设宜与经济配合，以收相互为用之效；（八）航空事业宜积极发展，以谋交通之迅速；（九）农业特重防洪灌溉及机械之利用，以增进农产；（十）厉行科学管理，以增效率；（十一）预谋劳资调协，以减工业上之损失；（十二）技术人员宜注重深造与实用，俾资应付经济建设之需要；（十三）制定奖励国民储蓄之有效方法，以利自筹资金，发展工业；（十四）积极增进外销物产，以期发展对外贸易；（十五）对外贸易宜划分国营与民营之界限，而对民营外汇仍继续管制；（十六）与盟邦技术合作，利用其资本与战时过剩之设备，为我国奠立工业之基础；（十七）确立健全之金融制度，俾工业建设不致受阻；（十八）租税宜简单化，俾政府有实际之收入，而人民不致受扰。

我是一个无党派的人，而且不以参政为目的而参政；因此，我的立场向来不偏不倚。可是在某一次的发言后，一方面固为我获得不少的好感和赞扬，他方面却为我惹起很大的误会，竟有说我是国民党之“前哨”的。其后外间盛传国民党想把四个中委的头衔拉拢四位党外人士入党，而我也是其中之一个，因此纷纷向我询问有无其事。其实前者的误会，正如后者的误会一般，丝毫不是事实。只因我一本良心的主张，不知顾忌，而所主张或与国民党的主张暗合，遂致发生此种误会。事情是这样的。当参政会第二届第一次大会开会之前几日，时在三十年二月底，我刚从香港飞到重庆与会，才听见中共方面对于新四军事件向政府提出办法若干条，请求采纳，而在政府未予采纳以前，中共参政员拒不出席，借此以为要挟。其时政府为着团结抗战起见，已派出代表和中共驻陪都的代表在会谈中，并由居留陪都的若干参政员从中斡旋。为了劝令中共参政员出席表示和谐起见，参政会特将原定召开预备会议，选举主席团的日期延迟了一二日。因为从本届大会起，参政会的议长制改为主席团制，主席团定为五人，大家曾在会前商量，除原任正议长蒋介石先生属于国民党籍，副议长张伯苓先生那时候还没有党籍，同人一致主张推选为主席外，还有三席拟即推选中共及青年民社三党党籍的参政员各一人充任。后来我接到通知，决于三月二日上午八时开预备会，选举主席团，九时接开第一次大会；因此我以为中共的纠纷问题或者已经妥协了。可是到了二日上午，我如时到会，时间已届，候之又候，还未见摇铃开会，原来是等候担任斡旋的几位参政员作最后的努力。约莫八时半，他们才来，知道问题还没有解决，中共参政员仍然拒绝出席，于是又等了些时，才举行预备会，选举主席团；开票的结果，除前任正副议长蒋张两先生及民社党的张君劢与青年党的左舜生照原议当选外，至原拟以中共参政员当选的一席却换了女参政员吴贻芳，当然是因为中共参政员拒绝出席，故临时改变原议，且没有其他党派的代表可选，不如以一妇女代表膺选为便。选举既毕，接着便举行第一次大会，对于中共问题也没有什么报告提出，并闻担任斡旋的各位参政员于本日会后仍继续努力。

次日上午举行第二次大会，在照例的报告以后，随即发表中共参政员毛泽东等七人的删电，和董必武、邓颖超三月二日函称未能出席大会。接着便由秘书长详细报告本案的经过，并宣读昨日董必武等来函坚持政府必须采纳中共所提临时办法新十二条，及明白保证，始能出席云云。报告毕，复由担任斡旋之褚辅成参政员发表意见，希望仍能继续调解，消弭裂痕。随着乃有两参政员起立发言，虽对中共微有责备，却未提任何解决意见。词毕，主席蒋先生正起立宣布开始次一程序之施政报告；我那时候却忍耐不住，立时请求发言。我在事前绝未准备发言，更没有任何人要我发言，只是我的良心和政治常识迫使我不得不如是发言。我发言的大意是：“参政会纵然不是立宪国家的国会，至少也是全国人民，和我们自己，所期望成为战时的国会。因此，任何不能解决的政治问题，未尝不可在本会中谋致合理的解决。至于中共参政员主张先行解决，再出席会议；我想在目前的实际情形下，恐不仅无法解决问题，而且还要在参政会中开了一个恶例。因为参政员出席与否，除病假事假外，似不应有其他理由，尤其是不应以解决条件为出席的理由。本席现在建议对于本案应采取这几项的处置:（一）中共参政员的来函，暂时不宜公开，以免惹起国人的疑虑;（二）切望中共参政员重加考虑，仍能出席;（三）中共参政员如能出席，可将所提临时解决办法作成对本会提案方式提付讨论;（四）中共参政员出席后关于本问题的提案各条，本会同人应本诸良心，秉公讨论，应通过者予以通过，不应通过者予以修正或作其他合理的决定;（五）希望政府仍本向来的宽大政策，如果中共参政员能出席，其提经本会通过之案，务望政府尽量接纳。”

上开的一席话，完全出自良心与诚意，绝不左右袒；从不断的掌声中，可证明当时已获得大多数参政员的赞成。但事后闻中共参政员对于我以无党无派人士的资格发言，责备中共参政员不应开此恶例，而强其出席，以对政府所提条件作为对参政会的提案，因参政员大多数属于国民党籍，定然以压倒多数将其打消，彼时如中共参政员不肯遵守，将不免受全国舆论的指责，使其向所采取对政府的宣传战略大受打击；故无论我的说话如何冠冕堂皇，事实上乃从侧面协助政府以打击中共，较诸简单责备中共者手段实更厉害，故从彼时起，衔我极深。然在另一方面，则国民党中也有若干人因我对中共参政员以接受要求为出席条件虽持异议，然认为我所提的处置办法（四）（五）两项也有绥靖中共与责望政府之意，遂亦不很满意。但过了几日除中共恨我如故外，国民党的少数人或由于明白我的真意者代为解释，初时的误会也渐消释。至闭会的前几日，中共参政员仍未出席，于是许多参政员都劝我把那天的临时发言作成提案，以动议提交大会讨论。因即写成提案如左:

"兹谨请大会对于毛参政员泽东董参政员必武等未能出席大会事为如下之决议：

（一）本会于阅悉毛参政员等七人致秘书处删电，董参政员必武等二人本月二日致秘书处函件，暨聆悉秘书处关于此事经过之报告，对于毛董诸参政员未能接受本会若干参政员与本会原任议长之劝告，出席本届大会，引为深憾。本会为国民参政机关，于法于理，自不能对任何参政员接受出席条件或要求政府接受其出席条件，以为本会造成不当之先例。

（二）本会连日聆悉政府各种报告之后，深觉政府维护全国团结之意，至为恳切。一切问题，除有关军令军纪者外，在遵守抗战建国纲领之原则下，当无不可提付本会讨论，并依本会之决议，以促政府之实行。因是，本会仍切盼共产党参政员深体本会团结全国抗战之使命，并坚守共产党民国二十六年九月拥护统一之宣言，出席本会，俾一切政治问题，悉循正当途辙，获完善之解决。抗战前途，实深利赖。"

此一动议案一经拟就，同人连署极为热烈。即日提出大会讨论，经全体一致之决议通过。

拟借参政会的努力而解决中共对政府的纠纷，是我盱衡当时局势，认为假使有解决可能的话，这或者是惟一的可能。因为在对日抗战之际，中共方面对于抗战建国纲领固可阳奉阴违；政府方面则不仅无力分兵讨伐，以惹起内外的夹攻，即或有此力量，对外既难得盟国的同情，对内亦难免国民的误会。然若专由政府与中共交涉，致外间不明真相，易为中共的宣传所惑，则何如将一切症结公开于参政会，由代表全国各方面的参政员尽其疏解与评断的力量，在彼时中共的羽毛尚未丰，表面上或不敢过分违反公论，只要达到军队国家化，则一切政治问题解决尚非绝不可能。这或者是我个人书生之见，但同此主张者亦不乏人。在上述出席问题未能解决的一个大会期内，因为时期迫促，无能为力。但其后毕竟有一个机会，就是在三十三年九月召开的一次大会内，我于开会前一天写信给主席团，请求转请政府把和中共商谈的经过和结果向大会报告，主席团和政府都接受了我的请求，择定九月十五日在大会中，政府方面由张治中报告，中共方面由林祖涵报告。两方报告后，我即发言，贡献解决意见。兹就速记录中把我的发言要点摘述于下：

“我请求政府和中共把商谈的经过和结果向大会报告，具有两个主要的动机。第一，本会以团结全国力量为最大任务，对于任何阻碍团结的因素都不能不想办法去消灭。第二，现在已经接近抗战最紧张的关头，当然需要集中全国力量，尤其是兵力，来抗战。我们知道中共方面拥有相当的军队，同时政府在防护地区也保留有相当的部队，假如团结问题能够早日解决，这两部分力量都可以用在抗战和反攻上，……今天听了两方面的报告，归纳起来，虽然问题很不少，但最重要的问题不外两个，一是政权公开，一是军令统一。政权公开是中共所提出，其实不但是中共所主张，国民党和政府也一再宣布其还政于民的决心。军令统一，是政府所提出，当然，这不但是政府的主张，也是全国人民的主张，就是中共也不能否认的；因为中共四项诺言中的第四项也曾明白申言，十八集团车愿意在军委会管辖之下，接受军委会指挥，……今天还听到林参政员口中一切坦白地申言中共决心实践四项诺言，是则军令统一也不当有何问题，……现再行引申说明一下。就政权公开来说，已经由国民党，由政府，由领袖再三声明在抗战完结后实行宪政。对于这点，我们很钦佩国民党和政府大公无私的精神。不过问题在这里，就是时间问题。大家都盼望它很快实现，本席当然也同样盼其早日实现。但有一个事实问题，就是实行宪政必须宣布宪法，宣布宪法，得先召集国民大会。现在要召开国民大会当然有困难。但是我想所谓宪政有两种，一是形式的，就是要召开国民大会制定和颁布宪法才能实现；又一是无形式的，不待颁布宪法，自然慢慢地走上宪政之路。后者现在也可以实行。政府能把训政时期的约法切实执行，能扩大各级民意机构的职权，即使不具形式上的宪政，也可以走上真正宪政的轨道，而我们的政权公开也就更近一步了。其次，就军令统一来说，刚才说过中共也承认军令应该统一，我只希望中共能多做事实的表现。在双方报告中有关于多少军、多少师的差别歧见；我想在军令统一的大原则下，这似乎是不成问题的。现在反攻正要用兵的时候，双方一两师的差别，只是枝节的问题。大问题在军令统一的实现，假使军令真能统一，所有军队都是国家的军队，便没有彼此之分，界线之别……”

这次参政会中既将中共问题公开报告，虽未能即由参政会负起寻觅解决途径的责任，然参政同人对此问题益形重视，政府亦颇寄期望于参政会。初时曾有以参政会为基础，组织一个特别委员会，开诚讨论此问题之拟议。后来经过相当时期的酝酿，卒形成所谓政治协商会议。该会议由五方代表所组成，就是（一）中国国民党，（二）中国共产党，（三）民主同盟，（四）中国青年党，（五）社会贤达。各方面的人数不等，计国民党八人，共产党七人，民主同盟九人，青年党五人，社会贤达（这个名称我万不敢当）九人。一至四方面之代表由各方面按照商定之人数自行推选，惟社会贤达之人选则由四方面会同推举。第五方面被推定的就是邵从恩、莫德惠、傅斯年、胡霖、钱新之、郭沫若、李烛尘、缪嘉铭和我共九人，至其他方面之人选由各党自行推定者，计第一方面为孙科、张群、吴铁城、王世杰、邵力子、陈立夫、张厉生、陈布雷等八人；第二方面为周恩来、董必武、吴玉章、叶剑英、邓颖超、王若飞、陆定一等七人，第三方面为张澜、张君劢、张东荪、沈钧儒、黄炎培、梁漱溟、张申府、章伯钧、罗隆基等九人，第四方面为曾琦、陈启天、余家菊、常乃德、杨永浚等五人。会期规定为三星期，由三十五年一月十日开会，原定二十二日闭会，于必要时并得再度召开。后来延至一月三十一日才闭会。关于该会议的讨论范围，事前煞费商量，规定为两项：一是和平建设方案，二是国民大会召集事项。会议中，除开全体大会十次外，所有讨论问题都是分组举行，计分为政府组织，施政纲领，国民大会，宪法草案及军事问题五个小组，由各代表自行认定。后来又增设一个综合小组，由五方面各推举代表加入。我除认定加入政府组织小组外，并由第五方面推举参加综合小组。

政府组织小组所讨论者系关于行宪前联合政府的组织方案。大家对于这个过渡时期的政府应采取委员制是没有异议的。但是对于各方面所占国民政府委员的人数，和少数党的否决权，却为中共所极重视，民盟对于中共的主张如出一辙；国民党则倾向于维持国民政府主席的相当权力，对各方面委员人数的分配，自然有它的主张。青年党和第五方面参加该小组的代表，为谋会议之妥协，大致以调停双方意见为主旨。但青年党除调停双方意见外，对于民盟也有一种特殊的意见，就是认为青年党以其党员人数及成立先后而言，应视为第三大党，民盟虽由若干党派联合而成，但其实有党员人数及成立年龄均逊于青年党，因此极力主张该党在未来的国民政府中所占委员名额应多于民盟，至少也当与民盟同数。反之，民盟所持的意见却与青年党适相反，认为民盟所占人数，无论如何，必须超过青年党，后来经过了正面和侧面不少的协商，总算决定了两个原则：其一，规定国民政府委员名额为四十人，国民党以第一大党占其半数，即二十名，其余四方面合占二十名；其二，规定国民政府委员会会议，对通常事项，仍以过半数表决，但涉及变更协商会议所通过之施政问题，则须有三分之二委员赞同，始得通过，换句话说，对于此类重要事项之决议，少数党派得联合三分之一之委员行使其否决权。讨论至此，已届闭会时期，各代表亦皆精疲力竭，对于四方面合占国府委员二十名如何分配，咸主张于闭会后再由四方面自行协商。我独认为正如俗语所谓“打铁趁热”，似不宜稍缓，盖恐一经搁置，问题转多。后来，中共推翻其参加联合政府之诺言，此一问题亦为其所借口之一；因为中共后来对于四方面合占之二十名国府委员中，坚持中共与民盟必须占有十四名，俾足全额三分之一以上，可以行使否决权，民盟当然也就与中共同一主张。由于此项之争持，协商决定之政府组织，遂不克照原议实现，迟至三十六年四月改组的国民政府成立，也就因中共与民盟之拒绝参加，而不得不斟酌事实，对于构成分子也就稍有变通。

协商会议中还有一个问题，为各方面所热烈争持。这就是关于国民大会旧代表的有效问题。在某次大会中，中共与民盟都力主国民大会代表应重新选举，国民党则主张维持原有代表。第五方面有一二发言者，也倾向重新选举。我起立发言，谓“原有代表固然选出了多年，为中共、民盟等认为不能代表新的民意者。但国民大会之不能如期召集，其责任不在各代表，因当此抗战之非常时期，甚至如英国之重视选举，其现有国会议员亦因战事而特别延长任期。查我国国民大会代表选举法明定，各代表之职责应于第一届国民大会召集后解除。国大一日不召集，则其职责一日不能解除。国大之主要职权在制定宪法，制宪为法治之始，倘以政治方式变更制宪代表的法律地位，不仅此例不可开，且原有代表倘以护法之名自行集会，岂不是徒滋纷扰。至谓多年前所选举的代表不能代表新的民意，确系事实。但我也有一折衷办法可以解决此困难，而仍能维持原有代表。查国民大会代表组织法规定有由政府遴选之代表二百四十名，又规定国民党中委均为国大代表，而中委共有四百六十名，两者合计为七百名，皆无需选举，可由政府与国民党支配。此次政治协商会议之目的，系因国民党愿还政于民，并容纳各党与社会贤达参加政府，推此美意，尽可将政府与国民党所能支配之代表名额七百名，公平分配于各方面，加以各地方尚未选出之代表与原有代表身故或附逆者亦有若干名，与上述之七百名合计当有九百余名，与现有之旧代表为数大致相等。依此办法，分别遴选与选举，则代表新的民意者在国民大会中至少亦可占半数。”

我此项主张，自问对于法理与事实尚能兼顾。但当我提出之初，中共与民盟的代表固然立即起立发言反对，即国民党人士在维持旧代表的大原则下，对于我的主张固然相同；然对于我所提的解决办法，特别是把国民党中委所占的国大名额另行分配，闻也有些人不很赞同，可是经过了国民大会小组多日的讨论，竟然脱不了我的建议，除各方面已接受我的建议为协商的基础外，原来主张全部国大代表改选最烈的中共代表只好退让一步，表示一切问题倘均获得满意的解决，则对于承认原有代表一问题将不坚持。最后协商的结果，遂将上述的七百遴选代表名额分配为国民党占二百三十名，中共二百名，民盟及青年党各占一百名，社会贤达占七十名。在闭会之日最后一次综合小组会议中，复就国民党与中共所占名额，各拨出十名，加入于民盟所占之名额。

协商会议的中心问题，本当是中华民国的宪法草案。五五宪草固然不是国民党所坚持不肯改变，但国民党毕竟对于孙中山先生的建国大纲不便变更过多，也是当然的事。其他方面则以世界上民主宪政的先例本甚显着，即孙先生所主张之五权亦脱胎于三权之制衡，惟将我国古代之考试监察两权加重，实则此两权在三权宪法的国家中亦未尝不存在，不过分别容纳于立法行政两部门而已。于是颇有人主张将监察院视同一般立宪国之上议院，而将考试院之权限减缩，并取消其对于立法院之提案权。又为过分防止行政院之专擅，特将立法院对行政院之控制加强，同时又迁就五五宪草原案，未照议会内阁通例将解散立法院之权加入。这一缺点，我和若干代表也曾指出，惟以国民党有些代表对于行政权之过分限制虽力予反对，而对于立法院有被解散之可能却不赞同。此外争持最烈者，便是关于国民大会的构成与其职权。五五宪草赋予国民大会的职权很大，但在协商决定的宪草原则下，立法院既成为监督政府的常设机构，自不宜再有一最高立法机构，置于立法院之上，于是宪草小组的协商中便决定将国民大会变成无形的机构，就是把省县民意机构的代表合并起来，成为国民大会，而以行使选举总统副总统为其主要职权，仅因敷衍建国大纲国民大会行使四权的规定，在宪草修改原则内，加入“全国选民行使四权，名之曰国民大会”一条。最后，因匆匆闭会，这些原则也就匆匆透过了综合小组，更通过了最后一次的大会。可是这一决定是为国民党多数人所反对的，于是大家商定在闭会后仍由综合小组及会后组织之宪草审议委员会继续商讨，我在协商会议开会期内，因未参加宪草小组，故对此类宪草问题均未能参加讨论，但闭会后的综合小组我仍由第五方面公推参加。同时并被推参加二十五人所组织之宪法审议委员会，因此在闭会以后，迄复员还都以前，我都不断参与宪草的继续商讨。我本人对于五五宪草赋予国民大会这般庞大的职权固然不赞同，但对于协商决定之无形国大更觉得不妥。因此，在闭会后的继续协商中，把无形的国大修正为有形的国大，我也是极力主张者之一人。不过关于国大的职权，在继续协商的结果，虽然费了不少的唇舌和时间，表面上仍括入四权的行使，就是除选举总统、副总统和罢免总统、副总统外，对于创制权以创制宪法之修改为限，对于复决权则以复决立法院所提修改宪法案为限；而有关创制权与复决权其他部分之行使，则俟全国过半数之县市曾经行使创制复决两项政权时，才由国民大会制定办法并行使之。这种职权与五五宪草原来规定者相差仍甚远，但能够从无形的机构变为有形的机构，已自不易；盖凡有中共代表参加会议决定之事，如欲有所变更，真是舌敝唇焦，不可稍变其态度也，况彼时民盟大多数代表对于中共的主张简直无不拥护，遂使中共的势力顽强万分。

自一月三十一日协商会议闭会后，宪草审议委员会旋即成立，该委员会除括有协商会议五方面代表各五人共二十五人外，另由政府推派专家十人加入，共同讨论；同时协商会议之综合小组继续存在，惟人选因有暂行离开陪都者，故重行推选，仍为每方面二人；其后对于政协通过的宪草原则，为着初步重行商讨之便利，更就综合小组中每方面推定一人，仿佛是一个五人宪草小组，来专任其事。我对于这三个机构，无不参加，而且是无一次会议不参加，特别是在那五人的宪草小组中会议的次数最多。此项会议多在国防最高委员会秘书长办公处之美专校街七号举行。此五人小组中每次均出席者为国民党的王宠惠先生与第五方面之我；至于其他三方面虽亦推有固定之代表，但往往委托他人为代。尤其是中共方面的代表最常常易人。他们对于易人出席往往寓有一些技巧。大抵在上次的会议中，他们屈于多数的意见，有不得不让步之势，便托词有事先退，或主张详加考虑，留待下次决定，但到了下次，毫无例外地他们上一次出席的代表定然不来，改以另一人为代，于是便可托词不接洽，要求从头再行讨论，这样便无异把上次接近的决议推翻。由于这样的关系，我们的很多时间与言辞，便白白耗废了。我因为对于协商会议的三十五人会议，十人会议，与五人会议无次不参加，遂于宪草原则所继续商讨的每一细节与其经过无不目击耳闻，虽然事后回忆，未必毫无遗漏，但至少非数万言不能罄，与本文的目的不符，故所述暂止于此。

图书在版编目（CIP）数据

王云五回忆录 / 王云五著. --北京：九州出版社，2011.11

ISBN 978-7-5108-1126-5

Ⅰ. ①王… Ⅱ. ①王… Ⅲ. ①王云五（1888～1979）—回忆录 Ⅳ. ①K825.42

中国版本图书馆CIP数据核字(2011)第181944号

著作权合同登记号：图字01-2011-6906号

王云五回忆录

作　　者　王云五　著
出版发行　九州出版社
出 版 人　徐尚定
地　　址　北京市西城区阜外大街甲35号（100037）
发行电话　(010)68992190/2/3/5/6
网　　址　www.jiuzhoupress.com
电子信箱　jiuzhou@jiuzhoupress.com
印　　刷　涿州市星河印刷有限公司
开　　本　720毫米×1020毫米　16开
印　　张　19.25
字　　数　239千字
版　　次　2012年1月第1版
印　　次　2012年1月第1次印刷
书　　号　ISBN 978-7-5108-1126-5
定　　价　39.00元